云南省社会科学院研究文库

发达地区对口帮扶西部民族地区的效益评价及政策建议

FADA DIQU DUIKOU BANGFU XIBU MINZU
DIQU DE XIAOYI PINGJIA JI ZHENGCE JIANYI

宋 媛 著

中国社会科学出版社

图书在版编目（CIP）数据

发达地区对口帮扶西部民族地区的效益评价及政策建议／宋媛著．—北京：
中国社会科学出版社，2015.12
ISBN 978 – 7 – 5161 – 7108 – 0

Ⅰ.①发…　Ⅱ.①宋…　Ⅲ.①民族地区 – 扶贫 – 研究 – 西北地区②民族
地区 – 扶贫 – 研究 – 西南地区　Ⅳ.①F127

中国版本图书馆 CIP 数据核字（2015）第 283336 号

出 版 人	赵剑英	
责任编辑	任　明	
责任校对	石春梅	
责任印制	何　艳	

出　　版	中国社会科学出版社	
社　　址	北京鼓楼西大街甲 158 号	
邮　　编	100720	
网　　址	http：//www.csspw.cn	
发 行 部	010 – 84083685	
门 市 部	010 – 84029450	
经　　销	新华书店及其他书店	

印刷装订	北京市兴怀印刷厂	
版　　次	2015 年 12 月第 1 版	
印　　次	2015 年 12 月第 1 次印刷	

开　　本	710 × 1000　1/16	
印　　张	14.75	
插　　页	2	
字　　数	264 千字	
定　　价	65.00 元	

序　言

　　南亚、东南亚地处亚洲大陆南部和东南部，南亚包括印度、巴基斯坦、孟加拉国、斯里兰卡、尼泊尔、不丹、马尔代夫和阿富汗八个国家，总面积约 500 万平方公里，人口约 17 亿。南亚次大陆作为一个相对独立的地理单元，东濒孟加拉湾，西濒阿拉伯海，囊括了喜马拉雅山脉中、西段以南至印度洋之间的广大地域，是亚洲大陆除东亚地区以外的第二大区域。东南亚包括新加坡、马来西亚、泰国、印度尼西亚、缅甸、老挝、越南、柬埔寨、菲律宾、文莱、东帝汶 11 个国家，面积约 457 万平方公里，人口约 5.6 亿。东南亚地区连接亚洲和大洋洲，沟通太平洋与印度洋，马六甲海峡是东南亚的咽喉，地理位置极其重要。著名的湄公河，源自中国云南境内澜沧江，流入中南半岛，经缅甸—老挝—泰国—柬埔寨—越南，注入南海，大致由西北流向东南。总长 4900 公里左右，流域总面积 81.1 万平方公里。

　　习近平主席在 2013 年访问哈萨克斯坦和印度尼西亚时分别提出丝绸之路经济带和"21 世纪海上丝绸之路"的倡议。这是中国西向开放和周边外交战略的新布局，其战略指向是解决国内区域发展不平衡问题，推动西部大开发与大开放相结合，与沿线国家构建利益共同体、命运共同体和责任共同体。南亚、东南亚及环印度洋地区位于亚欧陆上、海上交通通道的枢纽位置，是"丝绸之路经济带"和"21 世纪海上丝绸之路"（"一带一路"）的必经之地，是对我国西向方向开放具有重大战略意义的周边地区，也是中国落实与邻为善、以邻为伴，睦邻、安邻、富邻的周边外交方针，以及"亲、诚、惠、容"外交理念的重要地区之一。

　　从历史交往和相互关系来看，中国与南亚、东南亚山水相依、人文相亲、守望相助，双方平等交往、相互反哺、互通有无的友好关系史绵延至今最少也有两千余年。在漫长的古代，依托南方丝绸之路和茶马古道等连通中缅印且贯通亚欧大陆的古老国际通道，中国与南亚东南亚的经贸交往频繁、人员往来不断，在人类文明交流史上写下了一部互学互鉴，交相辉映的精彩华章。一方面，古蜀丝绸最早让南亚知道了中国，公元前 4 世纪成书的梵文经典《摩诃婆罗多》及公元前 2 世纪的《摩奴法典》中都有"支那"产"丝"的记载。此外，考古学者还在四川三星堆遗址发现大量象牙，又在云南江川、晋宁等地春秋晚期至西汉中期墓葬中挖掘出大量海贝和金属制品。经考证，上述出土文物很可能是从古代印度输入的。这表明，古代中国与南亚之间的经贸交往不仅内容丰富，而且互动频繁。另一方面，在中国东晋高僧法显、唐代高僧玄奘的西行求经，天竺鸠摩罗什、达摩祖师的东来送法，以及南传上座部佛教从古印度经斯里兰卡传入缅甸，此后再传播至泰国、柬埔寨、老挝、越南、马来西亚和印度尼西亚等地的过程中，佛教文化也随之传入中国和东南亚，并落地生根、开枝散叶。据统计，从公元 2 世纪到 12 世纪的一千年间，中国翻译的南亚佛教经典著作多达 1600 种、共 5700 余卷。可以说，以"丝绸东去"和"佛陀西来"为典型，中华文明与南亚东南亚文明的交流互动，无论其内容还是规模，在世界文化交流史上均属罕见。

这些多条多向的古代国际通道，不仅是古代中国云南通往南亚、东南亚的交通通道，也是操藏缅语族、孟高棉语族等语言的古代诸民族的迁徙走廊。可以说，至迟自蜀身毒道的开通以来，途经云南或以云南为起点的多条多向通道，使今天我们所说的中南半岛地区和孟中印缅毗邻地区较早产生了互联互通的历史萌芽，促进了中华文明、南亚文明与东南亚文明在漫长古代的整体互动。到了近现代，无论是滇越铁路，还是史迪威公路、滇缅公路、驼峰航线，这些在近现代交通史上曾留下浓墨重彩的交通线路，无一不以云南为起点，而云南也正是凭借这些线路，在大湄公河地区和孟中印缅毗邻地区互联互通史上发挥了特殊作用并占据着重要地位。

改革开放以来，云南省在我国西南边疆省区中率先提出了面向东南亚南亚的对外开放战略。90 年代，在国家加强西部大开发期间，又提出把云南建设成为我国通往东南亚南亚的国际大通道的建议。进入新世纪，云南着力推进绿色经济强省和民族文化大省建设，努力打造中国连接东南亚南亚国际大通道。经过多年的努力，以大湄公河次区域经济合作（GMS 合作）、孟中印缅地区经济合作（BCIM 合作）为代表，云南省在推动面向东南亚和南亚这两个战略方向的对外开放和区域合作中，走在了全国的前列，并且取得了明显的成效。目前，云南是我国与南亚东南亚等国家和地区开辟航线最多、国家级口岸最多、与周边国家连接的陆路通道最多、民间交流最频繁的省之一；也是泛亚铁路、亚洲公路网的覆盖地区，多条连接东南亚南亚国家的规划路线通过云南走出中国。2013 年，中国—南亚博览会永久落户云南省会昆明，云南获得了加强与南亚、东南亚、西亚及其他国家和地区全面交流合作的新平台。2014年5月李克强总理访印期间，中印两国共同倡议建设孟中印缅经济走廊，加强地区互联互通。云南学者最先提出的孟中印缅地区经济合作构想最终上升成为国家战略。

2015年1月，习近平总书记考察云南时指出：随着我国实施"一带一路"战略，云南将从边缘地区和"末梢"变为开放前沿和辐射中心，发展潜力大，发展空间广。希望云南主动服务和融入国家战略，创出一条跨越式发展的路子来，努力成为我国民族团结进步示范区、生态文明建设排头兵、面向南亚东南亚辐射中心。这是对云南发展明确的新定位、赋予的新使命、提出的新要求。由于云南是中国西南方向与周边东南亚和南亚接壤和邻近国家最多的省，也是中国与印度洋沿岸地区开展经济合作最具区位优势的省。因此，云南理所当然担负着落实国家"一带一路"战略和周边外交的重任。

云南省委省政府为贯彻落实中央的决策部署，加强顶层设计，九届十次全会作出了《中共云南省委关于深入贯彻落实习近平总书记考察云南重要讲话精神闯出跨越式发展路子的决定》，主动融入和服务国家发展战略，全面推进跨越式发展。习近平总书记指出，"云南的优势在区位、出路在开放"。云南的优势在"边"，困难也在"边"。如何在沿边开放中倒逼改革，在改革创新中推动孟中印缅经济走廊和中国—中南半岛国际经济合作走廊建设；处理好与邻国的关系，对接各国的发展战略和规划，共商、共建、共享经济走廊；准确研判国际形势和周边情势，都需要云南智库深入调研、长期跟踪地进行国别研究、国际关系和国际区域合作问题研究，提出科学及有价值的决策咨询研究成果。为此，在省委、省政府的关心和支持下，依托云南省社会科学院，正式成立了中国（昆明）南亚东南亚研究院。这是云南省学习贯彻落实习近平总书记考察云南重要讲话精神和党中央、国务院《关于加强中国特色新型智库建设意见》的重要举措。

云南省社会科学院的南亚东南亚研究历史悠久、基础扎实、底蕴深厚、人才辈出。早在上世纪60年代，外交部落实毛主席、周总理《关于加强国际问题研究报告》批示精神，在全国布局成立国际问题研究机构，就在我院成立了印巴研究室和东南亚研究室，经一代又一代社科专家的积淀和传承，发展成了现在的南亚研究所和东南亚研究所。南亚东南亚研究是我院优势特色学科之一，在国内外享有较好的声誉和影响力，该领域的研究在国内居领先地位。进入90年代以来，我院高度重视对我国和我省面向东南亚南亚对外开放、东南亚南亚国别问题和地区形势的研究。在大湄公河次区域合作、中国与东南亚南亚区域合作战略、中国和印度经贸合作新战略、中国与南亚经贸合作战略、孟中印缅地区经济合作、东南亚南亚的历史与现状、中国与东南亚南亚的人文交流合作、印度洋地区研究等领域，推出了一批重要学术成果，培养了一支专业从事东南亚南亚研究的学者队伍。

当前，云南省充分利用边疆省份的区位优势，加快融入"一带一路"国家战略，推进孟中印缅经济走廊和中南半岛国际经济合作走廊建设。在这一背景下，中国（昆明）南亚东南亚研究院推出南亚·东南亚国情研究、"一带一路"和孟中印缅经济走廊等专题研究、中国与周边国家关系研究、环印度洋地区研究等组成的书系，深入对"一带一路"沿线国家的政治经济、历史文化、对外关系、地理生态环境，以及中国与南亚东南亚、环印度洋地区的经贸合作、互联互通、人文交流、非传统安全合作等问题的研究，推出一批成果，使广大读者对"一带一路"沿线国家和我国与周边国家关系有更深入的了解，以期对政府、学界、商界等推动我国与沿线国家设施联通、贸易畅通、政策沟通、资金融通、民心相通，共商、共建、共享丝绸之路经济带和21世纪海上丝绸之路有所裨益。

任　佳

2015 年 10 月 25 日

前　　言

本书系国家社科基金青年项目《发达地区对口帮扶西部民族地区的效益评价及政策建议》（批准号：07CMZ010）的最终成果。

本研究以东部15个发达省市对口帮扶西部11个省市区为研究对象，目的是坚持科学发展观，立足于共同富裕的思想、全面建成小康社会及构建和谐社会的实际，系统分析东部15个省市对口帮扶西部11个省市区17年的实施现状和经验，从多个层次评价东西对口帮扶的效益，分析存在的问题，提出完善对口帮扶总体思路及政策建议，为我国的反贫困事业提供一定的参考和借鉴。

西部民族地区经济社会发展长期处于落后状态，非常贫困，社会经济发展缓慢，是目前我国社会经济持续快速发展及构建和谐社会的重点和难点。发达地区对口帮扶西部民族地区已经17年，效益究竟怎么样，如何进一步提高发达地区对口帮扶西部民族地区的有效性，如何健全发达地区对口帮扶西部民族地区的相关制度和政策，探寻西部民族地区社会经济快速发展的途径和方法等，都是本研究的重点。因此，本研究具有较强的针对性，有一定的理论和实践意义。

本研究成果具有一定的特色。第一，研究具有原创性。本课题以东部发达地区对口帮扶的西部民族地区作为研究对象，目的是坚持科学发展观，立足于共同富裕的思想、全面建成小康社会、构建和谐社会的实际，系统分析东部15个省市对口帮扶西部11个省市区17年的实施现状和经验，从多个层次评价东西对口帮扶的效益，分析存在的问题，为今后我国的扶贫开发提供政策建议。无论从研究的广度、深度上，还是从研究框架、研究的视角及提出的观点及思路等方面，本研究成果都具有一定的原创性。第二，研究具有系统性。本课题成果在整体上具有比较严密的逻辑性和整合性。从对发达地区对口帮扶西部民族地区的理论依据的探索、相关研究现状概述、现实基础和发展历程的分析和梳理、东西对口帮扶实施现状分析、多层次的对帮扶效益进行评价、就发达地区对口帮扶西部民族地区面临的困难和问题、新形势新定位以及新时期发达地区对口帮扶西部民族地区的总体思路和路径进行系统研究，本课题研究系统性很强。第三，研究具有实证性。本课题成果建立在大量的、深入的问卷调研和关键人物访谈的实证研究基础上，分析东部发达省市对口帮扶西部民族地区的效益以及存在的问题和困难，从思路、工作机制和政策措施方面，有针对性地提出若干对策和建议。本课题成果实证性很强。第四，研究具有应用性。从研究的目的和内容侧重来看，本研究成果都落脚客观评价东西对口帮扶的效益并分析其存在的主要问题，以便为如何在新时期东西对口帮扶的帮扶思路、帮扶方式、帮扶机制、帮扶的政策措施等方面进一步完善，提出若干对策建议。本研究成果具有一定应用性。

　　本研究成果有较强的针对性，具有一定的学术理论与应用价值：首先，选题新颖，有创新性，目前采取理论联系实际、定性与定量相结合的方法，比较全面的针对东部 15 个省市对口帮扶西部 11 省市区的研究成果几乎没有，本研究具有一定学术研究价值。其次，研究发达地区对口帮扶西部民族地区的理论依据、现实基础、现状和评价体系，加快西部民族地区的脱贫致富步伐，缩小地区发展差距，直接关系到西南边疆民族地区的和谐发展，它绝不仅仅是一个经济社会发展问题，而是一个政治问题，决不可等闲视之。因此，本研究具有一定的现实意义。最后，在实践应用价值上，通过系统调查、科学研究和分析发达地区对口帮扶贫困地区的现状、问题，探索新时期东西对口帮扶的新定位、新思路的构想，提出可供操作的对策或建议，为中央及地方各级政府在扶贫开发、新农村建设、构建和谐社会等方面的决策提供参考。

目　录

第 一 章

研究背景及框架

一　研究背景

全面建设小康社会，实现中国特色社会主义现代化，关键在农村、农业和农民问题上，解决"三农"问题的重点区域是西部地区。我国的西部地区，包括12个省市、自治区，其中有5个民族自治区和3个少数民族聚居省，是一个众多少数民族聚居的经济欠发达地区。总面积686万平方公里，约占全国总面积的72%，陆地与14个国家接壤，陆地边境线1.8万余公里，约占全国陆地边境线的91%，海岸线约占全国的1/10。西部地区聚居了全国52个少数民族，少数民族人口占全国少数民族人口的71.5%，占西部总人口的21.5%，是我国少数民族分布最集中的地区，因此，西部地区也可称为西部民族地区。该地区由于自然、历史和国家发展战略等原因，长期以来经济社会发展滞后。资料显示，现阶段我国有592个国家扶贫工作重点县，其中民族自治县（不含西藏）有267个，西部地区民族贫困县就有232个，占全国的39.2%，占民族自治县的87%。西部地区既是少数民族聚居区，也是我国扶贫攻坚重点区，民族问题、贫困问题相互交织。如何加快西部民族地区的发展，尤其是加快解决西部民族地区的脱贫问题，是我国全面建设小康社会的重点和难点。

改革开放以后，广大沿海地区充分利用其自身较好的经济基础、优越的地理位置，在全国各地包括西部地区的帮助和支持下，经济、社会有了突飞猛进的发展。西部地区在这一时期也有很大的发展，但东部沿海地区发展得更快一些，加上原来的基础不同，东西部地区差距进一步拉大了。对此，党中央、国务院始终高度重视西部民族地区的经济社会发展问题。江泽民同志曾指出："对于东部地区与中西部地区经济发展中出现的差距扩大问题，必须认真对待，正确处理。"1996年，中央政府明确提出，较为发达的沿海地区要从大局出发，按照"优势互补、互惠互利、共同发展"的原则，开展对口帮扶西部贫困省区的"东西扶贫协作"①。经过 10 多年的对口帮扶，东部较发达的 15 个省市对口帮助西部 11 个贫困人口比较集中的省市区，成效显著，创造了一些经验和扶贫模式，发达地区对口帮扶西部民族地区，已经成为我国缩小地区发展差距、实现全国经济和社会协调发展，以及建设和谐社会的重要途径之一。

2006 年以来，随着扶贫工作的不断深入，我国的扶贫思路发生了一些重大变化，提出以"大扶贫"的理念谋划农村贫困地区发展全局，并加大了对城乡贫困人口的救助和扶持的扶贫思路。这个扶贫思路对贫困人口的生存与发展并重，在扶贫的总体构想、工作格局、扶持广度和深度等方面都有一些新的特点。党的十七大报告对扶贫开发工作提出了"绝对贫困现象基本消除"的目标和"一个加大、两个提高"的工作要求（即加大对革命老区、民族地区、边疆地区、贫困地区发展的扶持力度和提高扶贫开发水平、提高扶贫标准）。这为今后对口帮扶进一步指明了方向，也提出了更高的要求。

尤其是党的十七届三中全会审议出台了《中共中央关于推进农村改革发展若干重大问题的决定》，第五部分明确提出："推进农村扶贫开发。搞好新阶段扶贫开发，对确保全体人民共享改革发展成果具有重大意义，必须作为长期历史任务持之以恒抓紧抓好。完善国家扶贫战略和政策体系，坚持开发扶贫方针，实现农村最低生活保障制度和扶贫开发政策有效衔接。实行新的扶贫标准，对农村低收入人口全面实施扶贫政策，把尽快稳定解决扶贫对象温饱并实现脱贫致富作为新阶段扶贫开发的首要任务。重点提高农村贫困人口自我发展能力，对没有劳动力或者劳动能力丧失的贫困人口实行社会救助。加大对革命老区、民族地区、边疆地区、贫困地区发展扶持力度。继续开展党政机关定点扶贫和东西扶贫协作，充分发挥企业、学校、科研院所、军队和社会各界在扶贫开发中的积极作用。加强反贫困领域国际交流合作。"使此后的扶贫开发在很多方面发生了转变，为此后更有效地实施扶贫开发提供了政策依据，主要表现在：一是扶贫的对象扩大。由以绝对贫困人口为主转变为对农村低收入人口全面实施扶贫；二是扶贫的目标提高，提高了贫困标准线，由以解决贫困人口温饱问题的"生存型扶贫"，转向以解决温饱为基础、提高贫困人口自我发展能力为目标的"发展型扶贫"；三是扶贫开发的定位提升、地位重要。以"大扶贫"的理念，提出了国家扶贫战

---

① 东西扶贫协作，就是发达地区对口帮扶西部民族地区，书中也简称东西对口帮扶或对口帮扶。

略和政策体系，把扶贫开发纳入整个国家的发展战略和政策体系，并提出了扶贫开发与农村最低生活保障政策的衔接，更加注重政策的系统性、互补性。党的十七届五中全会又提出"加大扶贫投入，采取多种方式，推进扶贫减贫取得更大进展"，进一步明确了新阶段扶贫开发的新要求。对口帮扶在国家扶贫战略框架中，已经与专业扶贫、行业扶贫、其他社会扶贫一并纳入了"大扶贫"格局，成为重要的扶贫政策措施之一。

在此背景下，深入调查研究和总结发达地区对口帮扶西部民族地区的经验、模式，准确评价发达地区对口帮扶西部民族地区的效益，找出现存的问题，通过研究和分析，提出一些可供借鉴的对策建议，显得尤为重要。本课题将在国内外专家研究的基础上，以上海对口帮扶云南为主，结合其他发达地区对西部民族地区的对口帮扶，就发达地区对口帮扶西部民族地区的效益、存在问题及改进的对策措施进行较为全面系统的研究。

二　研究意义、方法及价值

（一）目的及意义

1. 目的

本课题研究以东部 15 个发达省市对口帮扶西部 11 个省市区为研究对象，目的是坚持科学发展观，立足于共同富裕的思想、全面建成小康社会、构建和谐社会的实际，系统分析东部 15 个省市对口帮扶西部 11 个省市区 17 年的实施现状和经验，从多个层次评价东西对口帮扶的效益，分析存在的问题，提出完善对口帮扶总体思路及政策建议，为我国的反贫困事业提供一定的参考和借鉴。

2. 意义

本课题的意义在于：西部民族地区经济社会发展长期处于落后状态，影响民族团结和边疆稳定，在建设社会主义新农村及构建和谐社会进程中，西部民族地区面临着很多重大的困难和问题，如何通过建立有效的机制促使西部民族地区在发达地区的帮助和自身的努力下，加快经济社会的发展，还需要进一步探讨。西部民族地区非常贫困，社会经济发展缓慢，是目前我国社会经济持续快速发展和构建和谐社会的重点和难点。发达地区对口帮扶西部民族地区已经 17 年，效益究竟怎么样，如何进一步提高发达地区对口帮扶西部民族地区的有效性，如何健全发达地区对口帮扶西部民族地区的相关制度和政策，探寻西部民族地区社会经济快速发展的途径和方法等，都是本课题需要探讨的问题。因此，本课题具有较强的针对性，有一定的理论和实践意义。

（二）研究方法

本课题把发达地区对口帮扶的西部民族地区作为特定的区域社会，运用了三结合方法，即理论与调研实践相结合、专家与实际工作者相结合以及定性与定量分析相结合的方法展开研究。首先，从资料获取上，将文献回顾、实地调查（抽样调查和问卷、访谈调查）相结合，在认真查阅和分析现有文献资料的基础上，通过设计调查提纲和问卷，选取有代表性的多年实施对口帮扶的省、县、乡、村进行实地调研，对口帮扶中受援省、州市、县、乡、村的有关部门和干部、援助方的有关部门相关干部以及受援农户进行访谈和调查，从涉及农村民族地区社会经济发展的重要部门及实施过对口帮扶的村组、农户收集大量相关的一手资料。其次，在研究和资料分析过程中，运用经济学、统计学、社会学、民族学等理论和方法，将规范研究与实证研究结合起来，认真整理实施对口帮扶的西部民族地区中调查研究获得的相关资料，并利用 SPSS 统计软件分析处理调查数据，采取理论与实践相结合、定性与定量相结合，进行深入的综合分析，形成完整的政策建议，突出了创新性和应用性等特点。

（三）研究价值

本研究成果有较强的针对性，具有一定的学术理论与应用价值：一是选题新颖，有创新性，目前采取理论联系实际、定性与定量相结合的方法，比较全面的针对东部 15 个省市对口帮扶西部 11 省市区的研究成果几乎没有，故本研究具有一定学术研究价值。二是研究发达地区对口帮扶西部民族地区的理论依据、现实基础、现状和评价体系，加快西部民族地区的脱贫致富步伐，缩小地区发展差距，直接关系到西南边疆民族地区的和谐发展，它绝不仅仅是一个经济社会发展问题，而是一个政治问题，决不可等闲视之。因此，本研究具有一定的现实意义。三是从实践应用价值上，通过系统调查、科学研究和分析发达地区对口帮扶贫困地区的现状、问题，探索新时期东西对口帮扶的新定位、新思路的构想，提出可供操作的对策或建议，为中央及地方各级政府在扶贫开发、新农村建设、构建和谐社会等方面的决策提供参考，抛砖引玉。

三　研究思路和主要内容

（一）研究思路

本研究的基本思路就是通过对发达地区对口帮扶西部民族地区的现状、

经验、主要模式和管理运行机制进行调查和分析，综合评价发达地区对口帮扶的效益，找出对口帮扶中存在的主要问题和障碍因素，提出完善发达地区对口帮扶西部民族地区的总体思路和政策建议（图 1-1）。

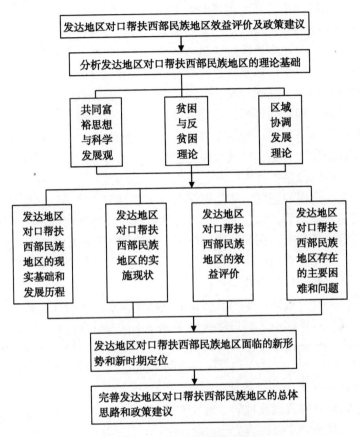

图 1-1　本书研究基本思路

　　发达地区对口帮扶西部民族地区实质上是一种政府主导的特殊扶贫政策措施，但是又区别于一般的财政扶贫，其目的是缩小东西部发展差距，实现区域协调发展，构建社会主义和谐社会，为最终实现全面建成小康社会打下坚实的基础。因此，在研究和分析发达地区对口帮扶西部民族地区的现状、经验、主要模式、管理运行机制和实施效益时，必须树立科学发展观，以科学发展观和构建和谐社会的理论、当前主要的贫困与反贫困理论、区域协调发展理论作为理论基础，才能够全面、正确地把握研究方向，确保研究结论的科学性和正确性。了解和把握这些理论中与分析发达地区对口帮扶西部民族地区相关的理论观点，明确科学发展观及构建和谐社会对西部民族地区发展提出的新要求和新理念，确定西部民族地区的贫困程度，对学术界如何看待贫困成因和有哪些主要的反贫困理论、有哪些评价扶贫效益的理论和方法，有哪些缩小地区发展差异、促进跨区域协调发展和合作的机制体制的理论等，正是本研究第二章的主要内容。

具体的调查和分析思路：一是要选取具有代表性的省、县、乡、村进行实地调研，对口帮扶中受援省、州市、县、乡、村的有关部门和干部、援助方的有关部门相关干部以及受援农户进行访谈和调查，对发达地区对口帮扶西部民族地区的现实基础、发展历程、实施现状及成效进行调查和分析，利用科学的方法处理调查数据，评价对口帮扶的实施效益；二是在分析发达地区对口帮扶西部民族地区存在的主要问题和障碍因素时，重点从对贫困现状、经济社会发展状况、区域发展的差距、人力资源问题、环境压力以及现行对口帮扶政策措施中存在的不足等六个方面进行分析，对存在问题及其成因有一个更为全面的把握；三是在深入分析新时期政治形势、经济形势、扶贫政策变化等新形势，以及新形势对发达地区对口帮扶西部民族地区的新压力和新要求的基础上，在区域协调发展、构建和谐社会的制度框架下，以人为本，提出完善发达地区对口帮扶西部民族地区的总体思路及政策建议，注重建议的针对性和可操作性。

根据以上研究框架，本研究站在历史高度，在前人研究基础上，赋予新的历史课题，对发达地区对口帮扶西部民族地区进行系统研究，为中央和地方各级党委、政府进一步加大对口帮扶力度、提高对口帮扶效益提供参考。

（二）主要内容

本研究共有九章：

第一章是研究背景及框架，对研究背景进行说明，指出研究的目的、意义、方法、思路和主要内容。

第二章是发达地区对口帮扶西部民族地区的理论依据。邓小平提出的共同富裕和"两个大局"的思想是国家实施东西对口帮扶的直接理论依据。本研究分析发达地区对口帮扶西部民族地区的现状、经验、主要模式、效益和问题，都必须是以共同富裕和"两个大局"的思想为理论依据，以科学发展观及构建和谐社会的理论、当前主要的贫困与反贫困理论、区域协调发展理论作为理论基础，确保全面、正确地把握研究方向，保证研究结论的科学性和正确性。了解和把握这些理论中与分析发达地区对口帮扶西部民族地区相关的理论观点，确定西部民族地区的贫困程度，对学术界如何看待贫困成因和有哪些主要的反贫困理论、有哪些缩小地区发展差距、促进跨区域协调发展和合作的机制体制的理论等，正是本章的主要内容。

　　第三章是发达地区对口帮扶西部民族地区发展研究综述。本章主要是对国内学术界研究东西对口帮扶的研究成果进行概述和总结，了解当前的研究现状、经验和问题，为后面的研究提供坚实的基础。

　　第四章是发达地区对口帮扶西部民族地区的现实基础和发展历程。本章从界定本研究中的"发达地区"和"西部民族地区"入手，明确研究的范围和对象是国家实施东西对口帮扶中的东部 15 个省市和西部 11 个省市区。进而分析了 1996 年国家实施东西对口帮扶时东部发达省市和西部省市区之间的差距和问题，提出了东西对口帮扶是我国扶贫攻坚和区域协调发展的必然选择的观点。最后，从政策变迁的角度对东西对口帮扶的发展历程进行了论述。

　　第五章是发达地区对口帮扶西部民族地区的实施现状。本章首先总体概述了我国当前东部发达地区对口帮扶西部民族地区的总体情况。其次分1996—2006 年、2007—2011 年两个不同阶段具体分析了东部各发达省市对口帮扶西部各省市区的发展变化情况。最后就我国东部发达省市对口帮扶西部省市区的成效做了分析。

　　第六章是发达地区对口帮扶西部民族地区的效益评价。由于受资料的限制，不可能做到对所有东部发达省市对口帮扶的西部省市区进行评价，因此课题组以东西对口帮扶中投入较多、效益非常明显的上海市对口帮扶云南省为例研究分析东西对口帮扶的效益。在研究中，课题组采取宏观分析与微观分析相结合、定量分析与统计数据对比分析相结合的方法，分别对上海市对口帮扶云南省 4 个州市 26 个县的减贫效益、整体经济发展效益、无偿援助资金投入绩效以及项目实施对农户改善生产生活条件、增加收入、提高自我发展能力等方面的效果进行了分析和研究。

　　第七章是发达地区对口帮扶西部民族地区存在的主要困难和问题。本章分别从当前西部地区的贫困现状、经济社会发展进程、区域发展的差距、人力资源问题、环境压力以及现行对口帮扶政策措施中存在的不足等六个方面，分析了新时期发达地区对口帮扶西部民族地区面临的主要困难和问题。

　　第八章是发达地区对口帮扶西部民族地区的新形势和新时期定位。本章从新时期的政治形势和政策变化、经济形势变化等方面分析了发达地区对口帮扶西部民族地区面临的新形势、新要求和新压力，进而就新时期发达地区对口帮扶西部民族地区的主导思想、战略重点、扶贫主体、受益群体、评价体系、组织方式等六个方面的重新定位进行了分析和探讨。

　　第九章是完善发达地区对口帮扶西部民族地区的思路和政策建议。本章分别从创新思维、总体思路和政策措施建议三个方面，对未来 10 年我国发达地区对口帮扶西部民族地区提出了具有针对性和可操作性的建议。

　　此外，本研究还有两个专题，分别是第十章的"改革开放 30 年对口帮扶综述"和第十一章的"红河州石屏县对口帮扶调研报告"前者从全国宏观的角度对我国东西对口帮扶的实施情况和成效进行了概述，并就今后我国继续实施对口帮扶提出了政策建议；后者是就课题组对红河州石屏县对口帮扶情况的调研进行总结和分析，提出了存在的问题和建议。

第 二 章

发达地区对口帮扶西部民族地区的理论依据

邓小平提出的共同富裕和"两个大局"的思想是国家实施东西对口帮扶的直接理论依据。发达地区对口帮扶西部民族地区实质上是一种政府主导的特殊扶贫政策措施，是我国反贫困战略中重要的组成部分，但是又区别于一般的财政扶贫，其目的是缩小东西部发展差距，实现区域协调发展，构建社会主义和谐社会，为最终实现全面建成小康社会打下坚实的基础。发达地区对口帮扶西部民族地区是以共同富裕和"两个大局"的思想为理论依据，以科学发展观和构建和谐社会的理论、主要的贫困与反贫困理论、区域协调发展理论作为理论基础，创造出的一种具有中国特色的符合现实需要的集扶贫开发与经济合作、区域协调发展于一体的反贫困模式。新时期，我国将继续加大发达地区对口帮扶西部民族地区的深度和广度，必须以科学发展观为指导，坚持以人为本，从不断完善对口帮扶扶贫战略的高度，加强对口帮扶的理论总结，既能更好的指导发达地区对口帮扶西部民族地区的实践活动，又能使反贫困理论得到发展和完善。因此，本章重点就是认真研究科学发展观、主要的贫困与反贫困理论、区域协调发展理论，研究和把握这些理论中与分析发达地区对口帮扶西部民族地区相关的理论观点，准确判断西部民族地区的贫困程度，对学术界如何看待贫困成因和有哪些主要的反贫困理论、有哪些评价扶贫效益的理论和方法，有哪些缩小地区发展差距、促进跨区域协调发展和合作的机制体制的理论等有更加深入的了解，才能更加全面、正确的把握发达地区对口帮扶西部民族地区的发展方向和政策走向，保证研究结论和政策建议的科学性和正确性，为后面的研究奠定坚实的理论基础。

一 共同富裕、"两个大局"的思想与科学发展观

（一）共同富裕和"两个大局"的思想是实施东西对口帮扶的理论依据

共同富裕思想是邓小平理论的重要内容，邓小平同志明确指出："社会主义的目的就是要使人民共同富裕，不是两极分化，如果我们的政策导致两

极分化，我们就失败了。"[①] 他认为："社会主义的本质就是解放生产力，发展生产力、消灭剥削，消除两极分化，最终达到共同富裕。"[②] 但是，邓小平也提出了要实现共同富裕必须要先富带后富，要有"两个大局"的思想。1985 年 3 月，邓小平同志指出："我们提倡一部分地区先富裕起来，是为了激励和带动其他地区也富裕起来，并且使先富起来的地区帮助落后的地区更好地发展。"1989 年 9 月，邓小平同志又强调："沿海地区要加快对外开放，使这个拥有两亿人口的广大地带较快地先发展起来，从而带动内地更好地发展，这是一个事关大局的问题。内地要顾全这个大局。反过来发展到一定的时候，又要求沿海拿出更多力量来帮助内地发展，这也是个大局。那是沿海也要服从这个大局。"[③] 在 1992 年南方谈话中，邓小平同志进一步对东西共同发展、共同富裕问题做了系统阐述。综合起来，邓小平所说的共同富裕实际上有三层意思：一是使国家尽快富强起来，这是全民致富的前提和基础；二是处理好先富和后富的关系，使富人越来越多，穷人越来越少；三是使人民普遍地共同富裕起来。贫困差距不大。[④] 我国 1996 年以来实施的东西对口帮扶扶贫战略，正是对邓小平共同富裕和"两个大局"思想的具体实践。

（二）科学发展观是指导我国对口帮扶的强大思想武器

党的十六大提出全面建设小康社会的奋斗目标，党的十八大进一步提出"到 2020 年我国要全面建成小康社会"的伟大目标，开创中国特色社会主义事业新局面。自此，中国的改革和发展进入了一个新的历史时期，我国经济社会呈现全面发展的良好势头。但是一些亟待解决的深层次矛盾和问题也日益凸显，针对新时期的特点和新的发展要求，党的十八大站在历史和时代的高度，着眼于中国特色社会主义事业长远发展，在党的十六大提出以科学发展观统领改革与发展的基础上，进一步明确了科学发展观同马克思列宁主义、毛泽东思想、邓小平理论、"三个代表"重要思想一道，是党必须长期坚持的指导思想。科学发展观是一种理论创新，是马克思主义同当代中国实际和时代特征相结合的产物，是马克思主义关于发展的世界观和方法论的集中体现。它围绕坚持和发展中国特色社会主义提出了一系列紧密相连、相互贯通的新思想、新观点、新论断，对新形势下实现什么样的发展、怎样发展等重大问题做出了新的科学回答，把我们对中国特色社会主义规律的认识提

---

① 《邓小平文选》第 3 卷，人民出版社 1993 年版，第 110—111 页。

② 同上书，第 373 页。

③ 同上书，第 277—278 页。

④ 徐永富、李文录：《携手铸辉煌——闽宁互学互助对口扶贫协作十年回望·综述卷》，宁夏人民出版社 2006 年版，第 33 页。

高到了一个新的高度，也把我们对发达地区对口帮扶西部民族地区的扶贫开发的认识到提高到了一个新的高度。

科学发展观第一要义是发展，核心是以人为本，基本要求是全面协调可持续，根本方法是统筹兼顾。以人为本是科学发展观的核心，也是我国改革和发展的出发点和落脚点。我国始终把实现好、维护好、发展好最广大人民的根本利益作为党和国家一切工作的出发点和落脚点，各项改革和发展目标都是为了实现社会主义的生产目标，即"最大限度地满足全体人民日益增长的物质文化生活需求"，保障人民各项权益，促进人的全面发展，走共同富裕的道路，要做到发展为了人民、发展依靠人民，发展成果由人民共享。

发达地区对口帮扶西部民族地区是全面建成小康社会的重要组成部分，我国 17 年以来的对口帮扶取得了巨大的成绩，为西部民族地区基本解决贫困群众的温饱问题做出了重要贡献。实践充分证明，我们党已经开辟了一条中国特色的扶贫开发道路，创造了集扶贫开发与区域协调发展为一体的对口帮扶扶贫战略。随着经济的发展，党中央审时度势，提出了科学的发展观，就是要明确，新阶段对口帮扶要以"三个代表"重要思想统领，以科学发展观统筹，扩大外延，深化内涵，逐步完善对口帮扶机制。同时，科学发展观也对西部民族地区发展提出了新要求和新理念，对发达地区对口帮扶贫困地区的帮扶理念、目标任务、发展模式等提出了更高的要求。

以往的社会发展强调经济增长第一，把社会发展视为一种单纯的经济现象，把经济指标的增长作为发展的唯一目标和根本宗旨，认为经济指标的突破是社会发展的捷径，国民生产总值的增长会使人民的生活水平得到自动提高，从而可以最终消除贫困现象，使社会得到稳定发展，社会的其他目标也会由此得以实现。很显然，这种社会发展观把扶贫活动看成是政府救济福利性措施，因而将其游离于经济发展的主流之外。对口帮扶作为政府扶贫开发的一项重要措施也受到了这种发展理论的影响。

在这种发展观的指导下，对口帮扶机制在实际运行中，存在重物轻人的现象，忽视了一些社会问题。具体的说，就是"三重三轻"。重建设，轻管理；重基础，轻产业；重投入，轻效益。一些对口帮扶项目建成后，后续管理跟不上，使用效率不高，浪费人、财、物。还有一些贫困地区，基础设施搞得不错，对产业开发重视不够，难以持续发展。特别是一些贫困县、乡，领导干部把争取资金项目作为政绩的重要表现，轻项目的效益，不管三七二十一，修几条路、盖几座房子、上几个项目、搞一点面子工程。往往是下一届为上一届"擦屁股"，恶性循环，难以为继，中央提出树立正确的政绩观，切中要害。综上所说，显然，必须要以新的发展观统筹扶贫活动，指导对口帮扶，这种新的发展观就是科学的发展观。

科学发展观是三中全会关于"发展"的新论断，具有重要的历史和现实意义，这是一种全面的发展观，将发展的内容具体化为"五个统筹"，即统筹城乡发展，统筹区域发展，统筹经济社会发展，统筹人与自然和谐发展，统筹国内发展和对外开放的要求。配合五个统筹的目标，还以"五个坚持"的内容提出了全面的发展手段，即坚持社会主义市场经济的改革方向，坚持尊重群众的首创精神，坚持正确处理改革发展稳定的关系，坚持统筹兼顾，坚持以人为本。科学发展观，概括起来就是全面发展、均衡发展、协调发展和可持续发展的发展观。它强调社会发展并非是单纯的经济现象，不仅是经济指标的增长，而且是经济、社会、人口、资源、环境等各系统协同并进的整体发展以及人的全面发展。其中，人是发展的核心和目标，其他方面的发展都是为人的发展和协调人—社会—自然的关系服务的手段。

从科学发展观来看，对口帮扶必须有助于贫困人口经济和社会地位的全面改善，有助于提高贫困人口的心理素质，发挥贫困人口的潜力；对口帮扶必须有助于贫困社区社会结构的优化和社会进步；能够协调好贫困社区人—社会—自然的依存关系；对口帮扶在有社会效益同时，更应当要有经济效益，否则它将很难为继，甚至再次成为阻碍经济发展的包袱。因此，对口帮扶是一种以社会效益和经济效益为前提，以西部民族贫困地区的综合协调发展为内容，以贫困人口的发展为核心的扶贫战略。

二　贫困与反贫困研究理论

关于贫困和反贫困的研究范围很广，根据本研究的目的，贫困与反贫困研究理论集中在贫困的定义和内涵、贫困线的界定、贫困成因和反贫困理论等方面。

（一）贫困的定义和内涵

贫困是一个动态的历史的和地域的概念，它随着时间和空间以及人们的思想观念的变化而变化，不同的社会制度、不同的思想体系和不同的学科对它的定义和看法不同；在不同的国家和同一国家的不同历史发展阶段，由于生产力发展水平和社会经济发展水平的差异，以及人们对收入水平、社会福利、平等的认识和理解不同，贫困的性质、表现形式和产生的原因也有很大差别，对贫困的标准和界定也不相同。因此，随着经济社会的发展、人类文明水平的提高，人们对贫困的认识也进一步深化。国内外不少专家学者和权威机构都对贫困下过定义，其内涵不断拓宽，标准不断提高。

国外对贫困的研究可以追溯到 20 世纪初，至今已有 100 多年的历史①。对贫困的定义具有代表性的有：

1. 1901 年，朗特里以收入衡量贫困，提出了绝对贫困的概念：一个家庭处于贫困状态是因为他所拥有的收入不足以维持其生理功能的最低需要，这种最低需要包括食品、住房、衣着和其他必需品。②

2. 1975 年，世界银行行长罗伯特·麦克纳马拉关注"生存条件"，他认为：绝对贫困指一种生活条件，它受文盲、营养不良、疾病、婴儿死亡率和预期寿命的严重限制，而使受害者出生时带来的基因的能力不能得到发挥，实际上这是一种处于生存边缘的生活。③

3. 1979 年，汤森关注"资源不足"，他认为：所有居民中那些缺乏获得各种食物、参加社会活动和最起码的生活和社交条件的资源的个人、家庭和群体就是所谓的贫困的。④

4. 1980 年，世界银行对贫困的定义是：当某些人、某些家庭或某些群体没有足够的资源去获取那个社会公认的，一般都能享受到的饮食、生活条件、舒适和参加某些活动的机会，就是处于贫困状态。⑤

5. 1986 年，雷诺兹着眼于"收入不足"，他认为：所谓贫困问题，是说在美国有许多家庭，没有足够的收入可以使之有起码的生活水平。⑥

6. 1993 年，奥本海默对贫困的理解涉及生活的各个方面，他认为：贫困是指物质上的、社会上的和情感上的匮乏，它意味着在食物、保暖和衣着方面的开支要少于平均水平。⑦

7. 1993 年，欧共体委员会认为：贫困应该被理解为个人、家庭和人的群体所拥有的资源（物质的、文化的和生活的）如此有限，以致他们被排

---

① 王雨林：《中国农村贫困与反贫困问题研究》，浙江大学出版社 2008 年版，第 11 页。

② Rowntree, Benjamin S. Poverty: A Study of Town Life. London: Macmillan, 1901，转引自杨国涛《中国西部农村贫困演进与分布研究》，中国财政经济出版社 2009 年版，第 19 页。

③ 转引自王雨林《中国农村贫困与反贫困问题研究》，浙江大学出版社 2008 年版，第 11—12 页。

④ 汤森（Townsend）：Poverty in the kingdom: a survey of the Household Resource and Living standard, Allen Lane and Penguin Books, 1979 年版，第 38 页，转引自叶万普《贫困经济学研究》，中国社会科学出版社 2004 年版，第 4 页。

⑤ 世界银行：《1980 年世界发展报告》，中国财政经济出版社 1980 年版，第 79 页。

⑥ 雷诺兹（Reynocds）：《微观经济学》，商务印书馆 1986 年版，第 430 页。

⑦ 奥本海默（Oppenheim）：Poverty: the Facts Child Poverty Action Group, 1993 年版，第 83 页，转引自叶万普《贫困经济学研究》，中国社会科学出版社 2004 年版，第 4 页。

除在他们的成员国的可以接受的最低限度的生活方式之外。①

8.1997 年，联合国开发计划署（UNDP）在《1997 年人类发展报告》中提出了"文化贫困"的概念，它不仅包括人均国民收入等经济指标，也包括人均寿命、卫生、教育和生活条件等社会文化因素，他们认为，贫困不仅仅是收入不足，还是对人们最基本发展（过上长寿、健康、有创造性的生活，享有体面的生活标准和自由、尊严、自尊及他人的尊敬）机会和选择的否定。2000 年，UNDP 进一步指出，人文贫困是指人们生活中最基本的发展能力的丧失，包括文盲、营养不良、预期寿命不足、母亲健康恶化、可控疾病感染，其间接衡量指标包括缺乏获取维持基本生活需要的商品、服务和基础设施（能源、卫生、教育、通信、饮用水）的途径。②

9.2001 年，世界银行对贫困的认识扩展到了"权利贫困"，提出：贫困不仅仅指收入低微和人力发展不足，它还包括人对外部冲击的脆弱性，包括缺少发言权、权利和被社会排斥在外。③

10.2002 年，阿玛蒂亚·森把贫困扩展到了"能力贫困"，他认为：有很好的理由把贫困看作是对基本的可行能力的剥夺，而不仅仅是收入低下。④

11. 亚洲开发银行副行长彼特·H. 沙里温在《亚洲银行与中国扶贫——在"21 世纪中国扶贫战略国际研讨会"上的致辞》中提出：贫困是一种对个人财产和机会的剥夺。每个人都应该享有基础教育和基本健康服务。穷人有通过劳动获取应得报酬供养自己的权利，也应该有抵御外来冲击的保护能力。除了收入和基本服务之外，如果他们不能参与直接影响自己生活的决策，那么，这样的个人和社会就处于贫困状态。如果在收入、就业和工资之外再采用基础教育、健康保健、营养状况、饮水与卫生条件等指标，贫困的衡量就会得到进一步改进。这些衡量措施还应该考虑到一些重要的悟性指标，如孱弱的感觉、自由参与的缺乏。⑤

中国对贫困的研究可以追溯到 2000 多年的春秋战国时期，但是真正把贫困问题作为一个主题进行深入研究还是在改革开放以后，对贫困的定义与

---

① 欧共体委员会：The Institution of an official Poverty Line and Economic Policy, Welfare state program paper series，第 98 卷，1993 年，转引自叶万普《贫困经济学研究》，中国社会科学出版社 2004 年版，第 4 页。

② 转引自王雨林《中国农村贫困与反贫困问题研究》，浙江大学出版社 2008 年版，第 14 页。

③ 世界银行：《2000/2001 年世界发展报告》，中国财政经济出版社 2001 年版，第 15 页。

④ ［印］阿玛蒂亚·森：《以自由看待发展》，中国人民大学出版社 2002 年版，第 15 页。

⑤ 转引自王雨林《中国农村贫困与反贫困问题研究》，浙江大学出版社 2008 年版，第 13 页。

国外一样，也经历了一个深化和拓展的过程，具有代表性的有：

1. 1990 年，国家统计局以"物质生活水平"为标准对绝对贫困下了定义：贫困一般是指物质生活困难，即一个人或一个家庭的生活水平达不到一种社会可接受的最低标准。他们缺乏某些必要的生活资料和服务，生活处于困难境地。[①]

2. 1993 年，童星、林闽钢把贫困扩展到了"发展机会"，认为：贫困是经济、社会、文化、落后的总称，是由低收入造成的缺乏生活必需的基本物质和服务以及没有发展的机会和手段这样一种生活状况。

3. 1994 年，汪三贵指出：贫困是缺乏生活资料，缺少劳动力再生产的物质条件，火种因收入低而仅能维持相当低的生活水平。[②]

4. 1995 年，康晓光认为：贫困是人的一种生存状态，在这种生存状态中，人由于不能合法地获得基本的物质生活条件和参与基本的社会活动的机会，以至于不能维持一种个人生理和社会文化可以接受的生活水准。[③]

5. 2004 年，叶万普提出贫困包括"物质贫困和精神贫困"两个方面，认为：贫困是指由于制度因素和非制度因素所造成的使个人或家庭不能获得维持正常的物质和精神生活需要的一种生存状态。[④]

6. 2009 年，童宁从资源占有的视角理解贫困，认为：贫困是指由于资源占有的匮乏而导致的难以维持生活的状态。资源包括财政资源（如储蓄、投资、资产所有和就业）、自然资源（如土地、水、森林和牲畜）、人力资源（如健康、知识、教育和技能）、社会资源（如人际关系、社会资本和社区文化）等各方面。[⑤]

综合以上国内外对贫困所下的定义，对贫困的内涵、外延和衡量标准的论述，对贫困的认识都经历了一个从"绝对贫困"到"相对贫困"不断深化和拓展的过程，对贫困的理解从"生存贫困"逐渐扩展到了"文化贫困""权利贫困"和"能力贫困"。结合我国的贫困状况，我们认为，贫困是一个多元的概念，绝对贫困是本质，物质贫困是基础，但对贫困的分析应从经济、社会、文化等多个视角进行分析，要关注贫困人口的文化、教育、卫生、健康、权利和能力等多个方面；贫困是一个动态的相对的概念，是与人们的生活需求和生活质量紧密相连的，不同时期、不同地区、不同群体对贫

---

① 童星、林闽钢：《我国农村贫困标准线研究》，载《中国社会科学》1993 年第 3 期。

② 转引自王雨林《中国农村贫困与反贫困问题研究》，浙江大学出版社 2008 年版，第 14 页。

③ 康晓光：《中国贫困与反贫困理论》，广西人民出版社 1995 年版，第 7 页。

④ 叶万普：《贫困经济学研究》，中国社会科学出版社 2004 年版，第 7 页。

⑤ 童宁：《农村扶贫资源传递过程研究》，人民出版社 2009 年版，第 16 页。

困的衡量标准不同，分析贫困时要立足于不同时期不同地区不同群体的实际的基本需求。本研究中对西部民族地区的贫困状况进行综合分析，在评价发达地区对口帮扶西部民族地区效益中也将从综合的多元的方面进行分析。

（二）贫困线的界定

我国专家学者和政府部门对贫困线的理解主要有以下两种：

1. 贫困线分为绝对贫困线和相对贫困线。绝对贫困线是生存贫困，是指个人或家庭依靠劳动所得或其他合法收入，难以满足人的最基本生存需求的生存状态时的贫困标准线。不同的国家和地区根据其不同的生活水平有不同的绝对贫困线。

相对贫困有两种理解：一种是国际公认的生活水平低于所在国家和地区平均水平一定比例的人口或家庭。Fuchs Victor（1967）是最早明确提出相对贫困概念和使用相对贫困线的研究者，他使用相对贫困估计美国的贫困人口，把贫困线定为全国人口收入分布的中值收入的 50%。后来不少学者也沿用了这一贫困线确定方法，但是不少学者不使用中值而是使用均值，也有的学者把均值的 40% 确定为相对贫困线。① 另一种是指温饱基本解决，简单再生产能够维持生活，但低于社会公认的基本生活标准，缺乏扩大再生产的能力或能力很弱（童星、林闽钢，1993）。绝对贫困线和相对贫困线都是随着社会经济发展而变化的。

2. 贫困分为绝对贫困、基本贫困、相对贫困，相应的贫困线分为生存线、温饱线和发展线三条。生存线类似绝对贫困线，是满足最基本的生理需求的最低费用；温饱线是满足最基本的生活需求的最低费用；发展线是达到基本能自给有余的最低费用。目前，有的专家学者使用这种贫困区分和贫困线对我国的贫困状况进行研究和分析，能够使分析更加深入和准确。

对绝对贫困线和相对贫困线有很多测定方法，为了方便起见，本研究中农村贫困线直接使用国定贫困线。我国的农村国定贫困线由国家统计局农调队对全国农村居民收支调查后按照国际测算原则进行计算出来的。不同时期有不同的农村国定贫困线，第一个是 1985 年制定的绝对贫困线农民年人均纯收入是 206 元，1995 年是 530 元；2001 年，我国国定贫困线分为绝对贫困线和相对贫困线，绝对贫困线是农民年人均纯收入是 625 元以下，相对贫困线是农民年人均纯收入是 626—865 元，相应的贫困人口也分为绝对贫困人口和低收入人口；2008 年以后，随着扶贫对象扩大，扶贫标准提高，扶贫的目标和要求也相应提高，取消了绝对贫困线与相对贫困线的区分，并把

---

① 杨国涛：《中国西部农村贫困演进与分布研究》，中国财政经济出版社 2009 年版，第 20 页。

国定贫困线提高到农民年人均纯收入 1196 元；2011 年，我国再次提高国定贫困线，确定了农民年人均纯收入 2300 元作为新的贫困线。

贫困线是度量贫困规模和程度的基础，而贫困规模和程度不仅是评价贫困缓解的重要指标，也是政府扶贫资金投向的决策依据。本研究中运用贫困线能够准确地测量一个地区的贫困发生率，分析贫困成因，衡量一个地区不同时期贫困发生率的变化，评价发达地区对口帮扶西部民族地区的一系列政策实施对贫困的影响。

（三）贫困的成因理论

国内外专家学者从不同的角度对贫困的成因进行了深入的分析，主要从资源缺乏论（包括资本、人力资本、自然资源等）、制度致贫论、权利贫困论、人口学贫困理论、文化贫困论等五个方面来探讨，同时提出了各自的反贫困模式。

1. 资源缺乏论

在社会经济发展中，资源主要指资本、人力资本和自然资源，从 20 世纪 50 年代以来，有不少经济学以发展中国家作为研究对象，认为导致贫困的根源就是缺乏经济增长所需要的资源，形成了资源贫困理论，主要分为资本缺乏、人力资源不足、自然资源贫乏等三个方面。

（1）资本缺乏论

20 世纪 50 年代初，美国哥伦比亚大学教授纳克斯（Ragnar Narkse）（1953）在《不发达国家的资本形成》中系统地提出了贫困恶性循环理论，这一理论是经济学家解释发展中国家贫困问题的最早尝试之一。他认为，尽管资源贫乏、土地贫瘠等是许多发展中国家贫困落后的原因，但是发展中国家之所以长期存在贫困，无法实现经济发展，是因为这些国家的经济中存在着若干个互相联系、互相作用的"恶性循环"，使发展中国家长期持续在贫困封闭圈中徘徊。而这个"贫困恶性循环"产生的关键环节就是资本缺乏，资本形成不足。他认为，发展中国家在两个方面存在着恶性循环：在供给方面，形成了"低收入—低储蓄能力—低资本形成—低生产率—低产出—低收入"的恶性循环；在需求方面，形成了"低收入—低购买力—低资本形成—低生产率—低产出—低收入"的恶性循环。这两个循环互相影响、互相作用，阻碍了经济发展，导致发展中国家长期处于贫困之中。因此，一国要发展经济、战胜贫困，就得想办法找到有效途径去打破资金缺乏与经济停滞之间的恶性循环。具体来说，就是发展中国家必须大规模地增加储蓄、扩大投资、促进资本形成，才能摆脱贫困（王雨林，2008，PP. 28）。

1956 年，美国另一位经济学家纳尔逊在《不发达国家的一种低水平均衡陷阱理论》一文中，利用数学模型分别考察了不发达国家人均资本与人均收入增长、人口增长与人均收入增长、产出增长和人均收入增长的关系，并综合研究了在人均收入和人口按不同速率增长的情况下人均资本的增长和资本形成问题，提出了"低水平均衡陷阱"理论。他认为，发展中国家的经济表现为人均收入处于维持生命或接近于维持生命的低水平均衡状态，只有少量的经济收入用于净投资。只要人均收入低于人均收入的理论值，国民收入的增长就被更快的人口增长所抵消。如果将经济发展定义为人均收入的增长，那么，发展中国家的经济因为掉入低水平收入均衡陷阱中而无法增长。所以，发展中国家必须进行大规模的资本投资，使投资和产出的增长超过人口增长，才能冲出"低水平均衡陷阱"。纳尔逊认为只是经济发展掉入低水平均衡陷阱的社会、技术条件是：①人口增长速度与人均收入高度相关；②人均收入中用于人均投资的量很低；③未被开垦的可耕地资源稀缺；④低效率的生产方法。逃离陷阱的方法概括起来有三点：①改良社会结构，其中包括更加强调节俭和企业精神，刺激产量提高，限制家庭规模；②提高劳动人口在总人口中的比例，改变收入分配，使投资者能够积累财富，制订政府投资计划；③改进生产技术。这一理论强调资本稀缺是经济发展的主要障碍和关键所在，资本形成对发展中国家摆脱"低水平均衡陷阱"有决定性的作用（李琮，2003，pp. 127—128）①。

　　纳克斯、纳尔逊的理论隐含的共同思想是：发展中国家的经济贫困在没有外力推动的情况下是一种高度稳定的均衡现象，而经济发展则是经济从低水平向高水平均衡的过渡，一旦经济从低水平均衡中挣脱出来，就能进入持续稳定增长的道路（叶万普，2004）。

　　为了进一步说明发展中国家贫困的原因，找到摆脱贫穷落后的有效途径，1957 年，美国经济学家哈维•莱宾斯坦提出了经济发展的临界最小努力理论。他认为，发展中国家要打破低收入与贫困之间的恶性循环，必须首先保证足够高的投资率，以使国民收入的增长超过人口的增长，从而使人均收入水平得到明显提高，这个投资率水平即"临界最小努力"，没有这个最小努力就难以使发展中国家的国民经济摆脱贫困落后的困境。莱宾斯坦列举了进行临界最小努力的四个因素：①需要克服由于生产要素不可分、企业规模小而产生的内部不经济；②需要克服由于不具备外在的相互依存关系的各部门各企业而产生的外在不经济；③需要克服人口快速增长对经济发展的不利影响，即当一个国家处于仅够维持生存的最低均衡水平时，收入增长，人

---

① 转引自王雨林《中国农村贫困与反贫困问题研究》，浙江大学出版社 2008 年版，第 29 页。

们的生活质量提高，人口死亡率将迅速减少，人口增长率并未降低还可能增加，人均收入水平并无提高；④为了在经济体系中形成一种机制，促使发展因素能持续发挥作用，形成持久发展，则初期的投资努力必须达到或超过某一最低限度。他还进一步指出，实现临界最小努力还需要具备一些制度和人文条件，如人们观念的更新，形成追求利润、承担风险的意识，适宜企业及其成长和投资盈利的社会环境等（叶万普，2004）。

　　同年，美国诺贝尔经济学奖获得者、著名贫困问题研究专家缪而达尔试图在经济、政治、制度、文化、习俗等广泛的层面上研究欠发达国家贫困的原因。他主张用制度的、动态的、演进的方法来研究发展中国家的贫困问题，提出了"循环积累因果关系"理论，以此解释不发达国家因收入低下而导致的越来越贫穷的困境。他认为，在欠发达国家，由于人均收入水平低，导致人民群众生活水平低下、营养不良、医疗卫生状况恶化，健康受损、教育水平低下，从而使人口质量下降，劳动力素质不高，就业困难；劳动力素质不高又导致劳动生产率难以提高，生产效率低下；劳动生产率又因其产出增长停滞或下降，最终低产出又导致低收入，低收入进一步强化经济贫困，使发展中国家总是陷入低收入与贫困的累积循环困境之中。他进一步指出，产生低收入的原因来自社会、经济、政治和制度等许多方面，其中起着重大作用的因素是资本形成不足和收入分配的不平等，并提出了从土地改革、人口政策改革和教育改革等方面去改变社会的不平等的建议。

　　（2）自然资源缺乏论

　　美国经济学家托达罗指出："几乎所有第三世界国家都位于热带或亚热带地区，而历史事实是，现代经济增长一切成果的范例几乎都发生在温带地区的国家。这样一种分歧不能简单地归之于巧合，它必然与不同的气候环境直接或间接引起的某些特殊困难有关"（樊怀玉，2002，p. 30）。[①] 发展经济学家资源贫乏论者认为欠发达国家普遍把资本、资源集中在以城市为依托的工业上，忽视了农业和农村的发展，从而加剧了欠发达国家的二元经济结构，是造成农村持续贫困的直接原因。自然资源状况是影响劳动生产率高低的重要因素，是形成产品实体的物质基础和源泉，是制约产业结构和生产力布局的重要因素。

　　国内的不少专家学者认为，资源不足是一个国家或地区贫困的重要原因。我国目前贫困人口分布现状和特点是贫困人口主要分布在自然环境较差的地区，如西南喀斯特地区、蒙新干旱地区、青藏干旱山区、黄土高原等地

-----

① 转引自王雨林《中国农村贫困与反贫困问题研究》，浙江大学出版社2008年版，第31页。

区。环境恶劣、资源短缺、灾害频繁、自然环境不利是我国农村贫困的客观根源。

（3）人力资本匮乏论

1960 年，舒尔茨在《人力资本投资》一书中提出了著名观点："经济发展主要取决于人的质量，而不是自然资源的丰瘠或资本存量的多寡。"① 而人力资本是体现在劳动者身上的，主要包括质和量两个方面：量是指社会中从事现有工作的人数及百分比；质是指技艺、知识、熟练程度与其他类似可以影响人从事生产性工作能力的东西。舒尔茨认为，在生产日益现代化的条件下，支撑高生产率的乃是人力资本，现代经济活动中的人力资本的作用无疑比物质资本重要得多。舒尔茨用这一思想来考察贫困国家经济的时候，指出：贫困是作为某一特定社会中，特定家庭的特征的一个复杂的社会经济状态。现在仍然存在的绝大部分贫困是大量的经济不平衡的结果。他提出贫困国家经济之所以落后，其根本原因不在于物质资本的短缺，而在于人力资本的匮乏和人们对人力资本投资的过分轻视。"认得能力与物质资本不相称，这种能力就成了经济增长中的限制性因素。"② 舒尔茨认为传统农业的一个显著特征就是技术水平落后，所以他提出改造传统农业必须引进新的生产要素（包含着技术变化），并对农民进行人力资本投资。

在国内，我国不少学者通过对中国贫困问题的深入调查研究，也认为人力资本不足是导致我国农村贫困的主要因素之一。

2. 权利贫困论

阿玛蒂亚·森从权利贫困的视角分析贫困的成因，并深刻分析了隐藏在贫困背后生产方式的作用以及贫困的实质。他认为："要理解普遍存在的贫困，频繁出现的饥饿或饥荒，我们不仅要关注所有权模式和交换权利，还要关注隐藏在他们背后的因素。这就要求我们认真思考生产方式、经济等级结构以及它们之间的相互关系。"③ 他认为，贫困的实质是能力缺乏。他主要研究了贫困的特殊形式——饥饿。他认为，一个人避免饥饿的能力依赖于他的资源禀赋（所有权组合）和他所面临的交换权利映射（为个人的每一资源禀赋组合规定他可以支配的商品组合集合的函数）。而饥饿的直接原因是个人交换权利的下降，一个人所具有的交换权利就其本质而言，取决于

① 舒尔茨：《人力资本投资》，《现代国外经济学论文集》（第八辑），商务印书馆 1984 年版，第 38 页。

② 舒尔茨：《改造传统农业》，商务印书馆 1999 年版，第 140 页。

③ ［印］阿玛蒂亚·森：《贫困与饥饿》，商务印书馆 2001 年版，第 12 页。

"他在社会经济等级结构中的地位，以及经济中的生产方式"，但同时也依赖于"市场交换"以及"国家所提供的社会保障"。当某一阶层的资源禀赋向量总额急剧下降时，饥饿就会发生。但是，在资源禀赋向量总额不变的情况下，影响交换权利映射的一系列因素发生变化，如失业增加、相对价格和贸易条件的变化以及社会保险制度的变化等，也可能会引发饥饿。

阿玛蒂亚·森突破传统流行的将贫困等同于低收入的狭隘界限，提出用能力和收入来衡量贫困的新思维，拓宽了对贫困理解的视野（叶万普，2004，p. 38）。他提出，贫穷是基本能力的剥夺和机会的丧失，而不仅仅是低收入。但收入是获得能力的重要手段，能力的提高会使个人获得更多的收入。而良好的教育和健康的身体不仅能直接地提高生活质量，而且还能提高个人获得更多收入及摆脱贫困的能力。因此，他提出要通过重建个人能力来避免和消除贫困。

上述例举的贫困成因理论，是当前学界普遍认为的几种主要的理论，此外关于贫困的成因还有诸如制度短缺或不利理论、贫困结构理论、贫困文化理论等其他理论。这些贫困成因理论都从不同的视角探讨了贫困产生的原因，解释了农村贫困，对研究农村贫困和反贫困问题提供了理论基础。但是贫困本身是一个非常复杂的问题，我国农村贫困的原因不只上述几种，各种贫困原因往往相互交织、互为因果，不同的地区还有各自的特殊性贫困原因。

（四）反贫困理论

1."增长极"理论

增长极的概念和理论，最初由法国经济学家弗朗索瓦·佩鲁于20世纪50年代提出来的，它主要建立在抽象的经济空间上，认为经济空间并不是平衡的，而是存在于极化过程中。他的理论主要用以论述推进型产业或关键产业在经济发展中的作用。他认为，增长并非同时出现在所有地方，它以不同的强度首先出现在一些增长点或增长极上，然后通过不同渠道向外扩散，并对整个经济产生不同的最终影响。这些少数"中心"对其他经济单位存在支配效应，这种支配效应主要来自创新能力。增长极的作用主要有技术创新与扩散、资本的聚集与输出、产生规模经济效益和产生凝聚经济效果四个方面。

在此基础上，法国经济学家布代维尔将经济空间的概念进一步拓展到内容更为广泛的区域范围，它不仅包括了与一定地理范围相联系的变量之间的结构关系，而且也包括了经济现象的区位关系，增长极既可以是部门的，也可以是区域的，从而提出了区域增长极概念。

　　同一时期，瑞典经济学家缪尔达尔提出了"循环累计因果理论"。他认为，发达地区（城市或增长极）产生两种效应，一是发达地区（增长极）对周围地区的阻碍作用或不利影响，称为回流效应或极化效应、回波效应，另一种是发达地区（增长极）对周围地区经济发展的推动作用或有利影响，称为扩散效应。极化效应是指生产要素（资金、物资、能量、信息、人才等）向增长极集中的过程，将导致地区差距扩大；扩散效应是当发达地区经济实力增强到一定水平时，由于人口稠密、交通拥挤、污染严重、资本过剩、自然资源相对不足，使其生产成本上升，外部经济效益逐渐变小，出现规模报酬递减，劳动力、资金、技术、设备、信息等要素在一定程度上从发达地区向外扩散，而又流向落后地区，促进外围地区发展，导致地区差距缩小。

　　美国经济学家赫希曼对区域经济不平衡发展的研究又深入一步，提出"不平衡增长在区域间的传递"理论，即边际不平衡增长理论。他认为："经济进步不会在所有地方同时出现，而且它一旦出现，强有力的因素必然使经济增长集中于起始点附近区域。"[①] 他还指出，"一国经济要提高其国民收入水平，必然发展其内部一个或几个地区中心的经济力量"。[②] 而区域间的不平等是必然的。增长中心（极）有两种效应，一方面是核心区经济聚集的极化效应，发达地区以高工资、高利润、高效率吸引落后地区的资本和人才，地区差异扩大；另一方面则是淋下效应，发达地区的成长对落后地区产生的产品购买、投资增加，以及落后地区向发达地区移民，由此而提高落后地区的边际劳动生产率和人均消费水平。两种效应的打下取决于发达地区的发展对落后地区产品的依赖程度，如果发达地区的发展必须依靠落后地区的产品，淋下效应将占优势，地区差距将会缩小；如果发达地区的发展主要依赖国外产品的供给，淋下效应将会受到抑制，极化效应将占主导地位。"一个国家分裂为进步与不景气地区的状况会长期存在"。

　　由以上分析，增长极理论主要包括：一是区域经济发展过程中，经济增长不会同时出现在所有地方，总是首先在少数区位条件优越的点上不断发展成为经济增长中心（极或城市）；二是增长极的形成有赖于具有创新能力的企业和企业家群体的存在，所在地区具有能集中相当规模的资本、技术和人才，从而形成规模经济的能力；三是增长极有两种作用，即极化效应和扩散效应，在增长极初期，极化效应占主导地位，当增长极发展到一定程度，扩

---

① ［美］艾伯特·赫希曼：《经济发展战略》，译，经济科学出版社1991年版，第166页。
② 同上。

散效应逐渐加强，成为主要的，但是是有条件的。两种效应相互作用，推动了地域经济发展，但也产生了地区差距。

2. 点轴开发理论与网络开发理论

点轴开发理论，是运用网络分析方法，把国民经济看作由点、轴组成的空间组织形式，即"点"和"轴"两个要素结合在同一空间。点即增长极，轴线即交通干线，点轴开发理论是增长极理论的延伸。该理论的中心思想是：随着连接各中心地理的重要交通干线的建成，形成有利的区位，方便人口的流动，降低运输费用，从而降低生产成本。新的交通干线对产业和劳动力产生新的吸引力，形成有利的投资环境，使产业和人口向交通干线聚集而形成新的增长极。形成区域开发纽带和经济运行通道功能的交通干线被称为生长轴。具体模式是：一是在一定区域范围内，选择若干资源较好的具有开发潜力的重要交通干线经过的地带，作为发展轴予以重点开发；二是在各发展轴上确定重点发展的中心城镇（增长极），确定其发展方向和功能；三是确定中心城镇（增长极）和发展轴的等级关系，首先集中力量重点开发较高等级的中心城镇（增长极）和发展轴，随着经济势力增强，开发重点逐步转移扩散到级别较低的中心城镇（增长极）和发展轴。点轴开发是一种地带开发，它对地区经济发展和布局展开的推动作用要大于单纯的增长极开发。

在经济布局框架已经形成、点轴系统比较完善的地区，进一步发展可以构造现代区域的空间结构并形成网络开发系统。该理论提出了市场网络理论，又逐渐形成了网络开发理论。网络开发系统必须具备三个要素："节点"，即增长级的各类中心城镇；"域面"，即沿轴线两侧"节点"吸引的范围；"网络"，由商品、资金、技术、信息、劳动力等生产要素的流动网及交通、通信网组成。网络开发就是已有点轴系统的延伸，提高去各节点、域面之间，特别是节点与域面之间生产要素交流的广度和密度，促进地区经济一体化，特别是城乡一体化。

3. 梯度推移理论

梯度推移理论是最具代表性的不平衡理论，是指在一个大区域范围内，由于地理环境、发展条件、自然资源、历史基础等原因，社会和经济技术的发展在区际之间总是不平衡的，客观上存在经济技术梯度，必然有空间的梯度转移，使生产力从高梯度发达地区向低梯度落后地区转移，从而逐渐缩小地区差距，实现一国的经济分布的相对均衡。应该首先扶持条件相对好的高梯度地区加快发展，再逐步依次向各级低梯度地区转移。以梯度推移理论为依据的发展沿海地区经济政策是我国区域改革的正确选择。

但是，目前又出现了"反梯度推移理论"，认为现有生产力水平的梯度格局，不一定就是引进采用先进技术和经济开发的顺序，不管一个区域处于哪个梯度，只要经济发展需要而又有条件，就可以引进先进技术，进行大规模开发。选择梯度推移还是反梯度推移，只能由经济发展的需要和可能来决定。反梯度推移理论认为梯度推移理论不给相对落后地区发展机会，将会导致其永远落后。

三　区域协调发展的理论

（一）几个相关的概念

1. 关于区域的基本内涵

区域的概念最早为地理学所使用，20 世纪以来社会学家、行政学家、政治学家和经济学家对区域研究日渐重视。现在区域在现代已经成为大众词汇，也是经济学和地理学通用的概念。经济学中关于区域的概念至今尚未有明确定义。

最早从经济学角度对区域概念进行界定，也是目前为止大家一直沿用的概念，是 1922 年中俄中央执行委员会直属经济区划问题委员会的定义：所谓区域应该是国家的一个特殊的经济上尽可能完整的地区。这种地区由于自然特点、以往的文化积累和居民及其生产活动的结合而成为国民经济总链条中的一个环节。

目前影响较大的定义是美国区域经济学家胡佛（E. M. Hoover, 1970）的定义：区域是基于描述、分析、管理、计划或指定政策等目的而作为一个应用性整体加以考虑的一片地区。它可以按照内部的同质性或功能一体化原则划分。

我国学者林德全在《区域经济规划的理论与实证方法》一书中定义：区域乃为有内聚力的地区。区域所包含的地区具有同质性，经济上有密切的相关性、协调运转的整体性、相互交叉的渗透性。（乔云霞，2005；张秀生、卫鹏鹏，2005）

我国学者黎鹏在《区域经济协同发展研究》一书中的定义：区域是经济活动的组织、布局与运营中在宏观范围上的基本地域单元，它是以经济活动组织和行政管理的紧密程度与需要为主要标准来划分的，其经济发展条件与生产经营要素相对完备（但绝对不完备），内部联系较为紧密且自成体系，又向同级与上下级区域开放并相互联系，在同级区域中或在上一级或几级区域范围内，单独或与一个或几个统计区域承担特定的劳动地域分工职能。区域空间尺度范围没有统一标准。政府是区域的引导主体，企业等微观组织才是真正的生产经营主体（黎鹏，2003）。

总结以上定义，区域具有以下特征：

（1）区域是一个空间概念。尽管划分标准不同，但各种类型的区域总是表现为一定的地理单元。但区域没有统一标准，区域的划分灵活性较大，这为区域的划分和管理加大了难度。

（2）区域特征的内聚性和同质性。主要表现为区域在功能一体化方面的内聚性和区域内部经济、社会、文化、自然等条件（基本质量、指标）和同质性（或均质性）。

（3）区域可以在全国甚至更高一级的区域系统中担当某种专业化分工职能。

中国学者乔云霞还认为，最小的经济区域应当符合行政区划的疆界，其他经济区域可以是最小区域的组合。从决策实施的角度看，政府是区域决策的主题，所以，最小的经济区域同时也是一个最小的行政区域（2005）。

区域从地理学、行政学、社会学、经济学等不同的角度进行考察，可以分为多种类型，常见的主要有三种，即自然区域、行政区域和经济区域（张秀生、卫鹏鹏，2005）。

2. 关于行政区域与经济区域

行政区域是指行政管理的地域范围，具有一定的主观性，与自然区域相比，具有可变形和不稳定性；而经济区域是指以大中城市为核心，以交通运输为纽带，以地区专门化部门为特征的经济地域。经济区域是客观的，且具有相对的稳定性。一般来说，构成现代经济区域的要素是经济中心（各级城市）、经济网络（交通网、流通网和通信网等）和经济腹地（中心和网络的吸引范围）（张秀生、卫鹏鹏，2005）。

国家发展和改革委员会原经济体制综合改革司司长范恒山认为，行政区发展是经济区域发展的基础，经济区域发展是行政区高水平、快速度和可持续发展的重要条件。一般来说，一个经济区域往往包含着若干个不同层次的行政区。行政区作为依法确立、由国家授权的一定级别政府进行管理的区域，其发展模式和政府管理的方式，直接制约着经济区域的发展。超越行政区以拓展经济区域，推进区域发展，有利于资源和要素在更大范围流动和重组，实现各行政区的优势互补，促进资源和要素的优化配置，从而促进经济结构的调整与升级，提高经济运行的质量和效益（范恒山，2006）。

行政区有历史性，形成了"行政区经济"，计划经济体制巩固了行政区经济，利益机制和地方利益保护主义又强化了行政区经济。"行政区经济"

以行政区为范围，不注重合理的区际分工，阻拦资源和要素的跨行政区流动，以行政区自身利益为目的，行政指令和行政性措施为资源配置和经济运营的主要手段。而"经济区经济"强调跨行政区，区际分工协作和横向联合，客观要求资源和要素跨地区地自由流动与优化配置，以经济区最大利益为目标，以经济规律和市场机制为配置的主要手段。二者并存但有冲突（黎鹏，2003）。如何协调二者的矛盾已经成为区域协调发展的关键。

3. 关于地区差距与区域经济差异

区域与地区不同，区域更具有自然的经济的含义，界限比较模糊，经济功能主要是通过经济发展的客观联系发挥；而地区还兼有行政区域的含义，界限比较清楚，经济功能往往通过行政手段和政策功能作用发挥。区域经济是国内空间资源组成的地区经济集合体，它是国民经济的组成部分，起着连接地区经济与国民经济的桥梁作用。地区经济则是指以地区行政区划作为空间资源限制的经济，它有着强烈的行政特征，所有地区之和构成国民经济，部分地区之和构成区域经济（张秀生、卫鹏鹏，2005）。

张敦富和覃成林在《中国区域经济差异与协调发展》中提出，所谓区域经济差异是指一定时期内全国区域之间人均意义上的经济发展总体水平非均等化（2001）。在书中主要讨论了区域之间的经济差异，他们认为区域之间的差异或区域差距主要就体现在经济的差异上，区域经济差异的存在和变化反映了各个区域在全国经济增长的总体格局利益的分配是不同的。而由于区域经济差异扩大，如果得不到有效控制，将使地方政府与中央政府的经济关系发生变化，社会民众对政府不满并施加压力。他们认为，区域经济协调发展的关键就是加快欠发达区域的经济发展（张敦富、覃成林，2001）。

国家发改委原经济司副司长王新怀认为，地区发展差距，主要是指地区间社会经济综合实力水平的差距，包含了地区间经济、社会以及影响经济和社会发展的各方面要素的差距。因比较对象的不同，地区差距可以划分为不同的层次。但是，促进区域协调发展为主的宏观政策缓解了地区差距扩大的势头（王新怀，2006）。

总之，从研究中我们发现，2006年以前学者和政府官员们更多的关注点仍然在区域之间的经济差异，以及因经济差异而导致的社会生活水平的差距，他们大多数把目标放在如何通过发展欠发达地区的经济，实现区域差异的缩小，达到区域经济的协调发展。

"十一五"时期，国家"十一五"规划提出，区域发展不协调，不是简单的各地区之间经济总量之间的差距，而是人口、经济、资源环境之间的空间失衡。自此以后，对区域差异的研究从单纯的经济差距转向了区域的经济、社会、环境等各方面差距的研究。

4. 关于区域发展、区域经济协调发展和区域协调发展

在当代，世界各国普遍遇到人口、资源和环境问题，而这三个问题都在区域发展中得到广泛的反映。区域发展是指在宏观国民经济增长的背景下，区域经济总量获得增长，人口增加及人均收入提高，物质性和社会性的基础设施不断改善，地区间建立合理的经济关系，逐步缩小地区间社会经济发展水平的差距，以及为此目标而指定区域政策。目前区域发展主要包括七个方面：（1）区际分工与贸易；（2）区位理论；（3）经济增长机制；（4）区域（国家）竞争优势；（5）产业结构；（6）空间结构；（7）区域政策（陆玉麒，1998）。

区域经济协调发展，是在市场机制和中央政府的协调下，充分发挥区域优势，使区域间形成相互依赖、合理分工、共同发展的经济统一体。其目标是促进国家总体发展战略的实现，缩小区域间的经济发展差距，消除区际壁垒，建立全国统一市场。区域经济协调发展是一种全新的空间经济发展观，关键是通过"协调"，实现"效率"，市场机制为主，政府调控为弥补市场机制的失效，但不能代替市场机制，两者相互依赖、互相补充，其总体功能应大于局部功能之和（陈计旺，2001）。

张敦富和覃成林在《中国区域经济差异与协调发展》中认为，所谓区域经济协调发展是指区域之间在经济交往上日趋密切、相互依赖日益加深、发展上关联互动的过程。应包括几个方面：一是区域协调发展的目的和核心是实现区域之间经济发展的和谐，经济发展水平和人民生活水平的共同提高，社会的共同进步；二是实现区域经济协调发展的基本方式是使区域之间在经济发展上形成相互联系、关联互动、正向促进、相互依赖的依存关系；三是衡量区域经济是否协调发展的标准是，区域之间在经济利益上是否同向增长，经济差异是否趋于缩小（2001）。

清华大学殷存毅教授认为，所谓区域协调发展的经济学含义是，以某种形式的合作谋求单个个体无法得到的更大利益，从硬件来看，这种合作可能包括一些具体的经济活动项目，如产业、基础设施、环境保护、科教文化等方面；从软件方面而言，合作就是要在政策和体制方面实现某种一致性。软硬两个方面的合作是相互依存的。值得指出的是，在合作中能否保证个体尤其是那些明显处于弱势的个体的收益等于社会收益（合作所产生的平均收益）是决定能否产生合作激励的关键（殷存毅，2005）。

李仙认为，所谓区域协调发展，应该是实现经济内部产业之间、城乡之间和地区之间的协调发展、经济与社会之间（人与人之间）的协调发展以

及经济与自然之间（人与自然之间）的协调发展。区域协调发展有三层含义：一是根据各地区发展的比较优势和潜力，因地制宜地选择不同的发展道路，实现区域经济的普遍发展和繁荣，这就需要建立各具特色的区域经济体系；二是努力营造有利于区域之间便利联系和交往的全国统一的空间市场体系，以确保区域分工效益的实现，这就需要建立各种区域之间的合作体制和机制；三是将地区差距控制在社会可承受的范围之内，最终实现地区间的共同富裕，这就需要建立规范和完善的区域差距调控体系（李仙，2006）。

国家"十一五"规划则提出，区域协调发展的实质是"人"，而不是地区生产总值。缩小区域差距，不是简单地缩小地区之间经济总量的差距，而是缩小不同地区之间人均收入、公共服务、生活水平的差距，实现经济布局、人口分布、资源环境三位一体的空间均衡。其衡量标准是，居住在不同地区的人民都享有均等化的基本公共服务，都享有大体相当的生活水平（2006）。这个定义已经超出了经济学范畴。

（二）区域协调发展的相关理论

在我国区域经济发展中，一些理论对区域发展战略的转变有一定的影响，目前，我国的区域发展已经从区域经济协调发展走向区域协调发展，仍然需要一些理论依据支撑。从学者们的研究来看，他们认为在区域经济协调发展中影响较大的理论主要有以下几种。

1. 倒"U"型理论

倒"U"型理论是美国经济学家威廉姆森提出来的，这种理论认为：一国或一地区经济发展的早期阶段，区域间成长的差异将会扩大，倾向不平衡成长，既区域发展差异的扩大是经济增长的必要条件；之后，随着经济发展，区域间不平衡的程度将趋于稳定，当达到发展成熟阶段，区域间经济水平发展的差异逐渐趋于缩小，倾向于平衡成长，此时期区域经济发展差异的缩小，又构成了经济增长的必要条件。但是目前，一些学者对这一理论提出了异议，作为实证分析的结果，是否具有普遍性还值得商榷。

2. "核心—外围"理论

约翰·弗里德曼利用熊彼特的创新思想建立了空间极化理论。他认为，发展可以看作一种由基本创新群最终汇成了大规模创新系统的不连续积累过程，而迅速发展的大城市系统，通常具备有利于创新活动的条件，创新往往是从大城市向外围地区进行扩散的。由此他创建了核心—外围理论，核心区是具有较高创新变革能力的地域社会组织子系统，外围区则是根据与核心区所处的依附关系，而由核心区决定的地域社会子系统。核心区与外围已共同组成完整的空间系统，其中核心区在空间系统中居支配地位。核心区的作用主要是：一是核心区通过供给系统、市场系统、行政系统来组织自己的外围依附区；二是核心区系统地向它们所支配的外围区传播创新成果；三是核心区增长的自我强化特征有助于相关空间系统的发展；四是随着空间系统的信息交流的增加，创新将超越特定空间系统的承受范围，核心区不断扩展，外围区力量逐渐增强，导致新的核心区在外围区出现，引起核心区等级水平的降低。他预言，核心区扩展的极限可达到人类居住范围内只有一个核心区为止。

3. 区域分工理论

区域分工是区际联系与合作的主要方式，其根本原因是各区域在发展条件、发展基础、经济结构、资源禀赋、生产效率等方面存在较大差异，而这种差异因素或具体要素又不能或不能完全与自由地流动。为了以最有利的条件、最低的成本和最佳的效益来满足各地区经济发展和社会生活的实际需求，就必然会在区际关系格局中，按照比较成本和比较利益的原则，选择最适合自己和最具有优势的产业或项目来发展，就必然会也应该进行区域之间的分工。该理论建立在比较优势理论的基础之上，同时结合了资源赋予理论和劳动地域分工理论。

比较优势理论，分为绝对比较优势理论和相对比较优势理论。两种理论都认为，国（区）际经贸合作（贸易）能够更经济有效地利用与配置本国或本区域资源，更充分有效地利用其他国家或地区的资源、节约成本，提高效率与效益，推动本国或本地区的发展有利。但是绝对优势理论认为每个国家（或地区）所花成本"绝对的低"的国家（地区）才拥有"绝对优势"参与国（区）际的分工，而相对比较优势理论则认为，无论一个国家（地区）的发展条件和经济状态如何，技术水平是高是低，都会由于它与其他国家（地区）在生产成本上的相对差异，可以由其相对有利的声擦黑年条件来确定其"相对比较优势"，并以这样的相对比较优势参与国（区）际的分工与合作。

资源赋予理论，是用生产要素的丰缺（互补性）解释国（区）际贸易产生的原因和商品流向的理论。基本思想是：一是国（区）际贸易产生的原因是国（区）际生产要素禀赋不同而导致商品价格的差异；二是国（区）际内部由于生产要素价格比例不同而导致各种商品的成本不同；三是各国（区）比较利益是由各国（区）拥有的生产要素的相对充裕程度决定的。利用这一理论来指导和组织区际经济与产业的合作，可使区际合作的内容和结构得到优化。

劳动地域分工理论，其基本观点可以归纳为地域分工发展论、地域分工竞争论、地域分工协调论、地域分工合作论、地域分工效益论和地域分工层次论 6 个方面。

4. 系统理论

系统理论把一定环境中由若干相互联系与作用的要素组成的具有响应特定结构和功能的要素集合看作一个有机整体，并全面而不是局部地、开放而不是静态地看待整体和有关问题。基本思想是：一是整体性原理，强调要素与系统之间是一个整体、不可分割，有整体大于各部分之和的"整体功能"；二是联系性原理，强调系统内各要素之间的联系，通过这种联系实现整体功能，必须以普遍联系的观点和方法去认识、考察和把握一个系统及其分要素和子系统；三是有序性原理，系统的有序性是纵向有序、横向有序和动态有序，任何系统都是多级别、多层次的有机结构，高层次系统支配低层次系统；四是动态性原理，系统状态将随着时间而发生变化的规律；五是调控性原理，系统的相对稳定性是系统存在的基本条件，而稳定性是通过调节、控制实现的，任何有序的稳定性系统都具有自我调节、自我控制能力；六是最优化原理，包括系统结构形态最优化、运动过程最优化和性质最优化。由此，我国各区域之间、省内各区域之间都处于相互依赖的系统网络之中，必须相互协同与配合，同时经济、社会、环境也是处于一个系统之中，也必须相互协调，才能达到功能最优化，实现"整体大于各部分之和"的效应。

5. 大协调全息经济（运行）理论

大协调全息经济（运行）理论的主要原理是：一是把区域经济活动作为一个整体，在人类和自然界的大尺度上考虑其对人类生存的利害，跳出经济圈看经济活动本身的得失，寻求最经济的同生态环境协调的途径；二是把区域经济活动同各种社会活动关联起来，通过改革社会或各种社会活动提高社会整体的宏观效益；三是把保证人类在自然界中适宜生存的条件和经济活动的每一个必要条件都作为健康的经济活动必不可少的维度，在使用多维的立体坐标计算各维度效率和交叉限量的基础上，求解整体效率和宏观效益[①]。某一维度效率的提高有时会造成其他维度效率的降低，但又会带来整体效益的提高（黎鹏，2003）。

6. 空间相互作用理论

在戴学珍的《京津空间相互作用与一体化研究》（2005）一书中介绍了"空间相互作用理论"。书中认为：经济要素以及某些相关非经济要素的空间差异（异质性），可能导致这些要素的空间流动。空间流动具有普遍性。

---

① 赵营波：《大协调经济学与可持续发展》，《生态经济》1995 年第 6 期。

这种流动表明不同地点或区域的人及其活动在空间上是相互作用的，各种空间相互作用具有某些共同特征和遵循某些共同原则。正是这种流动使区域之间或各种空间经济实体之间的经济和社会活动互相关联，构成不同层次和总体规模庞大而复杂的空间经济系统。这种关联可以路线的配置和信息的流量等形式如实地反映在地图上，也可以建立相互关联模式。空间相互作用的基本形式大致包括人流、物流、资金流、信息流和技术流五种。有的学者借用物理学的热传导方式，把城市之间、城市与区域之间的人流、物流、资金流、信息流和技术流等空间相互作用的基本形式分为对流、传导和辐射三种类型（陆大道，1988）。"对流"指人口流动（人口迁徙、通勤、公务和旅游等）以及物资流动（原材料和产品的运输）；"传导"指各种各样的交易过程，不是通过具体的物资流动来实现，而是通过记账程序来完成。如财政、金融系统的票证往来关系；"辐射"可理解为信息、政策、思想和技术的扩散，这种扩散过程一般由较高层次上的城市指向低层次的城镇直至广大的农村聚落，即所谓的"等级扩散"。随着社会进步和经济、技术的发展，第二、第三种作用类型对城市和区域空间经济活动的影响越来越大。美国地理学家乌尔曼在 1957 年首先认识到空间相互作用的一般原理，并提出空间相互作用的三个基本条件，是互补性、移动性和介入机会。但是制度因素对不同城市间的空间相互作用具有显著影响，其影响主要是通过政府行为来发生作用的，不同的政府实行不同的制度，采取不同的体制，制定不同的政策，相应会对市场的作用范围划出不同的界限，市场只能在允许的范围内发生作用。制度因素影响了市场范围从而影响了城市间的空间相互作用（戴学珍，2005）。

空间相互作用对相关区域而言，有利和不利并存。有利的方面是其在经济发展中可以互通有无，加强联系，从而可以拓展发展空间，获取更多的发展机会，促进双方经济发展；不利的方面是会引起区域之间对资源、经济要素、发展机会的不正当竞争（覃成林，1996）。但总体而言，有利方面大于不利方面，不利方面可以采取多种手段加以限制。

7. 空间经济理论

18 世纪末 19 世纪初，空间经济学起源于德国的古典区位理论。1999年，日本京都大学的藤田昌久（Masahisa Fjuita）、美国麻省理工学院的保罗·克罗格曼（Paul Krugman）和英国伦敦政经学院的安东尼·J. 维纳布尔斯（Anthony J. Venables）合著了《空间经济学》一书，2005 年 9 月，由南京大学商学院梁琦教授主译，中国人民大学出版社出版。空间经济研究的是关于资源在空间的配置和经济活动的空间区位问题。20 世纪 80 年代，保罗·克罗格曼提出了"新经济地理"理论（译为"空间经济学"），新经济地理是指"生产的空间区位"，它研究经济活动发生在何处且为什么在此处。新经济地理的基本问题也就是空间经济的核心问题，即解释地理空间中经济活动的集聚现象。集聚出现在很多地理空间层面上，种类繁多，城市本身就是集聚的结果，区域经济一体化也是集聚的一种形式，集聚的极端则是全球经济的中心外围结构，即国际经济学家们密切关注的南北两极分化问题。而所有不同层面不同种类的集聚都处于一个更大的经济中，共同形成一个复杂的体系。而经济活动的地理结构和空间分布是在使经济活动集聚的向心力和使经济活动分散的离心力的相互作用下形成的，而产生集聚的驱动力就是关联效应所形成的金融外部性。

基于以上的理论，空间经济学提出了三种模型，即区域模型、城市体系模型和国际模型。

一是区域模型，即中心—外围模型。该模型通过对农业和制造业的研究证明，当运输成本足够低，当制造业的差异产品种类足够多，当制造业份额足够大，空间经济的"演化"将可能导致制造业"中心"和农业"外围"，因为较大的制造业份额意味着较大的前向关联和后向关联，它们是最大的集聚力（这种金融外部性是集聚的驱动力），这就是关联效应。关联系数的微小变化会使经济发生波动，原先两个相互对称的地区发生转变，起初某个地区的微弱优势不断积累，最终该地区变成产业集聚中心，另一个地区变成非产业化的外围。而集聚因素将会使多个地区和连续空间中产生数量更少、规模更大的集中。

二是城市模型，即城市层级体系的演化。城市模型以冯·杜能的"孤立国"为起点，定义城市为制造业的集聚地，四周被农业腹地包围，然后逐渐增加经济的人口，农业腹地的边缘与中心的距离逐渐增加，当达到一定程度时，某些城市会向城市外迁移，导致新城市的形成。一旦城市数量足够多，城市的规模和城市间的距离在离心力和向心力的相对强度下将在某一固定水平上稳定下来。如果经济中有大量规模各异和运输成本不同的行业。经济将形成层级结构。这种城市结构的未来趋势取决于"市场潜力"参数。市场潜力决定经济活动的区位，而区位的变化进而重新描绘市场潜力。当中心刚刚形成时，区位优势是催化剂，大拿是中心形成后，通过自我强化不断发展形成扩大规模，起初的区位优势与集聚的自我维持优势相比就显得不那么重要了，这就是空间经济的自组织作用。

三是国际模型。即产业集聚与国际贸易。国际模型主要讨论国际专业与贸易、产业集聚、可贸易的中间产品和贸易自由化趋势对一国内部经济地理的影响。在国际贸易中，由于有国界的存在，要素的流动是受到种种限制的，因此在中心—外围模式中起关键作用的产业关联的效应，并不能导致世界人口向若干国家集聚，却能产生一种专业化过程，使特定产业向若干国家集聚。而在一国内部，开放对外贸易在行业层面上的收益递增会导致在其他方面相似的国家专业化生产不同商品。虽然从总体上看贸易自由化会使一个国家的工业在空间上显得更加分散，但是对某些工业而言，贸易自由化却可能带来空间集聚，从而使对外开放所带来的国民福利的增进，比通常讲的贸易所带来的福利要多得多。因为贸易可以导致内部经济地理的重新组织，它既在总体上促使制造业活动变得更加分散，同时又促使某些产业产生集聚。当一个产业为了适应贸易方式的变化而重新组织生产时，意味着贸易也许通过更深一层作用机制，来改变一国经济的福利水平。

综合分析以上理论对我国扶贫开发的影响可知，20 世纪七八十年代，指导我国扶贫开发实践的是经济增长理论，认为只要经济发展，经济总量增加，贫困现象会自然消失。实践证明，经济总量增长，可以带动贫困地区的发展，但不能从根本上解决贫困问题。经济增长理论指导扶贫实践忽略了社会发展和生态环境保护建设，所以地区间、地区内部、穷人和富人的差距越来越大。90 年代，指导我们扶贫开发实践的是梯度推进理论，东中西部产业承接转移，东部淘汰的产业转移到中西部，环境污染、资源成本压力过大，一些贫困地区只留下煤渣和矿坑，深度贫困越演越烈。经济学家厉以宁认为，"十二五"期间，要以联网辐射理论指导扶贫开发实践，就是在贫困地区开展集中连片的片区开发，培育中小城镇，加快特色产业发展，重点解决基础设施和水利建设，发挥中小城镇联网辐射作用，带动贫困人口增强自我发展能力，从而达到缓解贫困的目标。

（三）关于区域协调发展的路径选择

区域协调发展的路径很多，因思路的不同，路径的选择也出现不同，综合后主要有以下两种路径。

1. 城市群带动型

目前提得最多的就是以城市群为支撑的发展类型，但是其中又有三种不同的发展模式。

（1）分层发展型。陈栋生认为，我国中部地区要崛起，必须统筹城乡和经济社会发展，实现区域的协调发展，其路径是实施分层发展：第一个层次是完善与发挥6个省会城市和以它们为核心的武汉城市圈（1＋8）、中原城市群（1＋8）、长株潭、昌九、皖中和晋中城市群的城市功能，为企业进入国内外大市场、进入国际产业链、供应链提供便捷、交易费用低廉的大平台，成为企业技术创新与管理创新的源头。第二层次是培育壮大一批区域性中心城市和以它们为核心的城镇群（圈、带）。第三层次是发展县域经济。县域经济的发展是基础，向上接受大城市和中心城市的辐射、带动，向下可以带动农村的发展。（陈栋生，2005）。

（2）分层与网络化发展型。南昌大学中部经济发展研究中心的尹继东、胡凯认为，区域协调发展，必须以产业集群和城市集群为发展手段，其中必须有一个世界级的大都市作为增长级。发展极的选择应当根据一个地区的资源禀赋、战略地位、现有发展状况和发展潜力来确定，并体现层次性和网络化。所谓层次性，是指在一个区域内，除了确定一个发展极外，还应选择几个作为辅助的二级发展极、三级发展极。所谓网络化，是指一、二、三级发展极之间通过产业、市场的纽带建立密切的联系，形成核心发展极的发展同整个区域的发展协调一致的立体发展态势。以中部地区的发展为例，武汉应当是中部地区省的核心发展极，以郑州、长沙、南昌、合肥、太原为二级发展极，以六省的中等城市为三级发展极，形成纵横交错的发展网络，形成以武汉城市圈为核心，以郑州为中心的"中原城市群"、"长沙—株洲—湘潭"一体化、安徽沿江城市群、"南昌—九江"工业走廊、"太原—忻州—晋中"城市带为外围的有机联系的城市群，构造中部崛起的战略支点。产业集群和城市集群发展，都有利于形成社会学习机制。经济主体可以相互学习，积累经验，启发思考，产生新的创新、创业的火花，这是社会经济进步的重要条件。产业集群和城市集群发展所形成的学习机制，可以推动区域竞争力的形成和提升。以项目为纽带加强区域合作、获取政策援助和吸引外部投资。

（3）城市圈域发展型。唐茂华提出，发展城市圈域经济，作为经济区域化的空间实现形式。

2. 制度变迁型

在国际上，有的区域协调发展，是依靠协调制度的建立。如欧盟，从建立煤钢联盟开始，逐步从经济共同体，到共同体，再到联盟，从局部实现生产联合、共同关税减让，到建立统一大市场，再到统一货币。整个发展依靠的就是新颖的体制和独特的结构（张蕴岭，2004）。曹现强提出，要以制度整合和政府职能转变为手段，以建立跨市域并有非政府组织参与的合作机制和合作机构为目标，最终实现山东半岛城市群一定范围内协调统一的规划和公共服务供给，达到区域的协调发展。佟志武也认为，区域协调发展依赖于解决体制机制的问题，必须以市场为导向、以产业为基础、以合作共赢为目的，加大改革力度，创新体制机制，努力形成区域间相互促进、优势互补的体制机制，才可能实现区域的协调发展。

3. 产业群带动型

浙江省是典型的产业集群带动型的省份，它的经济高速发展的一个重要原因，就是基于产业集群的区域特色经济的快速成长和由此产生巨大活力的支撑。浙江省立足各地当地优势，大力发展区域特色产业，形成了"小资本、大集群"的区域规模优势。浙江省委政策研究室调研表明，截至2001年6月，在全省88个县市区中，有85个县市区形成了以"小资本，大集聚"为特征的块状经济（该课题组认为，区域块状经济是指在一定地域集聚形成且有比较优势、带动当地经济和社会发展的特色产业及其组织形式，即由许多企业尤其是中小企业集聚形成的专业化产业。并将10家以上企业生产同类或相关产品、产值上亿元的区域成为块状经济。）（盛世豪，郑燕伟，2004）。陈铁军认为，区域协调发展很大程度上取决于劳动的地域分工能否发挥地区的比较优势，能否使优势产业对劣势产业的替代达到最优化，形成地区间有时忽布、各展所长、各具特色的分工格局。因此，他提出，云南要实现区域经济协调发展，必须培育覆盖全省的优势产业群体，同时合理布局区域城市空间结构，扩大对外开发，加快转变经济增长方式。以优势产业的发展作为基础，以中心城市群和城镇群作为增长"极核"，带动全省各个区域的经济社会发展（陈铁军，1999）。

4. 增长极带动型

有两种增长极，一种是自身成长出一个增长极，如长江三角洲是以上海市作为增长极发展起来的，整个20世纪80年代，苏南、浙北以上海的技术扩散为前提，广泛动员社会闲散资金，大力发展乡镇企业，加速生产适销对路产品，从而创造了较高的经济增长率。进入20世纪90年代以后，中央决定开发上海浦东，以浦东为龙头，加快上海向国际经济、金融和贸易中心迈进，加上上海科技势力雄厚。因此，以浦东开发为契机的上海被赋予为带动长江三角洲乃至整个长江流域的增长极。另一种是地区以外的增长极，如珠江三角洲的增长极是来自地区以外的港澳地区，香港、澳门资金雄厚、第三产业发达，由于它们在经济水平和运行机制上存在着巨大差距，一旦互相建立了联系，两者所利用的资源远远就超过了各自的资源存量（陆玉麒，1998）。云南省"十一五"规划提出了，云南的区域协调发展的路径是"一极三向五群"，将以滇中地区作为云南省的增长极（或中心），依托五大城市群，推动全省的经济、社会和环境协调发展。

5. 贸易拉动型

国际上许多区域合作和协调发展，是通过贸易拉动的。如北美自由贸易区，1994 年成立，囊括了 4.2 亿人口和 11 万亿美元的国民生产总值，是当今世界最大的自由贸易区。便利的交通和通信技术的迅猛发展，加拿大的原材料、墨西哥的劳动力与美国的技术管理相结合，成为一种新型自由贸易区模式的基础。该贸易区的宗旨是在 10 年内逐步消除所有贸易和投资限制（几个敏感性行业的过渡期为 15 年），实现区域内自由贸易。经过 10 年的发展，三边贸易额翻了一番，尤其是墨西哥的贸易额迅速增长，经济增长明显。

（四）区域协调发展的体制机制的地位

英文中的体制（System）本身就具有制度的含义，但制度为 institution，包含规则、机构之意。体制和制度既有区别又有联系，一般情况下没有严格的区别。浙江大学姚先国教授所著《比较经济体制分析》指出，经济体制在宏观意义上是支配社会生产和分配的一组有机的制度安排，而经济制度则泛指经济活动的制度安排，含义可宽可窄，既可以指整个社会的经济制度，也可以是某一单项的制度。云南省杨复兴博士则认为，所谓经济体制是指涉及那些连接起来形成一个功能整体的客体的任何集合，即客体之间的关系，或将客体联结成一个整体的那些特征。经济体制是"社会体制"的一个子系统，在对经济体制进行研究时必须考虑社会和自然环境。现代经济学认为，构成经济体制的要素有资源、参与者、过程要素（信息—决策—投入与实施—成果）和制度要素四类。经济体制的功能是将一个体制的特定状态（或条件）转化为另一个状态。经济体制作为一种系统的制度安排，是由各种具体的经济制度按照一定的联系方式而构成的有机整体，包括所有制、决策机制、动力机制、信息机制、监督机制、组织机制等体制要素。任何经济体制都是资源占有方式和资源配置方式的组合，经济体制的构成要素可以分为三个层次，即核心层次（所有制或产权制度）、支配要素（决策结构和利益结构）、运行要素（组织结构、动力结构、信息结构和协调结构）（杨复兴，2003）。

按照美国新制度学家诺思的观点，经济增长的关键在于制度因素。我国经济学家吴敬琏也指出，制度创新的作用大于技术创新。中国学者李泉认为"改革开放以来，我国以制度变迁和演进为实质内容的经济体制改革的实践证明，经济增长是制度变迁和制度创新的结果"[①]。目前，大部分学者认为加快经济体制改革，创新体制、完善机制已经成为区域协调发展的前提和关键。区域之间经济市场化程度的差异严重阻碍了区域之间的协调发展，经济市场化程度的差异又源于经济体制环境的差异。事实表明，由于东部沿海地

① 李泉：《甘肃民族地区经济增长与制度创新》，《甘肃民族研究》2001 年第 3 期，第 43 页。

区与中西部地区在不同的体制环境下运行，进而决定了它们之间在经济增长
活力和资源配置能力、市场竞争力等方面必然出现差异，其结果就直接导致
它们经济增长速度的差异，因此沿海地区与内地在经济体制环境方面所存在
的差异是妨碍区域之间经济协调发展的一个关键性因素（张敦富、覃成林，
2001）。而制度创新是实现生产力跨越式发展的必要条件，因为制度的演变
具有既改变收入分配，又改变经济中使用资源效率的潜在可能性，通过影响
经济人的行为来改变增长的绩效，生产力跨越式发展是在市场机制的基础性
协调作用加上适度的政府干预。正如诺贝尔经济学奖得主刘易斯所说："政
府的失败既可能是由于它们做得太少，也可能是由于它们做得太多。"（杨
瑞龙，2002）

　　而所谓体制创新，是指为通过创造新的管理体系、制度和政策或改革旧
的管理体系制度和政策，从而推进生产力发展和技术创新的活动。区域经济
发展，一个重大的制约因素就是体制障碍。中国经济体制改革的实践表明，
创新是促进经济发展的重要动力，体制创新对经济发展的推动作用集中体现
在两个方面：一是扩大了资源（投入生产活动的要素）的供给，如资本要
素、劳动力要素的供给，新的体制能够提供旧体制所无法获得的潜在效益，
从而使资源向增加收益的领域和地区流动；二是提高了资源的使用效率，一
方面新体制提供了技术进步的机制，导致全要素生产率的提高，另一方面新
体制创造了新的微观组织形式，这些组织提高了资源的产出效率。体制创新
从内涵来看，包括组织创新和制度创新；从外延看，每一个领域都有体制创
新问题，在区域经济发展方面，最重要的是政府体制创新、企业体制创新、
投资体制创新、社会体制创新。组织创新就是组织规制交易的方式、手段或
程序变化，组织创新是制度创新的载体，但根据制度创新的要求进行组织创
新，才能使体和用相统一，因此，制度创新是体制创新的极为重要的方面
（肖金成，2004）。

　　尹继东、胡凯也认为，一个地区的发展不仅要有中央政府的政策扶持和
外部力量的推动，更重要的是需要地区自身具有良好的实现崛起的体制和机
制条件。注重发挥市场机制的导向作用，加快政府职能由管理型向服务型转
变，遵循价值规律和市场竞争法则，增强市场机制对经济发展要素的配置功
能和聚合功能，优化经济结构，形成经济崛起的内生性动力（尹继东、胡
凯，2005）。一个落后地区要缩小与发达地区的差距，就要走跨越式发展的
道路，而体制机制创新是发挥后发优势实现跨越式发展的根本前提，实现跨
越式发展首先要实现经济体制的创新，要形成一种经济自组织与理性规划协
调的经济运行机制（刘正刚，2001）。马斌也指出，长三角新兴的合作机制

还处于起步阶段，能否建立区域政府合作机制并确保这一机制的有效运转，取决于能否构建起良好的制度环境、合理的组织安排和完善的区域合作规则。浙江省的"零资源经济"就是一个很好的案例。所谓"零资源经济"，就是指经济发展不以本地自然资源为依托，利用市场机制的集聚和配置功能，加上政府的政策引导和支持，大做"无中生有""小题大做"的文章，创造性地发展了生产原料和销售市场两头在外的块状经济模式，使一批区域特色规模产业迅速崛起，这已经成为浙江区域特色经济中的亮点。

（五）关于区域协调发展中创新体制机制的建议

1. 欧盟的体制

欧盟现在有 25 个国家，包括整个欧洲无论从区域合作与一体化的广度还是深度都是前所未有的。为了保证欧盟的有效管理和各区域协调发展，欧盟管理体制既尊重国际关系中通常的国家代表制原则，又注入了一些超国家因素，不是联邦，却有联邦的某些特征。具体是：一是贯彻"共享""法治""分权和制衡"等原则；二是强调超国家机构的组成和各级政府权力的分配，每个成员国都有份；三是强调成员国完全受法律约束，一切政策活动都以创建诸条约和所订法规为依据，宣扬欧盟机构权利的"民主合法化"；四是遵照"三权分立"，使机构实行权力分散、相互制约和保持均衡（伍贻康，2003）。

2. 亚洲太平洋经济合作组织（APEC）的体制

APEC 是在经济全球化的大背景下产生的一个新型区域经济一体化组织，它创立了一种全新的区域经济合作模式，即"开放的地区主义"合作原则。这种合作模式不同于传统的、封闭的合作模式，它承认多样性，强调灵活性、渐进性和开放性；遵循相互尊重、平等互利、协商一致、自主自愿的原则。APEC 的性质是一个区域性的官方经济论坛，是"开放经济联合体"。其体制：一是 APEC 不存在超越成员体主权的组织机构，成员体自然也无须向有关机构进行主权让渡，而是以其功能性合作的组织形式进行管理，主要通过召开会议讨论经济合作问题，但不讨论政治和安全问题。二是 APEC 是以灵活性、非歧视性、自主自愿的非强制组织协调和指示性、框架性、非约束性的规划式文本作为管理文件。三是实行"开放的地区主义"，正如《执行茂物宣言的大阪行动议程》中所表述的："亚太地区贸易与投资自由化的结果将不仅是 APEC 经济体之间，也将是 APEC 经济体与非 APEC 经济体之间障碍的实际减少。"包含两层含义：区域内部的贸易与投资自由化、便利化成果也适用于非成员体，从而不对非成员体构成歧视；让区域内部自由化、便利化的成果对在 WTO 框架下的自由化行动和措施发挥全面的支持作用。

3. 东盟自由贸易区（AFTA）的体制

东盟是 1967 年成立的，但因东盟国家之间存在的种种历史矛盾以及它所处的政治、经济环境使它在推动经济合作上在很长一段时间内进展缓慢。1990年 10 月，吉隆坡召开的东盟第 22 届经济部长会议上，泰国提出设立"东盟自由贸易区"（AFTA）的建议，一年后在东盟第 23 届经济部长会议上同意用 15 年的时间在东盟建成一个地区性的自由贸易区，1992 年 1 月，新加坡东盟第四届首脑会议批准了这项决定。会议发表了《新加坡宣言》和《加强东盟经济合作的框架协议》，对东盟自由贸易区的目标做了具体规定。随后在东盟经济部长会议上签署了实现 AFTA 计划的主要措施的《东盟自由贸易区共同有效普惠关税方案协议》（CEPT）。由于前期准备的相对薄弱，加上东南亚地区特殊的政治、经济条件，决定了 AFTA 只能采取先达成协议、再一边推进一边完善的方式。现在东盟已经拥有 10 个成员国，分别处于新兴工业化国家（新加坡）、亚洲准新兴工业化国家（泰国、马来西亚、印度尼西亚、菲律宾）、新经济增长区（越南）和欠发达的发展中国家（缅甸、老挝、柬埔寨）四个不同的阶段。东盟自由贸易区的体制是依靠各国首脑会议和经济部长会议来进行管理和监督。2004 年，东盟提出到 2020 年建成三个共同体的目标（经济共同体、安全共同体和社会共同体）。提出：要尽快制订一个明确的工作计划；成员国之间要在 11 个领域加速市场整合，同意各国条例、程序和检查标准；加强机制建设，设立一个东盟协商机制，以解决贸易和投资问题，同时设立一个与政治分开、具有法律约束力的纠纷调节机制，以加强东盟商业环境的稳定性，确保有关计划得以有效进行；进一步缩小新老成员国之间的经济发展差距，为经济共同体建设扫清障碍。

4. 北美自由贸易区（NAFTA）的体制

北美自由贸易区（NAFTA）建立的目的是在美国、加拿大和墨西哥之间实现区域内自由贸易，其宗旨是在 10 年内逐步消除所有贸易和投资限制（几个敏感行业的过渡期为 15 年），因此，它的体制主要是在协调三方的贸易关系，不涉及政治。北美自由贸易区（NAFTA）的三个成员国不同的历史文化和经济发展差距决定了 NAFTA 从一开始就选择了与欧盟不同的路。NAFTA 的建立是依靠三方首脑会议的协商，制定了《北美自由贸易协议》，该协议由三个协议组成，即 1989 年实施的《美加自由贸易协议》，主要内容是：消除关税和削减非关税壁垒、开放服务贸易、便利和贸易有关的投资，以及实行原产地原则等，后来又有北美自由贸易协议和劳工（NAALC）、环境（NAAEC）两个附属协议。实行"原产地原则"，NAFTA 带动了以美国为轴心的生产和加工一体化，其特点是美国和加拿大、美国和墨西哥两个双边一体化的加总，三方的合作建立在产业分工上，形成了"以垂直型分工为基础、发展水平迥异的'北南型'一体化的先驱"（樊莹，2005）；便利贸易和投资的措施，尤其为稳定区域自由贸易和推动墨西哥的改革开放方向起到了实质性的推动作用。NAFTA 不仅是增加成员国贸易的手段，美国还把它看作其外交政策的一部分以及向美洲和全球贸易自由化扩展的过渡阶段。因此，美国和墨西哥签订的协议，范围很广，从知识产权到投资协议，从服务贸易到劳工和环境问题，就像一个区域和多边谈判的实验场。但是，NAFTA 区域内贸易和服务一体化进展的局限，也决定了它同时存在向区域内深化和向区域外扩张两种在一定程度上相互排斥的可能。各国还没有为深化区域内部联系做好充足的准备，加之各国国内的政治压力，尤其是贸易保护的压力，因此，当前 NAFTA 成员国最关心的是解决实施协议过程中产生的一些实际问题，并采取措施，为进一步扩大区域内贸易创造条件。但是，NAFTA 要进一步发展，需要三国对未来关系有一个明确定义，并需要加强部门一体化进程。

（六）关于区域协调发展中完善机制的建议

针对目前区域协调发展中的机制问题，一些学者和政府部门的人都提出了要"完善机制"，加快发展，具体建议如下。

1. 尽快建立区域协调的管理模式和机构

学者和政府官员们普遍认为，区域协调发展必须建立在有效的管理模式之上，而有效的管理模式是以区域统一、有效的管理机构为基点的，因此尽快确定各个区域的管理模式、建立管理机构是区域协调发展的关键。该管理机构应该是多层次的、有实质性管理权利、能够超越行政区的管理机构。在国外已经有了一些成功的经验，学者和政府官员们对国内个别区域的管理模式和机构设置也提出了一些建议。

（1）国外成功的区域管理模式和机构设置

在国际区域管理，比较有代表性的是欧盟和亚洲太平洋经济合作组织（APEC）：

欧盟是由政府出面组成的国际垄断联盟，它的主要机构有五个，即欧洲执委会、理事会（欧洲理事会和部长理事会）、欧洲议会、欧洲法院和欧洲审计院。除了理事会外，都是"超国家"机构，它们代表欧洲联盟的总体利益而不是某个成员国的利益行使它们的职能。除了五大机构外，欧盟还有一些机构，欧洲中央银行、欧洲投资银行等。五大机构中，欧洲理事会是最高政治机构；部长理事会最高决策机构；欧洲执委会行使成员国上交给联盟的主权，未上交的主权由理事会负责协调。下设24个总司，其中16个总司（GD XVI）主管区域政策。并设有 20 个咨询委员会（如经济与社会委员会、区域委员会等），区域委员会由地区和地方代表组成，代表欧盟内部各地区和地方的利益。欧洲议会属于议事监督咨询机构，有共同决定权；欧洲法院属于最高仲裁机构；欧洲中央银行负责制定和执行欧元统一货币政策（冯兴元，2002）。

亚洲太平洋经济合作组织（APEC）是"开放型"管理模式，组织机构分为领导人非正式会议、部长级会议、高官会议、各种专门委员会和工作组委员会、秘书处 5 个层次。领导人非正式会议、部长级会议是决策机构；高官会议、各种专门委员会和工作组委员会是初步磋商与执行机构，高官会议是 APEC 的协商与执行机构，同时又是领导人和部长级会议的辅助机构，是 APEC 组织结构中最务实的层次，高官会议下设 4 个委员会、3 个专家组和 9 个专业工作组；秘书处是辅助机构，具有小型化和高效率的特点，负责行政、财务、信息收集和出版、工作组会议协调等事务性工作（廉晓梅，2005）。

在一国内区域管理，比较有代表性的有：

美国城市群发展的协调管理模式：从城市政府运作层面来看，创建合适的发展协调管理机构，形成得力的、具有可操作性的跨区域行为主体，是解决城市群内诸多问题的重要举措。如作为世界最大的城市密集区的纽约大都市区是一种分散、单一组织的大都市管理模式，是一种松散的行政主体，以专门问题性的协调组织运行为主的管理模式，没有形成统一的、具有权威的大都市区政府，而是各种共同建立的专门机构去处理区域问题，如港务运输、区域规划以及排水、垃圾处理等方面都建立了各种专门的协调组织。华盛顿大都市区表现为统一组织的大都市管理模式，1957 年形成了统一正规的组织——华盛顿大都市区委员会，目前包括 18 名成员政府统一正规组织，职能众多，从交通规划到环境保护，解决了许多公众关注的区域问题。迈阿密城市地区形成了双层制大都市区管理模式，为解决市县分治给迈阿密和所处的戴德县双方政府带来的沉重负担，1957 年形成了县（区域）内非城市地区的所有服务（主要包括消费者的保护、消防公路、交通警察、公共运输、战略规划和垃圾处理等）均由大都市政府（上层）提供，而 27 个自治市的公民接受他们所在市（下层）和大都市（上层）的双重服务。

日本关西城市群创新与关西经济联合：关西地区位于日本中心，城市群由 9 个城市组成。1946 年关西经济联合会成立，属非营利性民间组织，主要从事与发展关西经济有关的制度、管理和技术创新活动，下设 23 个委员会，成员包括 850 家主要公司和团体（如大学和研究机构）。成为关西城市群创新体系的载体和核心机构。其职能是：提出政策建议和研究课题，讨论面临的主要经济和社会问题，指导有关研究项目并就各项事务代表关西地区企业向有关部门提出政策建议；刺激关西经济和筹划大规模工程项目；增进国际交流与理解，加强同其他国家在科技与经济管理等方面的联系和合作。

表 2 – 1　　　　　　　　国外个别区域的管理模式和机构建立情况表

区域名称	管理模式或机构	主要职能
欧盟	由政府出面组成的国际垄断联盟，主要有欧洲执委会、理事会（欧洲理事会和部长理事会）、欧洲议会、欧洲法院和欧洲审计院等五大机构。之外还有欧洲中央银行、欧洲投资银行等。欧洲执委会下设 24 个总司和 20 个咨询委员会。机构人员由各成员国派人组成	欧洲执委会和理事会是主要的决策机构，执委会行使成员国上交给联盟的主权，未上交的主权由理事会负责协调。其他部门各司其职
APEC	"开放型"管理模式，组织机构分为领导人非正式会议、部长级会议、高官会议、各种专门委员会和工作组委员会、秘书处 5 个层次	领导人非正式会议、部长级会议是决策机构，高官会议、各种专门委员会和工作组委员会是初步磋商与执行机构，秘书处是辅助机构，具有小型化和高效率的特点，负责事务性工作
纽约大都市区	一种分散、单一组织的大都市管理模式，是一种松散的行政主体，以专门问题性的协调组织运行为主的管理模式，没有形成统一的、具有权威的大都市区政府，而是各种共同建立的专门机构去处理区域问题，建立了各种专门的协调组织	以专门问题性的协调组织运行为主的管理，如港务运输、区域规划以及排水、垃圾处理等方面的问题由相应的组织负责处理
华盛顿大都市区	统一组织的大都市管理模式，成立了华盛顿大都市区委员会，目前包括 18 名成员政府的统一正规组织	从交通规划到环境保护，解决了许多公众关注的区域问题
迈阿密城市地区	双层制大都市区管理模式，即大都市政府和所在市两层管理	县（区域）内非城市地区的所有服务（主要包括消费者的保护、消防公路、交通警察、公共运输、战略规划和垃圾处理等）均由大都市政府（上层）提供，而 27 个自治市的公民接受他们所在市（下层）和大都市（上层）的双重服务
日本关西城市群（9 个城市组成）	1946 年成立了关西经济联合会，属非营利性民间组织。下设 23 个委员会，成员包括 850 家主要公司和团体（如大学和研究机构）	主要从事与发展关西经济有关的制度、管理和技术创新活动。其职能是：提出政策建议和研究课题，讨论面临的主要经济和社会问题，指导有关研究项目并就各项事务代表关西地区企业向有关部门提出政策建议；刺激关西经济和筹划大规模工程项目；增进国际交流与理解，加强同其他国家在科技与经济管理等方面的联系和合作

　　资料来源：根据张蕴岭的《世界区域化的发展与模式》、陈计旺的《地域分工与区域经济协调发展》提供的资料整理。

（2）中国各种管理模式和机构设置的设想

从国家层面上，国家发改委地区经济司副司长王新怀认为，应建立统筹、协调、高效的区域政策管理机构。改革开放以来，我国区域发展的实践，客观上要求国务院建立统筹的区域政策研究和制定部门。目前，我国还没有独立的、统筹的区域政策研究和制定部门。2000 年后，为了配合中央西部大开发、振兴东北老工业基地战略的实施，国务院分别成立了部级"国务院西部开发领导小组办公室"和"国务院振兴东北地区等老工业基地领导小组办公室"。随着中央提出促进中部崛起政策以来，有关地区和人士呼吁国务院再成立类似的"国务院中部地区开发办公室"。这种按照区域开发的任务分别成立区域开发办公室的模式，已不适应今后统筹区域发展的客观要求，也将会给区域政策的统筹和完善带来障碍。建议国务院加强对区域政策研究和制定的统筹和协调工作，根据客观实际发展的需要，对目前存在的区域经济管理机构进行调整整合，建立权威的、统筹协调的区域政策管理机构（王新怀，2006）。

陈耀认为，应组建中央区域政策委员会，建立有效的区域协调机制。中央区域政策委员会设在国务院下，由中央综合部门和各省市代表组成，主要职能是按照中央"统筹区域发展"的方针制定全国的空间布局规划、区域发展战略和区域经济政策，协调各大区、各省区之间的利益关系，整合区域资源，促进区域之间经济社会均衡协调发展，针对"问题区域"提出振兴方略，推进大都市经济圈一体化。目前已成立的"国务院西开办""国务院真心东北等老工业基地办"作为内设机构。

从各个经济区域层面上，国内的学者和政府官员都对区域管理模式和机构设置有一些设想，比较系统的是建立"复合行政"管理模式和跨行政区的管理机构。"复合行政"管理模式来源于"治理"理论和"复合行政"理论，主要是为了解决当前"行政区"管理与"经济区域"管理之间的矛盾。治理理论是当前关于政治与行政学的前沿话语，作为一种新的秩序维持模式，该理论认为，治理的主体包括政府，但并不完全局限于政府，强调了政府对社会的依赖、注重治理主体与治理对象的合作以共同维持秩序。"治理首先是一种社会管理方式，是各种治理主体形成的治理网络，协调各自利益、彼此相互适应、进行合作，实现共同目标的行动过程，它将在国家与社会、公共部门与私营机构之间形成一种共同治理社会事务的新型社会关系。"（王佃利，2004）复合行政理论是对治理理论的发展和具体应用，该理论主张以建立跨行政区、跨行政层级的不同政府之间并吸纳非政府组织参与的合作机制为载体，在自主治理的基础上，提供跨行政区的公共服务。

"复合行政"的核心思想是：一是多中心，强调跨行政区的公共服务不能靠行政命令的方式集中提供，而是在中央政府的支持下，通过地方政府与地方政府之间、地方政府与非政府组织之间的合作形成的多中心提供。二是交叠与嵌套：跨行政区的公共服务不能仅仅限于同级政府之间的合作，而是不同层级政府之间、政府与非政府之间，通过上下左右交叠与嵌套而形成的多层次合作。三是自主治理，依靠中央政府，发挥地方政府的自主性，发挥非政府组织自发参与性，采取民主合作的方式，形成自主治理网络。"复合政府"是以建立合作机制为目的，不是集权统一的行政机构，也不是松散的政府间的协调机构，具有一定行政职能的政府间合作机制；其职能是提供跨行政区公共服务，促进区域经济一体化。如统一规划、统一政策、统一政务服务（人员流动、从业资格书的互认和衔接）、基础设施的相互联合与衔接、建立健全社会保障体系等。以自主治理为原则，民主协商的方式进行公共服务的决策。

　　唐茂华、王健等人认为中国的区域管理应该采用这种管理模式，建立跨行政区的制度性组织协调常设机构，诸如区域经济协调管理委员会等，组织协调实施跨行政区的重大基础设施建设、重大战略资源开发、生态环境保护和建设、生产要素的跨行政区流动等问题；统一规划符合本区域长远发展需要的经济发展规划和产业结构；制定统一的市场竞争规则和政策措施，并负责监督执行；协助各市县制定地方性经济发展战略和规划，使局部规划与整体规划有机衔接。黎鹏认为，必须建立跨行政区的协调机制，该协调机构必须建立在超行政区权利的机构框架之上，有实质的"权利"和实际协调效果的机构。曹现强也认为山东半岛应采用该管理模式，建立跨市域并有非政府组织参与的合作机制和合作机构，最终实现山东半岛城市群一定范围内协调统一的规划和公共服务供给。其他学者在对长江三角洲、珠江三角洲、环渤海地区经济区、西南六省七方协作区的管理模式的建议上也基本采用了"复合行政"的理论，但是在机构设置方面有些差异（表2-2）。

　　2. 要健全区域协调互动机制

　　（1）国外的区域协调机制借鉴

　　①欧盟的协调机制

　　20世纪90年代后，欧盟明确目标是促使区域经济和社会凝聚。一是欧盟打破国家界限，成立了一个比较健全的"超国家"管理机构，各成员国的国家主权部分移交给了欧盟层次的管理机构，使得欧盟近乎一个联邦。这些关键的政策领域包括竞争政策、农业政策、交通政策，以及研究

表 2 - 2　　　　　　　　国内有代表性区域的管理模式和机构设想表

区域名称	建议机构设置	主要职能
长江三角洲	中央是"区域协调管理委员会"	提出区域经济发展浓郁区域经济协调建议，并报请中央与立法机构审批；具体执行经立法程序通过的政策、规划与其他规划，协调各方利益关系，约束地方政府和有关部门的行为，组织实施跨区域重大项目，监督区域间的规则执行情况
	地方政府间自愿合作建立"跨行政区的协调管理机构"，设立各种委员会和工作小组	组织协调实施跨行政区的重大项目以及生产要素的流动，统一规划区域内的长远发展规划和产业结构，指定统一的市场竞争规则和政策措施并监督执行，协助各市县制定发展战略和规划，使局部规划服从整体规划
	鼓励建立各类半官方及民间的跨地区民间组织，具体形式可以有不同层次	一是经济专家为主体的组织，可以成为政府的决策咨询参谋机构；二是行业协会，探索区域各类市场资源的连接和整合；三是跨地区股份区域性集团公司，探索跨地区强强联合，组成具有规模和竞争里的龙头企业，在联合、控股配套企业，形成有紧密层和松散层组成的巨型企业集团
环渤海地区经济区	国家组建"环渤海地区经济发展协调小组"，并建立常设工作机构	负责制定环渤海区域经济发展战略和总体规划，提出区域联合的重要政策和措施，组织区域联合的重大事项
	省和直辖市一级建立"环渤海经济区协调委员会"	重点研究制定区内整体发展规划、产业发展战略等，并协调解决区内跨省市协作、联合、重组设计的各方利益关系
西南六省区市七方协作区	成立实质性能力的超省区市权利的协调监督机构	没有提到
山东半岛经济区	跨市域的协作机构	具有各市政府所协议出让的某些实质性公共服务职能，在一定程度上实现各城市跨区域的产业政策、基础设施等的一体规划，以及促进区域内的人才、资本、技术交流，破除城市间的隐性壁垒
城市圈域经济	行政区政府间的合作机构	一是建设圈域共同的市场，一体化的制度供给和监管职能。二是发挥城市规划的统筹引导职能，共同协调圈域功能及空间布局。三是共同加强公共事务合作，政府机构间沟通协商职能

资料来源：根据参考文献相关资料整理而来。

开发政策和区域政策等。此外，欧元国家的货币政策也已经移交给欧洲中央银行。欧盟机构按行业、部门进行经济协调，每一个专门具体问题的协调都必须经由有关的职能部长理事会讨论通过，各种部长理事会每月平均要开五六次，会议做出决议，以平衡各国的利益；执委会负责向部长提交提案建议，公布备忘录、报告和信件。通过会议活动和制定出的规则文件，使各成员国之间、各行业部门之间、各社会团体之间的矛盾得以缓和或克服，以平衡各方面的利益。但是欧盟没有下属机构，欧盟的协议和政策实施全部交成员国各级机构执行（伍贻康，2003）。

　　二是以"辅助性原则"为基础，明确欧盟与各国不同层次的政府事权关系。所谓"辅助性"原则，是指要尽可能地接近人民去处理问题和做出必要的原则①，或者说"应永远将集体行动中的每一项任务置于尽可能低的政府级别上"②。辅助性原则是一种从下而上的组织原则，"辅助性原则规定，只有当下级主管机构不能解决或完成某项任务时，上级主管机构才能采取干预行为。具体运用到欧盟，就是说，只有当民族国家不能或很难独立承担某个问题时，欧盟才能把它看作欧洲问题加以解决。这个原则是欧盟条约中规定的欧洲统一进程的重要组成部分"③。欧盟一体化的结果是，民族国家的决策角色和地位发生了变化，民族国家不再是独家决策者，欧盟成员国政府已经接受了在许多问题上与欧盟层次的机构和国内地区级政府共同决策、共享主权和协调政策的事实。

　　三是欧盟成员国的民族国家权利出现"地方化"倾向（即某些决策和执行权利从国家级政府级次移交到下级政府级次）。有部分国家和有些国家的部分辖区在国家政府与地方政府之间建立了区域级政府，每一级次政府均有其自身的理由，但有着各自的任务分工。"地方化因提高人们的参与水平和涉及面、为人们提供更大的能力来塑造自己的生活而受到赞誉。由于地方化能导致政府的权利下放，更接近选民，因此它能使地方的治理更为灵敏和高效。"④ 报告还指出，在事权和财权划分没有精心设计的时候，权力下放会使地方政府负担过重，没有资源或能力履行他们的基本职责，如不能提供足够的基础设施和公共服务，因此各级政府的事权与财权必须对等，否则会危害宏观经济的稳定。

　　四是欧盟各国的财政政策必须遵循1993年生效的《欧洲联盟条约》中的趋同条款规定，即成员国的各国年度财政赤字必须控制在国民生产总值的3%以内，国家负债总额必须限制在国民生产总值的60%以内，此外，成员

---

① 张蕴岭：1999年，第174页。
② 柯武刚、史漫飞：2000年中文版，第492页。
③ 格哈德·弗里德尔：1997年。
④ 世界银行：2000年中文版，前言第Ⅲ页。

国还必须在财政政策上遵循稳定公约的财政纪律约束，该公约还规定了对财政赤字高于国民生产总值3%的成员国的制裁机制。

五是欧盟可以按各成员国国民生产总值的一定比率从成员国征收缴款份额作为自有资源收入，用于促进区域的协调发展。1988年，欧盟自有资源总额被设置了一个上限，最初该上限为占所有成员国国民生产总值的1.15%，1992年为1.2%，1999年为1.27%（冯兴元，2002）。

六是欧盟制度化和组织化非常完善，它的一般法、行政法和行政决策等都是以法规、指令、决定、建议、意见等条约形式，按强制性程度的不同适度来进行实施的（廉晓梅，2005）。

②亚洲太平洋经济合作组织（APEC）的协调机制

在各种合作活动中依靠采取单边行动和集体行动相结合的机制进行协调，具体体现在渐进性和单边行动计划。"渐进性"，正如《茂物宣言》和《大阪行动议程》中表述的，"我们决心在不晚于2020年的时候实现亚太地区的贸易投资自由化目标。要实现目标的进度将考虑亚太经合组织成员经济发展的不同水平，发达成员体实现这个目标不晚于2010年，发展中成员体实现这个目标不晚于2020年"，"APEC成员体应毫不延迟地同时启动自由化、便利化及合作进程，每一个成员体应作出持续和重要的贡献，以完成贸易投资自由化和开放的长期目标"。所谓单边行动计划，是指APEC的各成员体可以根据各自经济发展水平、市场开放程度与承受能力对具体产业及部门的贸易和投资自由化继承做出灵活、有序的安排。采取的是由各成员体按照自由承诺的时间表来自行制定其自由化进程，并在相互比较之后再加以协调和修订的承诺与协商的机制，主要依赖于成员体之间的"伙伴压力"所产生的敦促作用（廉晓梅，2005）。

③东盟自由贸易区（AFTA）的实施机制

东盟自由贸易区（AFTA）的实施机制就是《东盟自由贸易区共同有效普惠关税方案协议》（CEPT）。实施过程中，采取"以不同速度削减关税"的方式，注重成员国利益，提出妥协条款，允许后假如成员制订更宽泛的时间表，使内情况相差很大的各成员国在执行CEPT时有路可退；实行原产地原则，即一成员国自另一成员国直接进口产品时享有优惠关税时享有优惠关税的条件为，该国出口商须持有由其主管机构核发、表明该产品的东盟产值成分比例不低于40%的产地证明书。这一原则保证了区域内成员国的经济利益。在《东盟投资区框架协议》中取消成员国对直接投资的各种限制，整合各国市场，形成一个统一、自由而透明的"单一投资区"，增加对区外国际直接投资者的吸引力。2004年，东盟提出到

2020年建成三个共同体的目标（经济共同体、安全共同体和社会共同体）。提出：要尽快制订一个明确的工作计划；成员国之间要在11个领域加速市场整合，同意各国条例、程序和检查标准；加强机制建设，设立一个东盟协商机制，以解决贸易和投资问题，同时设立一个与政治分开、具有法律约束力的纠纷调节机制，以加强东盟商业环境的稳定性，确保有关计划得以有效进行；进一步缩小新老成员国之间的经济发展差距，为经济共同体建设扫清障碍。

④北美自由贸易区（NAFTA）的机制

北美自由贸易区（NAFTA）的协调机制是《北美自由贸易协定》。协定的涵盖范围很广，并建立了贸易争端解决机制，明确禁止成员国政府针对外国投资者提出的业绩要求及其无偿没收。

（2）国内研究成果对健全我国区域协调互动机制的建议

我国学术界和政府部门都一致认为必须尽快健全区域协调的互动机制，但在具体论述方面有一定差异。归纳后主要有以下观点：

①健全市场、合作、互助和帮扶四大机制

国家"十一五"规划中提到：要健全区域协调互动机制。一是健全市场机制，打破行政区划的局限，促进生产要素在区域间自由流动，引导产业转移。二是健全合作机制，鼓励和支持各地区开展多种形式的区域经济协作和技术、人才合作，形成以东带西、东中西共同发展的格局。三是健全互助机制，发达地区要采取对口支援、社会捐助等方式帮扶欠发达地区。四是健全扶持机制，按照公共服务均等化原则，加大国家对欠发达地区的支持力度。国家继续在经济政策、资金投入和产业发展等方面，加大对中西部地区的支持。

严汉平、揣振宇等人也都认为要促进区域协调发展，必须建立健全以上区域协调互动机制，其中市场机制是区域协调互动的根本。以上机制的完善尤其对民族地区更为重要，因为扶持机制是民族地区获得发展的外部推动力，体现着国家政策的重点和国家追求均衡发展的意志，也是国家推动民族地区发展的重要方式。国家的扶持是扶持民族地区发展的核心力量。通过提升基本公共服务水平，创造民族地区的发展机遇是符合民族地区持续发展的良好模式。具体而言就是通过加大国家的投入，来提升民族地区义务教育、公共卫生、公益文化、最低生活保障、脱贫致富等方面的水平，特别是完善转移支付制度，真正实现服务均等化，最终提高各民族人民共享发展成果的水平（揣振宇，2006）。

②重点健全市场机制

尹继东、胡凯认为，在运行方式上要打通价值规律贯彻到底的障碍，通过市场供求关系、价格机制、竞争机制来调节和优化生产要素的配置，逐渐弱化政府对市场的干预，提高资源利用效率；在市场机制的构建中，要特别注意完善市场体系，要加强资本市场建设，生产资料市场建设，城乡一体化的劳动力市场的建设等。

魏后凯认为，要进一步发挥市场机制在区域发展中的重要作用，打破条块分割，消除区域性壁垒，根除地方保护主义，鼓励各种生产要素和商品合理有序流动，促进产业合理转移和有效集聚，推动区域经济合作和区域一体化进程。

③建立区域人口流动与经济发展双调控机制

李仙认为，以人为本的科学发展观和全面建设小康社会，一方面要求提高区域竞争力，努力缩小与发达国家的差距，另一方面也要求国内区域间协调发展，缩小国内地区之间发展上的差距。实践证明，要同时缩小这两个差距，唯一的办法就是按照健全市场机制和合作机制的要求，建立区域人口流动与经济发展双调控机制，同时调节"分子"和"分母"，允许包括人口在内的经济要素在空间上完全自由地流动，做到经济相对发达的地区在集聚经济资源的同时，也能吸收更多的劳动力和人口，这样才既能提高区域竞争力，又能促进区域经济协调发展，实现"两个差距"同时兼顾的目的。

④建立区域整体运作机制

辽宁省锦州市委书记佟志武认为：解决体制机制问题，必须以市场为导向、以产业为基础、以合作共赢为目的，加大改革力度，创新体制机制，努力形成区域间相互促进、优势互补的体制机制。一是应健全市场机制与合作机制，打破地区封锁，根据区域内各城市的比较优势和比较利益，实现生产要素互补，最大限度地发挥区域的整体优势；二是应有效整合资源，合理配置资源，强化互动，搞好产业配套，形成集群效应；三是应兼顾各方利益，通过分工协作实现"双赢"和"多赢"。各城市在产业整合、市场布局、基础设施建设、政策制定等方面应顾全大局，充分体现区域经济发展的整体性和运作的一致性，提高区域整体竞争力。

⑤重点建立帮扶机制

国家发展和改革委员会经济体制综合改革司司长范恒山认为，促进区域协调发展，除了需要国家在经济政策、资金投入和产业发展等方面加大对落后地区的扶持，从行政区和经济区域的关系看，加强同一经济区域内各行政区间的协调互动机制，尤其是推动建立发达地区对欠发达地区的帮助机制，应把帮助的重点建立在利益互补的市场运作基础之上。从发达地区的角度看，至少可以从两个方面做出努力：其一，把握世界科技进步、产业转移和区域经济一体化带来的机遇，推动产业结构升级和自主创新。其二，欠发达地区应积极实施"引进来"战略，用较低的生产要素价格、投资成本和良好的环境与服务吸引各方投资，实现互利共赢。

⑥建立合理的利益分配机制

唐茂华认为，当前制约区域合作的根本内因在于尚未形成合理的利益分配机制。因此，合作共赢的长效机制在于通过调整现行制度安排，整合利益机制，使各方都能分享合作带来的实际利益。通过探索圈域合作中均衡各方利益的制度安排，建立起利益的分享机制和补偿机制，以经济利益调动各方参与区域合作的意愿。吉林大学的辛本禄、张秋惠认为，尽快展开重点行业的调整规划，研究协调从财政体制角度开展区域内各地的横向经济利益分配，做到区域共享、共融、多赢、协调的理念。

⑦建立跨行政区的协调机制

黎鹏认为，必须建立跨行政区的协调机制，一是建立跨行政区组织协调机构及其运行机制。该协调机构必须建立在超行政区权利的机构框架之上，有实质的"权利"和实际协调效果的机构。运行机制是：A. 各个行政区主体基于对跨行政区域共同利益的追求以及经济协同发展的需要，在不影响国家宏观调控的前提下，自动让渡一部分权利给跨行政区域组织机构，确保该机构拥有适度的决策权利，但协作各方需要就政府与该组织的权利制约与平衡问题进行研究和协调。B. 建立利益共享框架下整体与局部利益的保障机制。C. 在宏观调控和协调指导的同时，特别重视市场配置的基础作用，加速培养区域内的市场体系，建立跨行政区界线的区域一体化大市场。

⑧建立对话、协调制度

辛本禄、张秋惠认为，建立对话、协调等经常性制度。建立一个能够协调省、级别较高的协调机构，建立一个官、产、学、民、媒（政府、产业界、学术界、民众和媒体）良性互动的跨省市区治理机制。

⑨建立跨行政区的政府部门间磋商机制

唐茂华认为，应建立跨行政区的政府部门间磋商机制，诸如市长联席会议、各对口部门间横向协调和通报等，将沟通协商制度化，通过经常性的接触，了解相互的利益诉求，平衡利益关系。可以通过定期组织区域内外和国内外的政府领导、专家学者、企业家和民间参与的论坛，不断加强多层次间的沟通交流，开拓思路，逐步形成思想上和行动上的共识，使区域合作发展的理念深入人心；开展由政府、企业、社会广泛参与的区域经济社会发展战略研究，广开言路，对涉及区域发展的重大问题提出切实可行的解决方案；通过积极创设和利用非政府组织、民间组织，诸如商会、行业协会、中介组织、咨询机构等，弥补政府合作作为单一的正式约束在协调地区事务中的不足，自下而上地推进区域共同市场秩序的建立，推进区域各类市场资源的连接和整合，加速圈域一体化进程。

3. 加快经济区域的立法，理顺管理

欧盟的法律基础是 1993 年生效的《欧洲联盟条约》，是欧盟的基本法，形成了欧盟的三个支柱，即中间的支柱是欧共体（欧洲经济共同体、欧洲原子能共同体和欧洲煤钢共同体），其主要组成因素是欧洲货币联盟，是欧盟的经济支柱；左右两根支柱分别是共同的安全与外交政策，以及司法与内务的合作，这两根支柱是根据政府间合作的原则运行的（张蕴岭，2004）。之后 1997 年又签署了补充性条约《阿姆斯特丹条约》，1999 年通过了《2000 年议程》。这些法律法规是欧盟进行有效运行和管理的基础。而 APEC 的有效协调和运作也是建立在一系列的如《茂物宣言》《大阪行动议程》等文件和政策之上的。因此，区域的协调发展必须建立在成员单位共同制定的一系列法律法规、规划、文件或政策之上。

对我国区域协调发展的立法，主要有以下建议：

（1）加强区域立法，实行"依靠中央立法，协调地方立法"

孟军在《光明日报》发表文章提出：经济区域的协调发展仍需要有统一、完善的发展作保障，加强区域立法是保障区域协调发展的长效的法律机制。经济区域立法的指导思想应是"依靠中央立法，协调地方立法"，即把经济区域发展的战略目标及相关政策上升为法律，区域性法律成为特定区域的"基本法"，中央立法作为区域立法的主线，用中央立法统筹协调区域内各省区市之间的发展，是加强区域立法的主要手段；"协调地方立法"是地方权力机关在立法时多与本经济区内其他省市的立法机关沟通，做到地方与地方的自我协调，而中央立法机关要重视对地方性法规的备案审查工作，加强对地方立法的事后监督，保障立法在全国得到贯彻执行（孟军，2006）。

（2）尽快建立关于地区发展政策的根本法

李仙认为，应加强区域发展立法工作。统筹区域发展是政府的一项重要职责，为了有效地实施区域政策，适应社会主义市场经济体制的建立和政府职能的转变，有必要制定相应的区域经济发展法律法规，为地区经济协调发展和完善中央与地方关系提供法律保障。目前，我国经济管理领域客观存在宏观领域法制建设滞后的现象，造成微观限制宏观、全局被迫服从局部的不良现象。在促进地区经济协调发展立法体系中，尤以建立关于地区发展政策的根本法为当务之急。从西方发达国家的经验看，协调区域规划和发展，都离不开法律的建设和支持。美国从 20 世纪 60 年代起就颁布了"区域再开发法令"等法律法规，日本 70 年代制定了"国土开发利用法"，德国有"联邦空间布局法""联邦改善区域结构共同任务法"等，而英国在 1928—1988 年，总共颁布的区域政策法令达 50 个之多。从我国的具体国情看，我国地区广阔，地区间自然、经济差距较大，地区协调发展的难度更大，因此，区域规划和区域政策的制定和落实，更离不开法律的保障。因此，我国应尽快开展区域经济政策法规的研究制定工作，在条件成熟时，将《区域协调发展法》《区域规划法》等纳入国务院立法计划，争取早日将区域规划和政策纳入法制的轨道（2006）。

陈计旺也认为，应提高政策的规范性和科学性。以立法的形式制定区域协调发展政策，确保政策的归发行、严肃性和实施的有效性。如美国的《地区再开发法》《工业布局法》。制定的政策能够量化的要制定严格的指标体系。

（3）尽快制定区域竞争性法律

陈耀认为，应该制定区域竞争的法律规范，明确鼓励和禁止的政府行为，宏观调控依法办事，增强居民对政府的约束力，推行政务公开（2005）。

4. 加快市场制度建设

完善市场法律法规，依法打击妨碍市场公平竞争、设置行政壁垒、排斥外地产品和服务等分割市场的行为。强化市场监管，建立健全行政执法、行业自律、舆论监督、群众参与相结合的市场监管体系。健全市场组织体系，积极发展独立公正、规范运作的专业化市场中介服务机构，按市场化原则规范和发展各类行业协会、商会等自律性组织。同时，加快建设社会信用体系。

5. 制定区域规划，建立区域规划体系

黎鹏认为，必须加强在宏观发展框架下的区域规划工作和规划实施体系建设。制定明确的、指导性强并有一定约束力的"法定"方案，由省区级或全国人大审议通过，并建立广泛有效的实施监督体系，全国各级人大、跨行政区组织协调机构、国家政府部门、各参与协同发展的行政区和有关专家学者等应成为主要监督者（2003）。

魏后凯认为，促进区域协调发展，必须建立一个符合社会主义市场经济发展需要的新型协调发展机制。这种新型机制既要充分发挥市场机制在资源配置中的基础性作用，又要有效发挥政府规划和政策的积极引导和调控作用。当前，要着重制定并实施区域规划和区域政策，完善区域协调发展机制，并将区域规划和区域政策纳入国家宏观调控体系，以加强对区域发展的协调和指导（2006）。

严汉平也认为，应积极发挥中央政府的作用，用可以改变的软约束替代不可改变的硬约束。政府尤其是中央政府在促进区域协调发展中发挥着重要的作用。中央政府可以通过制定和实施发展规划，引导要素向区域政策的目标区域转移，也可以运用财政转移支付等手段，支持政策目标区域的社会事业发展（2006）。

6. 尽快制定生态补偿机制

广义的生态补偿，包括污染环境的补偿和生态功能的补偿，即包括对损害资源环境的行为进行收费或对保护资源环境的行为进行补偿，以提高该行为的成本或收益，达到保护资源的目的。狭义的生态补偿是指生态功能的补偿，即通过制度创新实行生态保护外部性的内部化，让生态保护成果的受益者支付相应的费用；通过制度设计解决好生态产品这一特殊公共产品消费中的"搭便车"现象，激励公共产品的足额供应；通过制度变迁解决好生态投资者的合理回报，激励人们从事生态保护投资并使生态资本增值的一种经济制度。目前国内外学界对生态补偿机制的研究主要着眼于流域生态补偿机制和森林生态补偿机制。国外对生态补偿机制的建设已逐步制度化、法律化。如日本建立了水源林资金，由河川下游的受益部门采取联合集资方式补贴上游的林业，用于上游的水源涵养林建设；法国建有国家森林基金，以由政府主持受益团体直接投资、建立特别用途税及发行债券三种方式开辟林业资金来源渠道。还有一些国家通过对污染者和受益者收费来积累资金用于生态环境建设和流域管理。2001 年国家在 11 个省区的 685 县（单位）和 24 个国家级自然保护区实行生态效益补助资金试点，把补助资金纳入国家每年的公共财政预算内。另外还通过天然林资源保护工程、退耕还林工程和防沙治沙工程对公益林的营造和管护进行财政投入（杨巧红，2006）。

7. 构建行业和企业的自组织协调机制

黎鹏认为，应有效激活与加快构建行业与企业的自组织协调机制。建立行业协会和跨区域大型企业集团，实现企业内部化或纵向一体化。

8. 建立跨行政区的点轴开发与增长网络体系

黎鹏认为，应有效地建立跨行政区的点轴开发与增长网络体系，大力发展区域中心城市并将其培养成为增长极，甚至培育、发展跨行政区域大城市群，最终形成以点辐射为中心、线辐射（与联动）为网络、面辐射为基础的蛛网式的辐射网络。

（七）关于完善区域协调发展的体制机制的政策建议

为保障区域协调发展的体制机制的运行，欧盟协调和干预区域的政策工具主要是结构基金和凝聚基金。结构基金主要由三种具有不同用处的基金组成：一是欧洲区域发展基金（ERDF），主要用于资助落后区域基础设施、生产性投资以创造就业；二是欧洲社会基金（ESF），主要用于帮助落后地区的职业教育、职业培训和为创造就业的项目提供财政援助；三是欧洲农业指导和保证基金（EAGGF），一部分用于农产品的干预收购和出口补贴，另一部分用于支持落后地区的农民及农村发展。凝聚基金主要是用于资助爱尔兰、希腊、葡萄牙、西班牙等发展相对落后国家改善交通、能源和通信网络等发展环境，同时也为帮助将要新加入欧盟的国家创造合格的入盟初始条件。

为了完善和保障区域协调发展的体制机制，国内专家学者和政界人士也对我国和云南省提出了相应的政策建议。

（一）国家层面的政策建议

1. 建立地区差距调控政策体系

李仙认为，区域协调发展应建立符合市场经济条件下的新的地区差距调控政策体系。配合功能区划分，按照健全互助机制和扶持机制的要求，制定和实施新的地区差距调控政策：

（1）建立区域经济协调发展的内在"稳压器"，创建相对公平的区域竞争平台。改革税收体制，在统一税制的前提下，进一步完善分税制，建立主要税种的累进税制，建立地区间发展条件上的大体一致的竞争环境。

（2）与完善分税制和改进累进税制结合，进一步加大财政性地区转移支付制度的建设，建立明确的地区财政支出平衡机制，保证公共服务水平的均衡化。

（3）贫困地区（过疏地区）、老工业基地（过密地区）、矿业城市地区、粮食主产区等问题地区为重点，制定区域投资优惠政策。

2. 制定区域协调发展的财政和产业政策

陈计旺认为，一是规范中央财政转移支付制度。中央财政转移支付制度的目的是弱化各地区由于经济发展水平差异导致的提供公共产品能力的差异，或实施中央的区域发展战略。包括横向平衡和纵向平衡。中央对地方的转移支付应废除按基数法确定转移支付量，应按因素法确定，因素包括人口、人均收入、地方财政能力等，建立科学的指标体系，提高透明度。中央政府应分阶段实现地方财政收入均等化目标。二是形成全方位对外开放格局，扩大中西部开放程度，应用政策引导实现沿海地区产业升级，中西部地区发展劳动密集型产业，实现合理地域分工。三是制定区域产业转移政策。中央政府应采用产业政策和区域政策相结合的措施，即产业政策区域化和区域政策产业化进行干预。对区域内有绝对优势但没有比较优势的产业，采取金融、外汇、税收等综合措施限制其扩张；对扩张过度的产业要强制退出。重点扶持有比较优势，但尚未形成竞争优势的产业。

3. 对中部崛起实行优惠政策

陈栋生建议，中央比照东三省的政策，对中部六省，提前实施增值税转型；国有企业剥离社会职能时，中央财政予以适当补助；国有企业改制时，有条件的核销呆账坏账；利用国债或专项资金支持老工业基地上一批技改项目；对重大装备科研、攻关设计给予必要扶持；对资源型城市经济转型给予系统支持等。中部地区的西侧（如晋西、豫西、鄂西、湘西）和皖、赣山区，在交通等基础设施条件方面，西部有类似处，除鄂西、湘西两个自治州已比照享受西部地区有关政策外，争取其他山区亦享受同样的政策待遇。

4. 其他政策建议

（1）应尽快完善财政政策，实行环境财政。杨巧红认为，国家政府除应直接承担起市场不能或不愿介入的投资责任外，更重要的是要采取各种财政手段，推动环境投资的市场化改革，这是增加环境保护投入、提高环保投资效益的治本之道。提出环境财政，随着人口增加和经济增长，环境资源的稀缺性迅速显现，而环境保护中存在的市场配置失灵，要求政府对环境资源配置实行政府干预，要求政府代替市场提供环境安全这一极其重要的公共物品。具体可以通过生态环境建设的生产权、使用权和经营权公开拍卖，使西部生态建设的生产由市场来进行，再由政府进行生态购买，实现政府对西部生态建设这样的公共物品的生产和提供的分离，提高重建的效率。

（2）加大本土企业的扶持。陈栋生认为，在重视引进境外、区外资金与技术的同时，对本土投资者、创业者要同等重视。对一些发展水平较低的市、县，一时难以形成引进外资环境的地方，从引进内资起步，逐步完善投资环境，毋宁说是日后引进外资的"热身赛"。而培育引入外地投资的软环境，又要由营造有利于本地社会资金投入开发和本土投资者、创业者的形成、壮大入手。注意县域经济发展的同时，还需要狠抓县域社会事业的发展，最紧迫的是学龄儿童的上学，初级卫生保健与就医，预防因病致贫、返贫，以及成年人的技能培训，这对提高劳务输出的档次和农业劳动力的转移，影响重大（陈栋生，2005）。

（3）大力发展信息化，充分发挥信息的区域溢出的区正作用。中国科学院政策与管理科学研究所和华东师范大学地理信息科学教育部重点实验室的王铮、滕丽等人提出，信息化提高了经济增长率的加速度，而不是直接提高经济增长率。尽管信息化目前有极化中国区域的特点，但是信息化的持续发展，从长效方面看，则有助于缩小区域经济差距。信息化对区域产业聚集与集群有促进作用，一地区的信息化水平越高，信息资源越丰富，信息网络越通畅，信息经济水平越高，对该区域的产业聚集与集群的积极作用也越大。一个国家内部信息化的区域合作基础是区域溢出，由于溢出具有正负两方面的作用，所以在信息化的区域合作中需要做的是发挥正的溢出，控制负的溢出。提出政策方向：一是专业化分工减少竞争促进溢出探索；二是上级政府的主导作用与垂直管理不可缺失；三是通过治理消除垂直统一管理外部效应和推动信息经济发展的主动性；四是通过驰管制和再管制加强横向联系的发展与规模经济；五是把电信改革作为国家和区域信息化的"灯塔行动"。

5. 我国区域协调发展政策的发展

2006 年，国家发改委原地区经济司副司长王新怀指出，区域政策的制定，要把鼓励先进地区率先实现现代化和帮助落后地区发展有机地结合起来。国家在制定区域政策时，可以考虑在生产阶段将有限的资源优先放到最能发挥效益的地区，以求得产出的最大化。但是，在分配阶段，要通过国家的宏观调控，在经济政策、资金投入和产业发展等方面加大对中西部地区的支持，加快革命老区、民族地区、边疆地区和贫困地区的经济社会发展，着力帮助落后地区提高人民生活水平和公共服务能力。应进一步完善国家扶贫政策和民族地区政策（王新怀，2006）。

第三章

发达地区对口帮扶西部民族
地区发展研究综述

东部发达地区和西部贫困地区之间的对口帮扶始于 1996 年，在这项政策正式实施之后，国内的有关机构，诸如相关省区的扶贫办、实施对口帮扶的部门以及国内的专家学者①就开始对对口帮扶进行了持续的关注和研究。这些研究文章和总结报告主要从对口帮扶的政策背景、东西对口帮扶的历史过程和发展情况入手，总结出对口帮扶中可以供推广借鉴的经验，找出存在的不足并提出相应的解决方法和建议。总的来说，研究认为对口帮扶作为具有中国特色的一项阶段性扶贫政策，通过东部和西部对口省区之间的合作，取得了巨大的扶贫成就。这与（东西）政府对该项工作的高度重视、对口省区之间的协调合作，采取集扶贫、开发与合作为一体的指导思想，推动多元化主体参与，选择丰富多样、针对性强的合作内容等做法有关。当然，由于各个省区经济社会发展程度等等不一，东西对口帮扶采取的措施各不相同，很多的专家和学者也指出了对口帮扶政策实施过程中存在的一些不足，比如说对口帮扶工作和对口帮扶政策的被动性、对口帮扶的效率不高、企业参与程度不够等不足，并据此提出将对口帮扶政策制度化和常态化、引入市场机制，提高企业参与积极性等针对性建议。在归纳总结前人研究的基础上，笔者提出了一些前人研究中存在的不足和弱点，这也是本研究所要着重进行探讨的内容。

一　对口帮扶研究概述以及本研究概念的提出

东西部对口帮扶是国务院在 1994 年 3 月出台的《国家八七扶贫攻坚计

---

① 在笔者搜集到的文献中，暂时还没有发现有国外的专家学者对"对口帮扶"的研究。在对英文文献的检索中也没有发现有研究类似于"对口帮扶"的题目，因此，笔者姑且认为截至完稿时，没有国外的专家开展过有关"对口帮扶"的研究。本章的文献综述也将只关注国内专家学者和有关部门完成的各种有关的研究报告和工作总结。

划》中提出的一项扶贫政策。实施这一政策的主要目的是为了"……集中人力、物力、财力，动员社会各界力量，力争用 7 年左右的时间，基本解决目前全国农村 8000 万贫困人口的温饱问题……" 1996 年 5 月，在广泛征求有关部门和省市意见的基础上，国务院扶贫开发领导小组在京召开了"全国扶贫协作工作会议"，做出了京、津、沪三个直辖市、沿海六个经济比较发达的省、四个计划单列市分别对口帮扶西部十个省、自治区的帮扶安排。1996 年 7 月，国务院办公厅转发了《关于组织经济比较发达地区与经济欠发达地区开展扶贫协作的报告》，对扶贫协作的意义、形式、任务、要求等都作了具体部署。1996 年 10 月在《中共中央、国务院关于尽快解决农村贫困人口温饱问题的决定》中，进一步强调和部署了此项工作。至此，扶贫协作在全国 23 个省、市、区正式启动并蓬勃开展。迄今为止，对口帮扶工作已经开展了 15 年，其实施时间大大超过了原来设想的 7 年，所达到的扶贫效益也超出预期。

虽然所有收集到的研究文章和总结报告都把"八七扶贫攻坚计划"作为对口帮扶政策的源起和背景，但是在不同学者的研究和文章里，对对口帮扶的理解还是有一定的差异。

一般来看，绝大多数的学者认为这一政策是"重大战略决策和扶贫政策"（李勇，2011；江明敏、吴敏，2000），是"全方位、多层次、宽领域的扶贫协作关系"（王永忠，1999），是服务于"八七扶贫攻坚计划"的"一项新的制度安排"（匡远配，2005）。也有学者把对口帮扶归为"东、西部地区之间的合作"的一大类，是一种"依照行政指令和行政分配的东—西结对"，其本质是"道义性援助……既是中华民族扶贫济困传统美德的承传和发扬，更是社会主义大家庭的应有之义……"（陈栋生，2002）；与此相似，有学者认为对口帮扶是"区域合作的主要组成部分，也是西部开发的重要手段"（占晓林等，2006）。

就连对这一政策的名称也有不同的表述，有叫"东西扶贫协作"的（黄德举等，1998），有叫"东西合作"的（陈栋生，2002），也有叫"东西对口扶贫"的（匡远配，2005）。大部分的研究报告将所有开展的扶贫项目和相关的工作，不管是经济合作、人才培训、校舍改造、基本农田建设等都归口在"对口帮扶"或如上列举的名称下，只有匡远配（2005）将对口扶贫和部门定点扶贫分区分开来。在本研究中，我们将此项政策称为"对口帮扶"，既明确了是东部和西部之间的结对挂钩扶贫，也有社会主义国家不同地区之间基于道义的援助；在此名称下，将东西部地区之间的扶贫合作、经济协作结合为一体，同时也把对口扶贫和部门定点扶贫放在一起研究。

从研究者和研究本身来看，可以大概分为相关机构官员完成的总结性文章（黄德举等，1998；王永忠，1999；郭正伟，2006），学者专家就成功经验和针对某个突出问题进行的分析研究（李勇，2011；徐静，2004；和丕禅，2001），也有专家学者和政府官员合作完成的阶段性总结（于发稳等，2000）。

二　前人对口帮扶研究的总结

经过十多年的实施，东部和西部之间的对口帮扶取得了巨大的经济效益和社会效益，积累了一些可以复制和向其他扶贫项目推广的成功经验。诸多的前人研究总结如下。

（一）开展对口帮扶的成功经验

1. 政府主导与社会各界/资源广泛参与的有机结合

从本质上来看，对口帮扶是根据国家政策或指令开展的一项地方政府间的扶贫工作。在国家的政策中已经包含了安排东部和西部政府结对挂钩，同时鼓励、动员各种资源和社会力量参与到扶贫中来的计划。因此以政府为主导、社会各界广泛参与是东西部对口帮扶的最大特点，也是其成功的首要经验。

在对口帮扶中发挥主体作用的是政府与社会的有机结合体。对口帮扶既是政府行为，也是社会行为。在开展对口帮扶工作中，各地出现了很多具有创新性，并适合本地区的扶贫方式，如珠海市把对口帮扶作为在全市范围内形成良好道德风尚的措施，组织实施"五个一万"工程，即一万名干部帮扶一万户特困户，一万名学生帮扶一万名特困生，一万名青年捐赠三万本书籍，一万户居民捐赠十万件衣物，帮助培训一万名拥有一定技能的劳动者。

王永忠（1999）在总结福建和宁夏对口帮扶的成功经验中把"领导重视"放在第一条，他认为，对口帮扶是由党和国家倡导发起的扶贫行为，搞好这项工作的关键是党和政府的坚强领导以及具体实施项目工作的各级领导的重视，这是福建—宁夏对口帮扶取得成功的关键。此外，他也认为党政机关带头参与和社会各界的广泛参与，不仅支持了宁夏贫困地区的经济建设，还提高了宁夏贫困地区的精神文明建设。莫代山等（2010）在以武汉市对口帮扶来凤县的案例分析中也提到：自2001年实施对口帮扶以来，历任省委书记都亲自到对口受援的来凤县考察督办对口帮扶工作。武汉市和来凤县的五套班子之间有定期的沟通汇报，双方都成立专门的机构来负责对口帮扶工作的实施。他认为：加强组织领导、更多的政府部门持续不断地积极参与是对口帮扶取得显著成果的原因。

　　与政府主导相对的，是社会资源的投入。莫代山等（2010）认为：政府部门的对口帮扶工作以社会发展和城市建设为主，但是要实现县域经济的整体发展，当地企业的发展和壮大至关重要。政府在这一块主要扮演的是牵线搭桥的作用，促成双方企业的合作。于发稳和郝比斯（2000）在北京—内蒙古对口帮扶的案例研究中发现：北京对口帮扶内蒙古，在北京知青到内蒙古下乡的历史渊源、地理位置上比较接近的地缘因素以及将内蒙古建设为北京的生态防线等现实因素的基础上，通过多种形式的动员，激发了北京市民的社会责任感和社会各界帮困济贫的热情。使北京向内蒙古无偿提供的资金和物资大大超过协议的数量。

　　2. 对口帮扶的制度创新

　　对口帮扶是国家的宏观扶贫工作进入一定阶段的一项新政策和新做法，在实施过程中没有先例可借鉴，开展对口帮扶的双方在实践中摸索总结出了一些创新性的制度安排。莫代山等（2010）介绍了武汉市和来凤县按照部门对口支援和辖区结对支援的原则形成定期帮扶对子，在工作中基本形成了定期互访机制，在互访中就扶贫项目的实施情况进行回访，并且组织讨论下一步的新项目。在上海和云南的对口帮扶工作中，双方政府紧密合作，共同制定了《对口帮扶与经济社会协作"九五"计划纲要》，福建与宁夏一起编制了《对口帮扶与经济社会协作"九五"计划纲要》（江明敏，）。于发稳和王静（2000）在对上海—云南对口帮扶的调查中发现：在对口帮扶工作中，双方建立了省、地市和部门三个层面的工作网络，逐步建立和完善了四项工作制度（两省市对口帮扶协作领导小组联席会议制度、双方各自建立了协调会议制度、部门工作小组联席会议制度和项目跟踪制度），成功地实施了"温饱试点村工程"，是"对口帮扶协作中最成功的一类项目，可以说是全球反贫困措施理论的一个重大突破"。

　　3. 重点突出，多样化的帮扶内容

　　开展对口帮扶的东部地区和西部地区之间的情况各不相同，东部省区各有各的优势，而西部省区致贫的原因也各不相同，因此，不同的对口帮扶对子开展的对口帮扶工作，在帮助西部地区减少贫困的总体目标下，实施内容并非按照公式化的统一模式来开展，而是按照双方讨论的结果，根据受援地区的具体情况而设置，同时也根据对口地区的特长和强项来设置。对口帮扶的内容从单一的资金和物资的援助扩大到开办实业，以经济发展促进扶贫；干部人才的交流从护板挂职干部扩大到各类组织经营管理等各类人才的流动；劳务合作从简单的组织贫困地区农村人口到发达地区务工，发展到了包括技能培训在内的劳务合作，甚至还有发达地区到贫困地区务工的逆向劳务输出。

以上海对口帮扶云南为例。上海—云南对口帮扶协作有三大目标，第一个目标是对口帮扶目标，以帮助受援地政府和人们完成本地区的扶贫攻坚计划，解决贫困人口的温饱问题为主；第二个目标是经济协作目标，以培育云南的支柱产业、形成拳头产品、促进产业结构优化和升级为主；第三个目标是社会发展合作目标，以进一步加强科技、教育、文化、卫生方面的合作与交流，培养云南急需的人才，促进云南省社会事业的发展为主。根据云南的具体情况，在双方协商讨论的基础上，突出扶贫的重点，开展多样化、全方位的合作，促进云南的经济和社会协调发展（于发稳等，2000）。

在两广对口帮扶工作中，双方根据两省高层领导座谈形成的纪要精神，开展了以异地安置为主，结合经贸合作、劳务输出、干部培训和结对帮扶为内容的扶贫协作，也取得了显著成效（黄德举等，1998）。在福建和宁夏的合作中（王永忠，1999），也提到双方的对口帮扶不仅涉及诸如基础农田建设、修建学校和建设养牛基地这样的基础设施建设，福建还帮助宁夏开发当地的土豆、中药材以及民族特色产品。既有解决贫困农民温饱的基本项目、也有着眼于未来长远发展的产业建设项目。在兼顾经济效益的同时，帮助加强当地的生态环境建设。

4. 全方位、综合性扶贫方式

一般来说，东部发达地区和西部贫困地区之间的合作，天生就有着资源上的互补优势。东部发达地区在资金、技术、品牌、经营管理方面有着领先的优势，而西部贫困地区拥有丰富的自然资源、相对廉价的劳动力以及尚未开发而潜力巨大的市场。通过开展对口帮扶，双方开展互补性合作，将各自的优势充分利用，将扶贫工作提高到一个全方位、综合性的高度。

对口帮扶的主体和基础是注重开展经济合作，促进西部贫困地区经济的发展。通过经济协作、互惠互利、实现共赢，为扶贫协作的健康发展注入了内在的活力，与此同时，双方在帮扶中不断扩大合作范围，涵盖经济合作发展到科技、教育、卫生等各个领域。江明敏（）在 1998 年年底对当时的对口帮扶工作的成就进行了统计，结果是：截至 1998 年年底，东部地区为西部省区无偿捐资 8.2 亿元，捐赠衣被 8207 万件以及大批其他衣物；双方签订协作项目 2600 多项，协议投资 122.9 亿元，已经实施的项目有 2074 项，实际到位投资 40 亿元。东部吸收了 25 万来自西部贫困地区的劳务人员，完成干部交流 1809 人次，引进技术 585 项，培训各类人才 20213 人，援建希望学校 969 所；新建公路 1464 公里，建设基本农田 154 万亩，直接或间接带动当地解决了 165 万贫困人口的温饱问题。

在其他的研究中，还提到了对口帮扶中的一些因地制宜的措施：上海—云南对口帮扶中的白玉兰卫生所、科技培训基地和科技培训、农业示范基地和小额信贷（于发稳和王静，2000）；两广对口帮扶中的异地安置（黄德举等，1998）；福建和宁夏对口帮扶中的合作办学（研究生班）（王永忠，1999）；北京与内蒙古对口帮扶中的救助失学儿童和计划生育三结合扶贫项目（于法稳、郝比斯，2000）。

可以看出，在扶贫的大目标下，对口帮扶涵盖了经济建设、社会救济、人才培训、技术引进、劳务输出、干部培养、基础设施建设等诸多子项目，全面覆盖了受援助地区贫困人群的生活的方方面面。开展对口帮扶的两个省/区以扶贫协作为目标，以解决贫困群众生产生活中的各种困难为重点，因地制宜设置项目。项目的安排以发展经济为主，兼顾社会效益和社会公益，争取所有贫困人口都从中受益，项目的实施改善了西部贫困地区的生态环境、生产条件和基础设施建设。

（二）对口帮扶存在的问题和不足

1. 对口帮扶制度设计中存在被动性、无制度性等缺陷

东西对口帮扶是由国家政策安排促成的一对一挂钩式扶贫，容易导致工作开展中的被动性、无制度性以及机构设置的非常态化。被动性是指对口帮扶属于指令性的合作，双方的自主性会较差。东部发达地区是服从中央指令完成相关的扶贫任务，而西部贫困地区则是被动地接受来自发达地区的技术和资金援助，导致有些技术和资金没有得到充分有效的利用；无制度性则是指作为一项重大扶贫项目的东西对口帮扶，没有相关的具有指导性和规范性的法律/法规文件，唯一可以参考的就是国家的行政命令和具体的配对挂钩安排。仅仅凭中央政府的一份行政文件和合作双方的自觉自愿，没有一套规范的办法和体系，有可能导致对口帮扶陷入自由散漫的泥潭，或迷失方向，或踏步不前。虽然对口帮扶是由国务院牵头实施，并且处理了专门的东西扶贫协作办公室，在地方一级以扶贫办为主要负责部门，履行对口帮扶中的衔接与管理职能。但是这样的机构往往是临时性的，没有取得正式的法律地位，缺乏保障，因此在职责的履行上有很大的随意性（李勇，2011）。

2. 经费配套不足

两广对口帮扶协作调查报告（于法稳、朱有奎，2000）提到双方合作中存在的一个问题，就是针对经贸协作中的生产性项目，广西应提供扶贫贴息贷款为项目配套，但是因为项目前期工作质量不高等原因而没有完全落

实；在组织劳务输出上，广西也未能拿出较多的资金用于劳务输出工作，影响了任务的完成。

在深圳、青岛、大连和宁波对口帮扶贵州的调查报告中（王利文等，2000）也提到四个单列市到贵州做项目，一般都需要贵州配套资金。但是由于贵州省的财政没有资金来源和出处，不能落实配套资金，导致协议难以执行下去。

3. 企业参与不足

东西对口帮扶离不开政府的组织领导，也需要社会各界尤其是企业的广泛参与。"政府搭台、企业唱戏"是深化东西对口帮扶的关键。要鼓励企业西进、拓宽市场、壮大自身；西部要制定出台优惠的招商引资政策，创造条件，吸引更多来自发达东部地区的企业到西部投资办厂。

东部企业到西部投资的障碍还比较多，主要原因有：西部基础设施条件差。对口帮扶中也做了不少基础设施建设，特别是与交通有关的项目，但是对总体状况改善作用不大，因此对东部企业产生不了吸引力。法律环境不完善，地方保护主义往往会损害到西部投资的企业的利益和激情；同时，也有一些不法的企业家将过时的设备或高污染的技术转移到西部，不仅破坏了西部的生态环境，也影响了当地政府对招商引资的信心（徐静，2004）。西部地区的招商引资条件过于保守和谨慎，吸引不了东部较大的企业到西部投资。东部地区愿意到西部投资的企业以中小型企业和非国有企业为主，西部较为封闭的经济环境和政府的太多干预有时候会束缚这些企业的运作（和丕禅等，2001）。

4. 经济建设和文化建设，特别是民族文化建设不协调

莫代山等（2010）认为，拥有丰富土家族传统文化资源的来凤县，如果借助武汉市有关部门的人才优势、技术优势对土家族文化进行更好的挖掘、整理、包装、开发和宣传，可以为来凤县打造具有良好发展前景的旅游业。但是武汉市在过往的对口支援中显然并没有在民族文化的保护和开发上下足功夫。

5. 输血性支援与造血性发展之间的平衡

莫代山等（2011）在武汉市—来凤县对口帮扶的案例研究报告中指出：虽然对特色产业和当地企业的帮扶是武汉市开展对口帮扶的重点，但是实施对口帮扶十年以来，来凤县并没有形成可以支撑城乡可持续发展的产业群。其中的主要原因首先是来凤县本身的"造血"能力还是不足，也有产业本身的制约性瓶颈仍然存在的因素。

王永忠（1999）在福建—宁夏合作的总结报告中分析道：对口帮扶中

较为发达的福建在物资、资金、项目上的无偿支援固然对宁夏贫困地区的发展起到了主要作用，但是要从根本上解决贫困问题，不能依赖外来的援助，还是要在自身的"造血"功能上下工夫，动员贫困群众充分发挥自身的优势和智慧，利用当地资源，结合从东部引进的先进技术，因地制宜培育可持续的支柱产业，最终走向自我发展的良性循环。

（三）对策措施及政策建议

1. 政府主导下市场机制的引入

作为一种特定阶段的指令性手段，对口帮扶在启动初期采用了政府为主导、社会各界积极参与的机制。这种机制在起步阶段无疑是必然的选择，也是很有效的。但是当对口帮扶的成效因为一种新举措的能量骤放而短暂显现之后，实践中不断出现政府主导下多计划而少市场弊端带来的能量短缺，使初始成效的持续难以为继，甚至出现效益递减的现象。就贵州省接受对口帮扶中存在的单一行政计划机制带来诸如效率低下、管理监管不力、贫困主题自我发展能力受限等弊端，研究者（徐静，2004）提出了引入市场机制，奠定帮扶双方的市场化合作基础的建议。研究者认为，市场机制的引入，有利于帮扶双方在争取共同经济利益的基础上开展合作，使帮扶动力更持续；市场机制的引入有利于被帮扶的贫困人群增加自我发展能力；市场机制的引入也有利于拓宽对口帮扶的外延和内涵，使未来的对口帮扶获得强健的生命力。

2. 为企业参与提供必要的服务

企业参与扶贫不仅能够为政府提供额外的扶贫资金，而且在人才培养、技术转移和信息交流方面都能够给西部贫困地区带来实际的效益，因此，鼓励企业，特别是东部企业到西部贫困地区参与对口帮扶是非常必要的。

为了提高企业参与对口帮扶的效果，政府要为企业提供必要的服务（和丕禅等，2001）：首先是宣传服务，政府部门应利用各种形式、渠道向社会广泛宣传参与对口帮扶的企业，帮助提高企业在当地的知名度和美誉度；其次是信息服务，将贫困地区和扶贫项目的情况及时有效地传递给企业，有利于企业做出正确的决策；此外，政府应当为参与对口扶贫的企业提供更为优厚的条件，吸引企业到贫困地区投资，并且尽快地扎根开花结果；最重要的是，企业和政府应该在市场机制的基础上，努力使双方的目标——扶贫/脱贫和利润最大化达到同步实现。

3. 鼓励社会组织的参与

王强（2006）建议在对口帮扶中鼓励社会第三方组织、志愿者的参与。他认为，按照国际经验，当贫困人口的比例下降到10%以后，高经济增长等方式扶贫就已经不大起作用，必须依靠微观层面的努力才能奏效。其中的原因是政府的扶贫机制无法有效地瞄准真正的贫困户，相比较之下，NGO扶贫资金使用效率较高，具体表现为其投入扶贫项目的资源中能够真正落实到穷人头上的比例远远高于政府。因此，他建议采用竞争性的扶贫资源使用方式，鼓励更多的 NGO 成为政府资助的扶贫项目操作者。政府部门将用于扶贫的资源交给效率最高的 NGO 使用，在实施中对过程进行监管，对资源的使用进行监督。

与此类似，徐静（2004）也认为，单一的政府扶贫或是完全的市场扶贫中不可避免地会存在"政府失灵"和"市场失灵"，因此，在确立市场化合作的基础上，对口帮扶需要找到市场机制以外的推动力——NGO 参与到对口帮扶中来。徐静认为：NGO 参与对口帮扶/扶贫能够从一定程度上弥补政府财力的不足，同时 NGO 扶贫的资金使用效率较高，而且 NGO 参与扶贫有利于推动互助博爱的理念和社会化公益理念。

4. 建立适用于本土的扶贫项目绩效考评制度

扶贫资金和扶贫项目实施的绩效不能只看人均年收入的变化。这是由贫困这个概念本身的复合性所决定的。如果仅以人均纯收入或家庭收入的提高与否来衡量贫困的改善与否，就容易造成类似"唯 GDP 论"的"唯人均纯收入/唯收入论"的误区，混淆扶贫的本质概念，导致目标偏差。在国内外的相关文献中，大多建议采用项目经济分析和发展社会评价来分析扶贫项目的绩效，但是这两种方法要求针对单一项目进行分析，而且要求具备完善的统计计量环境，对目前的中国来说条件还达不到（王强，2006）。迄今为止，还没有能够开发出一套适合中国国情和民生特点的扶贫项目绩效考评，有合理的不唯收入论的经济指标，也有相应的社会效益和生态效益指标，能够全面地、客观地评价扶贫项目的绩效。

三　结　论

（一）研究方法上注重经济分析，少有社会效益、生态效益等其他效益的分析

大多数的文章在分析对口帮扶的效益时，一般都是采用经济学的分析方法来分析收集到的数据，极少涉及对口帮扶在促进贫困地区社会稳定、边疆安全或是提高贫困地区生态建设等方面的作用。

比如于法稳等（2000）在北京—内蒙古对口帮扶的调查报告中，就数据这一块列举了北京在开展对口帮扶内蒙古的过程中无偿提供的资金和物资

折价累计 12309.96 万元,超过协议 105.17%,接下来分析了 1997—1999 年北京提供的资金和物资的来源结构、利用结构和 3 年间资金资源的动态变化特征。根据以上的分析,总结了北京投入这么多资金和物质取得的贡献,比如在种植业、养殖业和加工业项目方面取得的效益;在农田草牧场建设方面取得的效益;开展教育培训、卫生等其他项目取得的效益。其实作者在文章中提到双方(北京和内蒙古)在确定结成对口帮扶对子之后,在经济建设、生态建设、科技教育等领域不断加强交流与合作。此外,作者还提到北京对口帮扶内蒙古,有历史渊源、有促进民族团结和边疆稳定的原因,也有将内蒙古建设成确保首都北京和"三北"地区免受风沙侵袭的屏障的因素。在此基础上,作者如果能够将双方对口帮扶中实现的促进民族团结和边疆稳定的社会效益,生态屏障建设的生态效益加入文章中,必定会使文章的效益分析更加全面,但是作者并没有就此展开。

(二) 研究以挂钩结对省区为主,缺乏不同对子之间的对比分析

本书所搜集的相关研究文章中,大多是以某两个挂钩结对的对口帮扶对子之间的合作为研究对象。比如就两广对口帮扶进行的回顾与思考(黄德举等,1998),对两广对口帮扶协作的调查研究(于法稳、朱有奎,2000)。或是以东部省市作为一个整体,西部受帮扶的省区为一个整体,从宏观的角度分析对口帮扶中存在的问题并且提出未来的发展方向(李勇,2011)。或者把对口帮扶放在宏观扶贫的背景下进行分析(张建军、李国平,2004),也有把东西对口帮扶放在东西合作的背景下进行分析的(占晓林等,2006)。没有就不同的对口帮扶对子之间项目开展的情况进行过比较分析,也没有就接受对口帮扶的特定西部省区内的不同区域/不同县乡之间的情况进行过比较分析。

(三) 少有深入透彻的案例研究

在目前搜集到的研究文章中,有两篇是研究市县一级的案例分析:一个是武汉市对口帮扶来凤县的案例研究(莫代山等,2010),另外一个是深圳与河源(市)的案例。但是仔细阅读后发现,两篇报告涉及的武汉市—来凤县和深圳市—河源市的对口帮扶项目,并非国家"八七扶贫攻坚计划"下由国务院行政命令安排结成的 9 个对口帮扶对子,而是采用上述 9 个对口帮扶对子类似的方式方法进行扶贫。两篇报告所采取的研究切入点仍然是将开展对口帮扶的双方作为一个宏观的整体,分析对口帮扶中取得的成绩、存在的问题、未来的发展方向或改进措施。

将结成对口帮扶对子的东部发达地区和西部贫困地区各作为一个宏观的整体进行分析,本身就忽略了双方之间经济、社会、地理环境等方面的差

异，更不用说接受对口帮扶的西部地区是众多少数民族聚居区，社会风俗、民族文化都存在很大的差别。即便在同一个县的两个乡开展同样的项目都会产生不同的效果，取得等等不一的成绩，目标的实现也参差不齐。因此，开展深入的、贴近最底层参与到对口帮扶项目中的农户的案例分析，有助于我们了解对口帮扶项目的实际效果，利用农户家庭的数据更准确地分析对口帮扶的效益，找到更加灵活有效的扶贫措施，修正存在的不足。这是当前的对口帮扶研究中最需要解决的问题。

（四）以定性分析为主，缺乏定量分析

在以上所列举的所有相关文献中，就对口帮扶进行的分析大多是定性分析，一般的模式就是列举东部和西部开展对口帮扶期间，东部提供了多少的资金，组织捐赠了多少的物资，为西部培训了多少人才。双方签署了多少项目，到位多少资金，诸如此类的数字。另外一种模式就是分析某个东部省市和西部省区进行对口帮扶过程中取得的成绩、存在的问题、解决的办法或者未来努力的方向等。很少有研究分析投入的资金和开展的项目是如何具体促进西部贫困农户的经济—社会总产、家庭收入和可支配收入提高、是否促进当地经济结构发生变化、资金使用效率；非经济项目，比如科教文卫项目的社会效益，等等。

席建国（2011）发表的文章和完成的博士论文是唯一以东西部对口帮扶的效应为主题进行的计量经济学分析。他将 28 个省份间的面板数据用空间计量理论进行分析，以省一级的全要素生产率、技术进步和技术效率为指标，验证存在帮扶关系的东部和西部省份间的帮扶效应。他的研究表明："帮扶省份的科技活动经费内部支出存量对被帮扶省份的空间溢出促进了被帮扶省份的技术进步，但同时导致后者的技术效率下降，综合考虑，被帮扶省份的全要素生产率得到了提升；科技活动经费内部支出存量、进口贸易蕴含的国外 R&D 存量和各省之间的科技活动经费内部支出存量的空间溢出促进了各省的全要素生产率和技术进步，但阻碍了其技术效率的提高。"（席建国，2011）。席建国的研究偏重于对口帮扶中科学技术方面的合作，没有能够以综合的指标体系，全面分析开展对口帮扶的经济效益，更不用说难以用经济指标衡量的社会效益、生态效益等其他方面。

第四章

发达地区对口帮扶西部民族地区
的现实基础和发展历程

一 发达地区与西部民族地区的地域界定

区域没有统一的划分标准，按照不同的标准有不同的区域划分。为了实现区域协调发展，政府部门和学者从不同的角度和不同的标准提出了不同的经济区域的划分。目前，在国家层面的区域划分主要有两种。

1. 纵向的区域经济体系的层次划分

对一个人口众多、国土辽阔的大国而言，一般可分四个层次：一是宏观区域层次，揭示一个大国区域经济的宏观态势和特点，如美国将全国划分为三大区，我国有"三大地带"和"四大区域板块"；二是综合经济区层次，目的是统一规划和建设大型跨区域性基础设施项目，为区域经济一体化创造必要的硬件条件，如美国的 8 大综合经济区，我国"九五"时期划分的 7 大综合经济区；三是标准经济区（或主体功能区）层次，目的在于建立合理的区域分工与合作关系，以形成各具特色的区域经济体系，美国划分了 179 个标准经济区，我国已提出建立 4 类主体功能区的构想；四是城镇群区域层次，目的在于建立生产与生活一体化的基本区域经济空间，实现城乡一体化，统筹城乡发展，美国划分了 361 个大都市统计区和 573 个小都市统计区。国家划分的主体功能区应属于第三个层次。目前，我国区域经济体系建设尚不完善，今后，应该在四大宏观区域板块的基础上，根据四类主体功能区构想，进一步建立完善次一级区域经济体系（李仙，2006）[①]。

2. 横向的划分，标准不同有不同的划分类型

按照传统的划分方式，从经济区划的目的和依据角度，可以划分为综合

---

① 李仙：《统筹我国区域经济发展的总体构想》，中国发展观察杂志社网络系统，2006 年 7 月 5 日。

经济区、部门经济区与经济类型区三类。综合经济区又分为中心城市（群）经济区、流域经济区、行政经济区、生态经济区等类型；部门经济区是按照产业部门分类进行划分，如农业区、工业区、能源区、商业区等；经济类型区属于同质型经济区，具有相似区域经济发展特征或特定社会经济发展任务的区域，如东、中、西三大地带。从经济区的规模和等级又可分为大经济区、省级经济区、跨省相邻地区组成的经济协作区和省内经济区四大类（陈秀山，2005）。清华大学殷存毅教授认为，我国当前百余个区域经济合作组织，按照区域和范围大致可分为三类，即省（自治区）际间的经济协作区（如上海经济区、东北经济区等）、省（区）毗邻地区的经济协作（如淮海经济协作区）和省（区）内的经济协作区（如辽宁中部城市联合体）（殷存毅，2004）。

　　根据国家调控的目的，对经济类型区大体又有两种经济类型的划分途径：一是按区域问题的性质和严重性划分问题区，如发展落后的贫困地区、结构单一的资源型地区、处于衰退中的老工业基地、财政包袱沉重的粮食主产区、各种矛盾交融的边境地区等，以作为国家援助和支持的地域单元；二是按地区资源和环境的承载能力，划分不同类型的功能区，以作为国家区域调控和促进人与自然和谐发展的地域单元（魏后凯，2005）。

　　按经济条件划分，国家发改委地区经济司副司长王新怀建议，尽快开展新的地区发展类型划分工作，可按照一定的综合指标，将全国省区市划分成发达地区、发展中地区和欠发达地区三大类，每五年滚动划分一次。从"十二五"开始，按照新的区域划分标准，结合各地区经济发展的阶段制定相应的区域政策。推进城乡统筹发展，加快社会主义新农村建设（王新怀，2006）。

　　在本研究中，涉及的区域主要是发达地区与西部民族地区。研究中的发达地区与西部民族地区主要是依据经济条件和我国政策实施进行的划分。

　　从我国政策实施方面，国家发改委根据政策实施的不同，把我国分为东、中、西部，不是行政区划，也不是地理概念上的划分。在这里，东部是指最早实行沿海开放政策并且经济发展水平较高的省市；中部是指经济次发达地区，而西部则是指经济欠发达的西部地区。其划分的目的主要是便于不同区域实施不同的发展策略和政策措施，便于国家的宏观政策调控。政策上最早将我国划分为东部、中部和西部三个地区是始于1986年，由全国人大六届四次会议通过的"七五"计划正式公布，东部地区包括北京、天津、河北、辽宁、上海、江苏、浙江、福建、山东、广东和海南11个省（市）；中部地区包括山西、内蒙古、吉林、黑龙江、安徽、江西、河南、湖北、湖南、广西10个省（自治区）；西部地区包括四川、贵州、云南、西藏、陕西、甘肃、青海、宁夏、新疆9个省（自治区）。1997年，全国人大八届五次会议决定将重庆设为中央直辖市，并划入西部地区的范围，这样，西部地区就由原来的 9 个增加到 10 个省（直辖市，自治区）。2000 年，由于内蒙古和广西两个自治区近几年的人均国内生产总值水平正好相当于西部 10 个省（直辖市，自治区）的平均状况，与其他中部地区有一定差距，因此国家制定的在西部大开发中享受优惠政策的范围又增加了内蒙古和广西。目前，根据国发〔2000〕33 号文件，东部地区包括 11 个省级行政区，分别是北京、天津、河北、辽宁、上海、江苏、浙江、福建、山东、广东和海南；中部地区包括 8 个省级行政区，分别是山西、吉林、黑龙江、安徽、江西、河南、湖北和湖南；西部地区包括 12 个省级行政区，分别是重庆、四川、贵州、云南、西藏、陕西、甘肃、青海、宁夏、新疆、广西和内蒙古。另外，国家还把湖南的湘西地区、湖北的鄂西地区、吉林的延边地区也划为西部地区，享受西部大开发中的优惠政策。

从研究分析的角度来看，改革开放以来，随着地区差距的日益扩大，我国学术界在分析地区差距的过程中，大多选择按照地理位置把全国 31 个省市区划分为东、中、西三大地带或省区作为地域单元。1995 年，厉以宁教授提出，中国应以专区或县为单位划分区域，并从两个层次进行讨论。他认为，全国共有若干专区（包括地级市），每一个专区或地级市下属若干县级单位。我们可以计算出每一个专区或地级市的某一年的人均收入等多项指标。然后，按人均收入等指标，把不同的专区或地级市分为经济发达、经济较发达、经济欠发达和经济落后等不同类型，分别用不同的颜色在地图上标明，就可以得到四种区域的分布图。以此来分析中国的区域经济，不仅可以了解区域发展不平衡的现状，而且更有助于探讨今后区域经济发展的趋势与协调区域经济的对策（厉以宁，2000）。

厉以宁教授在主编的《区域发展新思路》一书中，根据资料收集的可行性和对地区经济的现状与发展趋势所构成的影响，选取了 26 个指标，按照指标综合反映的各省区的经济状况，把全国 30 个省市区划分为四个经济区（表 4-1）。他认为，按照聚类指标划分更能够准确反映地区差距，更符合总体实际情况，便于研究和分析。

1996 年，党中央、国务院联合的中央扶贫开发工作会议，确定了开展对口帮扶西部贫困省区的"东西扶贫协作"，并在广泛征求有关部门和省市意见的基础上，在文件中明确了京、津、沪 3 个直辖市、沿海 6 个经济比较发达的省、4 个计划单列市分别对口帮扶西部 10 个省、自治区的帮扶安排，具体如下：北京帮内蒙古，天津帮甘肃，上海帮云南，广东帮广西，江苏帮陕西，浙江帮四川，山东帮新疆，辽宁帮青海，福建帮宁夏，深圳、青岛、大连、宁波帮贵州。2002年，按照国务院扶贫开发领导小组安排，珠海市、厦门市对口帮扶重庆市。

表4-1　　　　　　　　　　我国1995年区域划分比较表

经济区分类	按聚类划分的省区市	区域类型	按三大地带划分的地区
经济发达地区	上海、北京、天津等3个直辖市	东部沿海地区	上海、北京、天津、河北、辽宁、江苏、浙江、福建、山东、广东、广西、海南等12个省市区
经济较发达地区	广东、江苏、浙江、辽宁、福建、山东等6个省		
经济欠发达地区	海南、山西、吉林、黑龙江、河北、广西、湖北、安徽、湖南、江西、河南、四川	中部地区	山西、内蒙古、吉林、黑龙江、安徽、江西、河南、湖北、湖南
经济落后地区	新疆、西藏、内蒙古、青海、贵州、甘肃、陕西、宁夏、云南	西部地区	四川、贵州、云南、西藏、陕西、甘肃、青海、宁夏、新疆

资料来源：厉以宁主编：《区域发展新思路》，经济日报出版社2000年版，第95页。

说明：由于重庆市设立直辖市时间较短，数据取得困难，把重庆市划入四川省处理。

　　比较以上国家发改委、学术界以及国务院扶贫领导小组对东部发达地区和西部欠发达地区的划分，我们可以看出，政策性划分与学术界的经济条件综合划分之间已经逐渐趋于一致，说明政府部门与学术界对我国不同区域的发展现状、发展方向、发展路径、发展对策等方面都已经逐步取得了共识，学术研究与政策措施之间已经形成了较好的良性互动。

　　国务院扶贫领导小组确定的东部发达地区的省市正好是厉以宁教授四类经济区中经济发达地区和经济较发达地区的9个省市，6个单列市也是属于9个省市中经济比较发达的地区。对口帮扶的西部地区是11个西部省市区，加上西藏就是我国实施西部大开发的12个省区，也是我国经济社会发展较为落后的地区。由于西藏属于我国实施特殊扶持的地区，不在对口帮扶之列，也不在本研究的范围。

　　因此，本课题研究中，所谓的东部发达地区就是指上海、北京、天津、广东、江苏、浙江、山东、辽宁、福建等9个省市及深圳、青岛、大连、宁波、珠海、厦门6个单列市，在研究中为了便于比较，以9个省市为主要研究区域。西部民族地区是指广西、新疆、宁夏、内蒙古、云南、贵州、青海、甘肃、陕西、四川、重庆等11个省区（西藏属于国家整体帮扶，没有列入东西对口帮扶，不在研究之列），其中以民族自治地区，包括广西、新疆、宁夏、内蒙古4个自治区和云南、贵州、青海3个众多少数民族聚居省份为重点研究区域。下文中凡是没有特别标注的，东部发达地区就是指东部

9省区，西部民族地区就是指西部11省市区。

二　发达地区对口帮扶西部民族地区的现实基础

（一）西部民族地区集民族、山区、边境于一体，贫困问题严重

1. 西部民族地区是多民族聚居的贫困地区，贫困问题复杂

我国的西部地区，包括12个省市、自治区，其中有5个民族自治区和3个少数民族聚居省，是一个众多少数民族聚居的经济欠发达地区。总面积686万平方公里，约占全国总面积的72%，陆地与14个国家接壤，陆地边境线1.8万余公里，约占全国陆地边境线的91%，海岸线约占全国的1/10。西部地区总人口约2.87亿人，占全国总人口的22.99%，聚居了全国52个少数民族，少数民族人口占全国少数民族人口的71.5%，占西部总人口的21.5%，是我国少数民族分布最集中的地区，因此，西部地区也可称为西部民族地区。该地区由于自然、历史和国家发展战略等原因，长期以来经济社会发展滞后。根据资料显示，现阶段我国有592个国家扶贫工作重点县，其中民族自治县（不含西藏）有267个。西部民族地区（不含西藏）国家扶贫工作重点县有375个，占全国总数的63.3%，其中民族贫困县有232个，占全国的国家扶贫工作重点县的39.2%，占全国民族贫困自治县的87%；在西部民族贫困县中还有32个国境县，占全国民族贫困自治县的12%，占西部民族贫困自治县的13.8%。因此，西部地区既是少数民族聚居区，也是我国扶贫攻坚重点区，民族问题、边境问题、贫困问题相互交织。

其中，广西、新疆、宁夏、内蒙古4个自治区和云南、贵州、青海3个众多少数民族聚居的省份，少数民族人口占全国少数民族人口的60.81%。有232个国家级贫困县，占全国国定贫困县的39.2%，其中有193个民族贫困县，占西部地区民族贫困县的83.19%，占全国民族贫困自治县的72.3%。

表4-2　　　　　　　　西部民族地区贫困县分布情况

类别	内蒙古	新疆	宁夏	甘肃	青海	四川	贵州	广西	云南	重庆	陕西	合计
国家级贫困县	31	27	8	43	15	36	50	28	73	14	50	375
民族贫困县	31	27	8	14	12	20	36	28	51	5	0	232

资料来源：国务院扶贫开发领导小组办公室：《中国农村扶贫开发概要》，中国财政经济出版社2003年版。

2. 西部民族地区是我国主要的农村贫困人口聚居区，贫困程度深

1993年年末，我国有8000万农村贫困人口，贫困发生率8.8%，有

91.1%的农村贫困人口在中西部①，其中西部民族地区的农村贫困人口占绝大多数，且随着贫困标准的提高，农村贫困人口和贫困发生率呈现出更集中于西部民族地区的趋势。

1995 年，我国农村贫困人口 7050 万人，分布在全国各个省区，比较分散，其中四川、河南、贵州、云南和广西五省区贫困人口最多，分别占全国农村贫困人口的 10%、8.3%、7.2%、7% 和 5.7%②，也就是说，仅西部民族地区的四个省区农村贫困人口占全国农村贫困人口总数的 30%。而西北部地区和西南地区是农村贫困程度最严重的地区。这两类地区贫困发生率多在 10% 以上、贫困深度指数多在 2.5% 以上、贫困强度指数多在 1.5% 以上，最穷的 8 个省区依次是西藏、宁夏、新疆、甘肃、云南、贵州和陕西，多是边疆少数民族聚居的省区，这些省区脱贫难度大。

到 2000 年，根据我国的农村贫困监测报告显示，按照低收入 865 元的贫困标准，我国农村贫困人口是 9422 万人，贫困发生率 10.2%（其中：农村绝对贫困人口是 3209 万人，贫困发生率 3.5%），而西部民族地区农村贫困人口有 5731 万人，贫困发生率是 20.6%，农村贫困人口占全国农村贫困人口的 60.8%（其中：农村绝对贫困人口有 1944 万人，贫困发生率是 6.9%，绝对农村贫困人口占全国农村贫困人口的 60.6%），远远高出全国的水平。与东部和中部地区相比，贫困人口分别多 4769 万人、3002 万人，贫困发生率分别高 17.7 个百分点和 11.8 个百分点，农村贫困人口占全国农村贫困人口比重分别高 50.6 个百分点和 31.8 个百分点（其中：绝对贫困人口分别多 1737 万人、1130 万人，贫困发生率分别高 6.2 个百分点和 4 个百分点，农村贫困人口占全国农村贫困人口比重分别高 54.2 个百分点和 35.2 个百分点）。③

西部民族地区经济社会发展基础非常薄弱，发展水平严重滞后。从地理环境看，我国西部民族地区集山区、革命老区、边疆地区和少数民族地区于一体，1995 年，全国农村贫困人口中，48.4% 生活在山区、20.4% 在革命

---

① 帅传敏：《中国农村扶贫开发模式与效率研究》，人民出版社 2010 年版，第 17 页。

② 李小汇、熊小林：《我国农村贫困状况的分析》，《中国国情国力》1997 年第 3 期，第 15—17 页。

③ 采用的是新东中西部划分。东部包括 11 个省级行政区，北京、天津、河北、辽宁、上海、江苏、浙江、福建、山东、广东和海南；中部地区包括 8 个省级行政区，分别是山西、吉林、黑龙江、安徽、江西、河南、湖北和湖南；西部地区包括 12 个省级行政区，分别是重庆、四川、贵州、云南、西藏、陕西、甘肃、青海、宁夏、新疆、广西和内蒙古。其中东部比本研究中的东部发达地区多了海南省和河北省，西部比本研究中的西部民族地区多了西藏，但数据上相差较小，不会影响比较结论。

老区、11.6%在边疆地区、32.1%在少数民族地区[①]。西部民族地区山大沟深或高寒多风沙，气候条件恶劣，自然灾害频繁，人畜饮水困难。由于人口超生，地形地貌复杂，人均耕地少，且土坡瘠薄，相当部分地区不具备基本生存条件，成为经济发展的"死角"，脱贫致富的难度较大。从基础设施看，西部民族地区大多数贫困地区所在村不通公路，即使有公路的地方，道路标准也很低，质量差，缺桥少涵，排水系统不全，防护工程简陋，通行能力和抗自然灾害能力低；很多贫困人口仍生活在未通电、未通电话的乡村，通信条件、医疗卫生条件和教育条件极端落后，有不少村没有卫生室和学校。到 2002 年年末，西部 12 省区农村初中和小学危房率仍然较高，西部大部分省区农村初中危房率低于全国平均水平，但甘肃、内蒙古、宁夏等省区仍较大幅度地高于全国平均水平。但从小学危房率看，有 8 省区要高于全国平均水平，尤其是云南、甘肃、内蒙古农村小学危房率相当高。国家教育发展研究中心对西部地区农村学校的抽样调查显示，样本小学课桌椅残缺不全的占 37.8%，教室或办公室有危房的占 22.3%，购置教具、墨水、粉笔等资金不足的占 32.5%[②]。因此，西部民族地区社会发展严重滞后，到 2003年，西部地区农村人口平均受教育年限仅为 6.5 年，农村合作医疗和农村养老保险覆盖率仅为 8.5%和 3.1%，农村居民恩格尔系数高达 49.9%，除重庆、陕西和四川外，西部大多数省份尚未实现 2000 年总体小康目标，西部农村全面小康实现程度为 -9.7%，其中青海、贵州和甘肃农村全面小康实现程度分别为 -17.8%、-15.7%和 -13.4%[③]。

（二）东部发达地区与西部民族地区差距较大，且呈日益扩大的趋势

改革开放以来，东部发达地区与西部民族地区的经济社会发展差距日益扩大，到 1995 年发展差距已经非常大，严重影响了社会稳定和民族团结。主要表现在以下三个方面。

1. 国内生产总值和人均 GDP 差距迅速扩大

1965 年以后，我国东西部国内生产总值和人均 GDP 差距逐步扩大。1978 年以来，随着改革开放由沿海向内地逐步推进，东部发达地区与西部民族地区的国内生产总值和人均 GDP 差距迅速扩大。尤其是 1992—1995

---

①　李小汇、熊小林：《我国农村贫困状况的分析》，《中国国情国力》1997 年第 3 期，第 15—17 页

②　《西部地区农村教育发展的现状和问题》，中国论文下载中心，2008 - 07 - 26 11：45：00，http：//www. studa. net/nongcun/080726/11450669. html。

③　国家统计局农村社会经济调查总队：《2004 年中国农村全面小康监测报告》，中国统计出版社 2004 年版，第 16—17 页。

年，东部发达地区的国内生产总值与西部民族地区的绝对值差距由 7413.8 亿元增加到了 14737.98 亿元。1995 年，东部发达地区与西部民族地区的国内生产总值相对差距达到了 2.4 倍，西部民族地区的人均 GDP 与东部发达地区的差距达到 3.74 倍。

2. 人均国民收入和劳动生产率差距较大，投入边际效用低

1995 年，我国西部民族地区的城镇居民人均可支配收入、农民人均纯收入、人均财政收入、劳动生产率分别相当于东部发达地区的 62.07%、36.58%、24.24% 和 30.72%，东部发达地区与西部民族地区的城镇居民人均可支配收入、农民人均纯收入、人均财政收入、劳动生产率相对差距分别达到 1.61 倍、2.73 倍、4.13 倍和 3.26 倍，差距较大。其中，东部发达地区与西部民族地区的农民人均纯收入的相对差距从 1992 年的 2.09 倍扩大到了 1995 年的 2.73 倍，且有不断扩大的趋势。

同年，西部民族地区的人均财政支出有 425.83 元，与东部地区相差 2.35 倍，但比中部地区（291.4 元）高了 134.43 元，财政投入水平较高，这反映了国家对西部进行了重点扶持，但是由于西部地区的社会经济基础薄弱，缺乏科技、工业基础，因此财政投入虽然大，但是人均国民收入却依然很低。

表 4 - 3　　　　　1995 年我国东部发达地区与西部民族地区的差距比较

指标	东部发达地区	西部民族地区	差距（倍）
人均国内生产总值（元/人）	10885.42	2907.03	3.74
城镇居民人均可支配收入（元/人）	5724.925	3553.54	1.61
农民人均纯收入（元）	2835.03	1037.03	2.73
人均财政收入（元）	717.8	173.97	4.13
人均财政支出（元）	999.64	425.83	2.35
劳动生产率（元/人）	18790.58	5772.08	3.26

资料来源：根据《中国统计年鉴》（1996 年）、《改革开放十七年的中国地区经济》（1996 年）中的数据计算编制。

3. 各省市区之间的经济发展差距较大

我国各省区之间的差距实际也是东部发达地区各省市与西部民族地区各省市区之间的差距。1995 年，我国各市省区的下述 8 个人均指标基本都存在较为严重的差异。其中差异最小的是城镇居民可支配收入，差异系数仅是 0.26，标准差是 1111.11 元，对于当时生活水平不太高的时期，差异也是较大的，收入最高的广东省比最低的内蒙古高了 4575 元，达到 2.60 倍，其差

距比全国平均水平（4265 元）高了一倍多。农民人均纯收入的差异系数是
0.38，标准差仅是 624.95 元，但是当时我国农民收入普遍较低，这一数值
已经是相当大，收入最高的上海市比收入最少的甘肃省高了 3365.27 元，达
到 4.82 倍，其差距比全国平均水平（1577.74 元）高了两倍多。相对差距
最大的人均财政收入，差异系数已经达到了 0.79，收入最高的上海市比最
低的贵州省高了 1462.11 元，达到 17.32 倍，其差距比全国平均水平
（248.19 元）高了近 6 倍，随着经济发展不平衡的加剧，全国各省市区在人
均财政收入上的差距将呈不断扩大的趋势。

表 4-4   1995 年我国各省区市人均指标的差异分析

指标	均值	极差	极差相对差（倍）	加权差异系数（倍）	标准差
人均国内生产总值（元/人）	4872.38	17090.00	10.22	0.53	2579.31
人均固定资产投资（元/人）	1631.15	11800.36	24.24	0.93	1515.32
城镇居民人均可支配收入（元/人）	4265.19	4575.70	2.60	0.26	1111.11
农民人均纯收入（元）	1647.44	3365.27	4.82	0.38	624.95
人均财政收入（元）	248.19	1462.11	17.32	0.79	196.13
人均 R&D 活动经费（元/人）	24.14	330.05	169.39	1.73	41.74
劳动生产率（元/人）	9537	27530.1	8.9	0.48	4444.80

资料来源：根据《中国统计年鉴》（1996 年）、《改革开放十七年的中国地区经济》（1996 年）、
1996 年的《科技综合报告》中的数据计算编制。转引自厉以宁主编《区域发展新思路》，2000 年
版，第 96 页。

（三）东西对口帮扶是我国扶贫攻坚和区域协调发展的必然选择

1993 年，党的十四届三中全会提出，"建立以按劳分配为主体，效率优
先、兼顾公平的收入分配制度，鼓励一部分地区一部分人先富起来，走共同
富裕的道路"。"效率优先、兼顾公平"成为收入分配制度的主要原则，但
是实现共同富裕才是社会主义发展的基本理念和终极目标。1995 年 9 月，
党的十四届五中全会通过关于制定国民经济和社会发展第九个五年计划和
2010 年远景目标的建议，并提出要实现从传统的计划经济体制向社会主义
市场经济体制、从粗放型增长方式向集约型增长方式的两个根本转变。江泽
民就社会主义现代化建设中若干重大关系问题作了阐述，其中最主要的是正
确处理改革、发展、稳定的关系，强调改革是动力，发展是目的，稳定是前
提，把改革的力度、发展的速度和社会可承受的程度协调统一起来。做到在
政治和社会稳定中推进改革和发展，在改革和发展的推进中实现政治和社会
的长期稳定。

改革开放以后，我国经济高速增长的契机以及社会发展取得长足进步引起了世界的广泛关注。但是，我国城乡之间和不同区域之间的发展差距问题也日益凸显，尤其是广大沿海地区充分利用其自身较好的经济基础、优越的地理位置，在全国各地包括西部地区的帮助和支持下，经济、社会有了突飞猛进的发展。西部民族地区在这一时期虽然也有很大的发展，但因发展基础较差，与东部沿海地区的差距日益扩大，严重影响民族团结和边疆稳定。对此，党中央、国务院始终非常关注，高度重视。江泽民同志曾指出："对于东部地区与中西部地区经济发展中出现的差距扩大问题，必须认真对待，正确处理。"

与此同时，我国农村贫困问题日益严峻，扶贫投入与需求的矛盾与日俱增，尤其是西部民族地区大多数地方财政入不敷出、农民收入水平较低，贫困人口规模大、贫困程度深，扶贫任务重，但是扶贫投入以中央财政扶贫资金为主，西部省区市、地州市、县市区能够投入的扶贫资金非常少。1995年，西部民族地区人均财政收入平均值仅有 173.97 元，最低的贵州省仅有 110.61 元，最高的云南省也仅有 246.29 元，还不到全国均值，而云南省 128 个县市区中，低于全省人均财政收入的县市区有 115 个，占全省的 89.8%。在西部民族地区 11 个省区中，云南省始终是我国农村扶贫攻坚的主战场，全省有国定贫困县 73 个，占全省总县数的 58%，占全国贫困县总数的 12%，贫困人口占全省农村总人口的 1/3 左右，占全国总贫困人口的 10%。云南省的财政扶贫资金投入在西部 11 个省区中是比较多的，但 1995 年以前每年的财政扶贫资金不足 1 亿元，1995 年全省贫困人口约有 700 万人，财政扶贫资金投入总量仅为 0.98 亿元，其中中央、省级财政扶贫资金分别占 80% 和 20%，州市级没有投入，人均财政扶贫资金仅有 14 元；1996 年，云南省财政资金投入大幅度增加，有 7.88 亿元，其中中央财政扶贫资金 4.54 亿元，占全省财政扶贫资金的 58%，占全国当年财政扶贫资金和以工代赈资金总量的 8.6%，当年云南省人均财政扶贫资金仅有 160 元，远远难以满足扶持贫困人口解决温饱所需要的资金。

1994 年，国务院制定并颁布实施《国家八七扶贫攻坚计划》，明确提出力争用七年左右的时间，基本解决 8000 万农村贫困人口的温饱问题。我国扶贫资金投入严重不足，与加快扶贫开发、到 2000 年要基本解决绝对贫困问题的目标的矛盾日益尖锐。

为了加大对西部民族地区的扶持力度，加快西部的脱贫致富和经济发展的步伐，为实现区域协调发展、社会稳定、民族团结、共同富裕的目标，1994 年国务院颁布的《国家八七扶贫攻坚计划》中明确要求：北京、天津、上海等大城市和广东、江苏、浙江、山东、辽宁、福建等沿海较发达的省，都要对口帮扶西部的一两个省、区发展经济。随着国家扶贫攻坚力度的空前加大，发达地区支援贫困地区的活动的深度和广度与日俱增。

1996 年，为了落实"国家八七扶贫攻坚计划"，党中央、国务院联合召开了中央扶贫开发工作会议，并做出了《关于尽快解决农村贫困人口温饱问题的决定》。为了继续加大扶贫投入的力度，中央政府在这次会议上号召较为发达的沿海地区要从大局出发，按照"优势互补、互惠互利、共同发展"的原则，开展对口帮扶西部贫困省区的"东西扶贫协作"；并确立了新的"扶贫责任制"，即西部省区的领导以及下属的地、县领导要直接对他们管辖范围内的扶贫成效负责。至此，"东西部对口帮扶与合作发展战略"成为了我国反贫困总体战略中一个重要组成部分。

通过东部发达地区对口帮扶西部民族地区，有利于更加充分地动员和整合参与扶贫的资金和各种物资、资源；有利于通过发达地区直接参与西部民族地区的发展和扶贫，促进发达地区与西部民族地区之间相互了解、相互沟通，在加快西部民族地区脱贫致富的同时，进一步增强了我国各地区之间的合作；有利于发扬和倡导我国扶贫济困、帮扶协作的优良传统，增强各民族之间的凝聚力，实现中华民族融合和团结稳定，是实现民族繁荣和国富民强的有效途径。

三　发达地区对口帮扶西部民族地区的发展历程

改革开放以来，中国实施差别发展战略，鼓励一部分区域条件好的地区先发展起来。实践证明，这一战略推动了中国经济的快速增长，特别是东部沿海地区发展更快。但差别发展不是目的，为实现国民经济的均衡、健康发展，加大扶贫开发力度，中国政府组织沿海先发展起来的地区对口支援内地贫困省、区。自 1979 年中央决定开展对口支援工作以来，一个多层次、多形式、多内容的对口支援活动全面展开。30 多年来，东部发达地区对口帮扶西部民族地区经历了一个不断探索、不断完善的过程。

第一阶段：东西对口援助阶段（1978—1995 年）

1978 年，按照我国政府确定的贫困标准统计，全国贫困人口有 2.5 亿人，占农村总人口的 30.7%。

1978 年改革开放，建立了以家庭承包经营为基础的双层经营体制，放开农产品价格和市场，乡镇企业快速发展，大大解放和发展了生产力，使农村贫困问题大面积缓解。当时采取的是救济式扶贫理念，发达地区以援助的形式帮扶西部民族地区。

1979 年，为了增强民族团结、巩固边防、加速少数民族地区的经济文化建设，党中央决定：北京支援内蒙古，河北支援贵州，江苏支援广西、新疆，山东支援青海，天津支援甘肃，上海支援云南、宁夏，全国支援西藏。对口支援的主要任务是，开展经济技术协作，帮助受援地区培训技术人才，在物资上互通有无，共同开发矿产资源，发展农、林、畜产品加工工业，推动少数民族地区的经济建设。这是我国东西对口帮扶的开端。

从对口帮扶的开端我们可以看出，我国在改革开放之初就存在着地区经济发展的不平衡现象，国家确定的东西对口援助的受援地区还都是少数民族聚居区，主要是以扶贫为目的的，所以又称为"对口援助"或"对口扶贫"，但国家当时对口支援的扶贫目标还不是特别明确。通过东西对口援助，东部发达地区与西部民族地区在物资上互通有无，在经济技术等方面进行合作，对少数民族地区的经济发展产生了较大的推动作用，从而缓解了少数民族地区的贫困问题。

1982 年，国家进一步明确了东西对口扶贫的管理体系，即对口扶贫工作由国家经济委员会、国家计划委员会、国家民族事务委员会共同负责，由国家经济委员会牵头。对口扶贫工作是一项复杂的系统工程，扶贫责任的明确，有利于协调各方力量、调动各种资源进行扶贫，也有利于对口扶贫工作的整体规划。

1991 年 4 月，国务院发布的《国务院贫困地区经济开发领导小组关于"八五"期间扶贫开发工作部署的报告》强调：要继续组织经济发达地区对口帮助贫困落后的地区。并就对口帮扶的具体内容作了部署：①对口扶贫的重点。要求发达地区帮助落后地区解决支柱产业系列开发各环节上的难点，提高产业开发水平；帮助企业提高管理水平、技术水平、产品质量和经济效益。② 对口扶贫形式。采取县乡干部挂职交流、劳务输出、以劳助学等多种形式，帮助贫困地区培训人才。经济比较发达的沿海省、市帮助经济比较落后的内地省、区，富县帮穷县，富乡帮穷乡，富村帮穷村，富户帮穷户，先进企业帮落后企业。③对口扶贫工作的组织。省际之间的对口帮助由国家计划委员会负责组织，其他各层次的对口帮助由各地政府负责组织。

"八五"期间，对口扶贫政策明确了对口扶贫的重点、形式以及组织工作的落实责任，使对口扶贫工作的操作性更强，同时我们可以看出，发达地区与贫困地区在人、财、物力的交流上更加密切了。

1991 年，江苏省与陕西省之间开始了相互合作，在全国率先进行大跨度的干部交流。1994 年，国务院明确提出要求东部沿海较发达的省要对口帮扶西部省区，虽然有一些探索，但是东西对口帮扶正式启动是 1996 年才开始的。

第二阶段：以扶贫开发为主的对口帮扶探索阶段（1996—2000 年）

1993 年年末，我国农村贫困人口有 8000 万人，其中 91.1% 在中西部地区，大部分集中在西部地区 12 个省区，西部地区贫困发生率很高。

1994 年，国务院制定并颁布实施《国家八七扶贫攻坚计划》，明确提出，力争用七年左右的时间，基本解决 8000 万农村贫困人口的温饱问题。并明确要求：北京、天津、上海等大城市和广东、江苏、浙江、山东、辽宁、福建等沿海较发达的省，都要对口帮扶西部的一两个省、区发展经济。随着国家扶贫攻坚力度的空前加大，发达地区支援贫困地区的活动的深度和广度与日俱增。

1996 年 5 月，在广泛征求有关部门和省市意见的基础上，国务院扶贫开发领导小组在京召开了"全国扶贫协作工作会议"，做出了京、津、沪三个直辖市、沿海 6 个经济比较发达的省、4 个计划单列市分别对口帮扶西部 10 个省、自治区的帮扶安排。1996 年 7 月，国务院办公厅转发了《关于组织经济比较发达地区与经济欠发达地区开展扶贫协作的报告》，对扶贫协作的意义、形式、任务、要求等都作了具体部署。1996 年 10 月在《中共中央、国务院关于尽快解决农村贫困人口温饱问题的决定》中，进一步强调和部署了此项工作。至此，扶贫协作在全国 23 个省、市、区正式启动并蓬勃开展。从此，对口扶贫不再是自发的"民间活动"，而是政府行为，成为对口双方都需认真完成的政治任务。"东西部对口帮扶与合作发展战略"成为我国反贫困总体战略中一个重要组成部分。

这一阶段，国务院确定了东部发达地区 13 个省市对口帮扶西部 10 个省区。具体部署是：①对口省（区、市）的安排。确定由北京市与内蒙古自治区，天津市与甘肃省，上海市与云南省，广东省与广西壮族自治区，江苏省与陕西省，浙江省与四川省，山东省与新疆维吾尔自治区，辽宁省与青海省，福建省与宁夏回族自治区，大连、青岛、深圳、宁波市与贵州省，开展扶贫协作。②开展扶贫协作的主要内容。帮助贫困地区培训和引进人才，引进技术和资金，传递信息，沟通商品流通渠道，促进物资交流；开展经济技术合作，效益较好的企业，带动和帮助贫困地区生产同类产品的经济效益较差的企业发展生产；合理、有序地组织贫困地区的剩余劳动力到经济较发达地区就业；开展为贫困地区捐赠衣被、资金、药品、医疗器械、文化教育用品和其他生活用品的活动。③对口扶贫的产业支持政策。国家产业政策的制定和实施，对贫困地区给予支持；优先在中西部地区安排资源开发和基础设施建设项目，在资金上给予倾斜；到贫困地区兴办开发性企业，可使用当地的扶贫资金，进行联合开发；在"老、少、边、穷"地区新办的企业，可在前3年免征所得税；在利用外资、开展对外贸易和经济合作等方面，实行同等优先，重点支持，并适当放宽外商投资的领域；对协作物资和补偿产品放宽流向限制，对贫困地区大宗的货物运输要优先列入计划；贫困地区也应制定吸引外地投资的优惠政策，加快本地资源开发。④扶贫工作的组织协调政策。各级人民政府要切实加强对扶贫协作工作的领导，要确定一位领导同志负责这项工作，并明确具体承办部门。协作双方应每年召开一次联席会议，总结经验，协商解决有关问题。跨省、自治区、直辖市的扶贫协作工作，由国务院扶贫开发领导小组负责组织和协调。

国家把经济发达的省（区、市）力量动员起来，投入到扶贫工作中，在资金、人才、技术方面加强扶持力度，强调既要解决贫困地区基本需要问题，又要帮助贫困地区发展生产。值得关注的是，国家在产业发展、税收减免、利用外资等方面给予贫困地区优惠政策，以促进贫困地区经济发展，并提倡对口双方建立起必要的沟通机制，这些都是对以往的对口扶贫政策的完善和重要补充。

这一阶段，发达地区和西部民族地区在相互沟通了解、深入调查研究的基础上，就帮扶方式、帮扶目标、重点帮扶区域和领域、对口帮扶的机构及管理运行机制的建立等方面进行不断的探索和试点，确定相应的扶贫措施。具体帮扶措施，各个发达省市根据对口帮扶的西部地区的实际，按照因地制宜的原则确定，各有重点和特色，对口帮扶初见成效，加快了西部民族地区的脱贫致富进程，重点帮扶领域提前完成了解决温饱的目标。截至2000年年末，我国农村贫困人口减少了4791万人，贫困发生率下降到3.5%。

以上海对口帮扶云南为例

1997年，通过上海和云南两省市领导和相关部门的协商和深入调查，两省市领导共同签署了《上海—云南对口帮扶与经济社会协作"九五"计划纲要》。

明确了对口帮扶的指导方针：按照"开发式扶贫"和"优势互补、互惠互利、共同发展"的指导方针，依靠市场机制和政府推动、贯彻经济效益和社会效益并重、硬件建设与软件建设并举、对口帮扶与经济建设相结合、重点帮扶与面上帮扶相结合、近期帮扶与长期合作相结合的方针，携手并进，探索扶贫新模式，开创协作新局面。

确定了两个帮扶重点：由上海市重点帮扶思茅（后更名为普洱）、

红河、文山 3 地州 22 个贫困县，帮助当地尽快解决贫困人口的温饱问题；以昆明、玉溪、曲靖为经济协作重点区域，带动沪滇全面合作，促进经济共同繁荣。

提出了对口帮扶三大目标：一是对口帮扶目标，遵循"翌年基本解决温饱，两年巩固三年发展"的基本思路，帮助当地政府到 1999 年基本解决 3 个州市 245 万贫困人口的温饱问题，提前 1 年完成扶贫攻坚任务；二是经济协作目标，共同培育云南的支柱产业，形成一批拳头产品，促进云南产业结构升级，增强重点行业的经济协作，提升云南经济实力；三是社会发展合作目标，进一步加强科技、教育、文化、卫生等方面的合作与交流。

这一阶段对口帮扶的主要内容包括：贫困救助、农民增收、示范带动、人力资源开发、社会发展和经济协作等，但是以扶贫开发为重点。

截至 2000 年年末，上海共计实施援助项目 1758 项，投入无偿援助资金 2.82 亿元，捐赠衣被 5636 件，建设温饱示范村 401 个、安居 + 温饱型试点村 56 个，援建希望小学 182 所、一村一小 404 个、卫生所 449 个，资助云南失学儿童 1.33 万名，选派挂职干部、联络员 30 名、支教教师 60 名、青年志愿者 92 名，培训各类人才 12173 人次，优先安排到上海务工 5000 人次。截至 2000 年年末。3 个地州的贫困人口从 1995 年的 236 万人减少到 148.5 万人。

——资料来源：上海市对口云南帮扶协作领导小组办公室：《上海对口云南帮扶协作工作资料汇编（1996 年 1 月—2000 年 12 月）》。

第三阶段：扶贫开发与经济合作并重的对口帮扶平稳发展阶段（2001—2005 年）

2000 年年末，我国贫困标准在原来的绝对贫困标准基础上增加了一个低收入贫困标准，提高了贫困标准。当年，按照低收入标准 865 元，全国农村贫困人口有 9422 万人，贫困发生率 10.2%，其中农民人均纯收入在 625 元以下的绝对贫困人口为 3209 万人，贫困发生率为 3.4%；农民人均纯收入 625—865 元低收入人口有 6213 万人。同期，按照低收入标准 865 元，西部农村贫困人口有 5731 万人，贫困发生率是 20.6%，全国 60.8% 的农村贫困人口在西部，其中农民人均纯收入在 625 元以下的绝对贫困人口的比重和贫困发生率较高。

2001 年，国务院制定并颁布实施《中国农村扶贫开发纲要（2001—2010）》，"十年纲要"对此后 10 年全国的扶贫作了总体规划：扩大扶贫对象的范围，扶贫的目标从解决温饱提高到了进一步改善生产生活条件；把贫困人口相对集中的中西部少数民族地区、边疆地区和特困地区列为扶贫开发的重点区域，全国确定了 592 个国家扶贫开发工作重点县，其中西部 11 个省区（不含西藏）有 375 个国家扶贫开发工作重点县，占全国总数的 63.34%，仍然是扶贫开发的重点地区。纲要明确了此后 10 年的农村扶贫有三个重点：一是解决绝对贫困人口的温饱问题；二是不断增加贫困地区的农民收入，帮助初步解决温饱问题的贫困人口进一步改善生产和生活条件，巩固温饱成果，提高生活质量和综合素质；三是加强贫困乡村的基础设施建设，改善生态环境，逐步改变贫困地区社会、经济、文化的落后状态，为达到小康生活水平创造条件。扶贫措施以开展开发式扶贫为主，实行参与式扶贫。扶贫模式重点推进"一体两翼"（即整村推进，劳动力转移培训、产业扶贫）。

2003 年，党的十六大提出了全面建设小康社会的奋斗目标，并进一步指出：没有农村的稳定和全面进步，就不可能有整个社会的稳定和全面进步，没有农民的小康，就不可能有全国人民的小康。按照全面建设小康社会的指标要求，涉及经济发展、社会发展、人口素质、生活质量、民主法制、资源环境等六大类，是一个综合评价的指标体系。这就为西部民族地区的农村扶贫开发提出了更高的目标和要求，也对发达地区对口帮扶西部民族地区提出了更高的目标。

这一阶段，因重庆市独立设直辖市，2002 年，国务院重新确定了珠海市和厦门市对口帮扶重庆市，东部发达省市增加到了 15 个，对口帮扶的西部省市区增加到了 11 个。《中国农村扶贫开发纲要（2001—2010）》明确提出：对口帮扶工作要根据扶贫开发规划，进一步扩大协作规模，提高工作水平，增强帮扶力度。对口帮扶双方的政府要积极倡导和组织学校结对帮扶工作；鼓励和引导各种层次、不同形式的民间交流与合作。特别是要注意在互利互惠的基础上，推进企业间的相互合作和共同发展。东西对口帮扶的战略目标和帮扶政策措施都根据《中国农村扶贫开发纲要（2001—2010）》和十六大报告的新要求进行了调整和完善，主要表现在：一是对口帮扶战略目标转变到在解决西部民族地区农村贫困人口的温饱，改善贫困人口生产生活条件的基础上，争取实现全面建设小康社会的其他综合指标，与此同时，不断加大经济合作的深度和广度，促进发达地区和西部民族地区全面发展。二是对口帮扶的重点逐步转向对口帮扶与经济合作并重，并使对口帮扶和经济协作走向进一步深化。三是对口帮扶模式更加有效，在继续实施原来的帮扶模式的基础上，重点推进整村推进、产业扶贫、劳动力转移和培训、安居温饱村建设等。四是不断加大对口帮扶的资金投入，促使对口帮扶的广度和深度不断增加。经过发达地区和西部民族地区各省市区的共同努力，在这一阶段，发达地区与西部民族地区的合作领域更宽、层次更深，着眼也更长远，对口帮扶在缓解贫困、培育和发展支柱产业、提高劳动者素质等方面成效显著。

截至2005年年末，我国农村贫困人口减少了2990万人，贫困发生率从2000年的10.2%下降到6.8%。其中西部地区农村贫困人口减少了1926万人，占全国减贫人口的64.4%，西部地区贫困发生率从2000年的20.6%下降到13.3%，西部地区农村贫困人口占全国农村贫困人口的比重下降到59.2%，下降1.6个百分点。

以上海对口帮扶云南为例

2002年，根据《中国农村扶贫开发纲要（2001—2010）》和党的十六大报告的新要求，结合《云南农村扶贫开发纲要（2001—2010）》的目标和政策措施，上海与云南签订了《上海—云南对口帮扶与全面合作"十五"纲要》。

确定了"十五"期间对口帮扶的目标是：围绕全面建设小康社会的战略目标，以对口帮扶重点区域的贫困村和贫困人口为对象，解决和巩固贫困群众温饱，改善贫困人口生产生活条件与增加贫困人口经济收入、提高贫困人口素质。与此同时，不断扩大上海与云南的经济合作的广度和深度，促进上海社会各界与云南的全方位合作。

对口帮扶重点：逐渐从"以对口帮扶为主"，逐步转向了对口帮扶与经济合作并重，逐步形成了一套以教育帮扶、科技帮扶、小额信贷、劳务进沪、重点项目帮扶、社会捐赠为重点的帮扶解困体系，以及全面纵深方向的经济合作战略。

对口帮扶模式：重点推进了整村推进、产业培育、人力资源开发、小额信贷、教育帮扶、卫生帮扶等。

对口帮扶的措施：资金逐年增加，实施的范围在原来的3个地州的基础上增加了迪庆州的3个国家重点扶持县。

2001—2005年，沪滇对口帮扶合作项目上海共投入资金3.9亿多元，实施了以整村推进为主的对口帮扶项目2500个。支持帮助云南贫困地区基础设施建设，滚动发放小额信贷资金0.83亿元，使23个县71个乡镇29万多人受惠。大力支持云南贫困地区社会事业发展，投入资金1亿多元建立希望学校、光彩学校146所；投资0.28亿元在4个地州建立疾病防治中心和乡、村卫生所 264 个，帮助云南培训教师近 3 万人次。积极帮助云南转移富余劳动力，5 年间直接向上海输出劳务人员 9900 人次。

　　——资料来源：《云南省扶贫开发志（1984—2005）》，云南民族出版社 2007 年版，第 133 页。

第四阶段：对口帮扶向对口合作转变的全面发展阶段（2006—2010 年）

2005 年年末，我国农村贫困人口还有 6432 万人，其中西部地区有 3805 万人，占全国农村贫困人口的 59.2%。

党的十六大以来，党中央连续出台八个 1 号文件，实行"工业反哺农业、城市带动农村"和"多予、少取、放活"的方针，制定实施了一系列支农惠农强农政策，扶贫开发从主要依靠经济增长拉动和专项扶贫计划推动，转变为各行业、全社会和区域政策共同推动的"大扶贫"的工作格局，实行贫困人口的生存与发展并重的扶贫思路。党的十六届五中、六中全会，明确提出要建设社会主义新农村和构建社会主义和谐社会，并鼓励东部地区带动和帮助中西部地区发展，进一步要求扩大发达地区对欠发达地区和民族地区的对口援助。党的十七大进一步明确了"到 2020 年绝对贫困现象基本消除"的奋斗目标，对扶贫开发工作"一个加大、两个提高"的工作要求（即加大对革命老区、民族地区、边疆地区、贫困地区发展的扶持力度和提高扶贫开发水平、提高扶贫标准）。这为今后扶贫开发进一步指明了方向，带来了机遇，也提出了更高的要求。2008 年 10 月，党的十七届三中全会审议出台了《中共中央关于推进农村改革发展若干重大问题的决定》，第五部分明确提出："推进农村扶贫开发。搞好新阶段扶贫开发，对确保全体人民共享改革发展成果具有重大意义，必须作为长期历史任务持之以恒抓紧抓好。完善国家扶贫战略和政策体系，坚持开发扶贫方针，实现农村最低生活保障制度和扶贫开发政策有效衔接。实行新的扶贫标准，对农村低收入人口全面实施扶贫政策，把尽快稳定解决扶贫对象温饱并实现脱贫致富作为新阶段扶贫开发的首要任务。重点提高农村贫困人口自我发展能力，对没有劳动力或者劳动能力丧失的贫困人口实行社会救助。加大对革命老区、民族地区、边疆地区、贫困地区发展扶持力度。继续开展党政机关定点扶贫和东西扶贫协作，充分发挥企业、学校、科研院所、军队和社会各界在扶贫开发中的积极作用。加强贫困领域国际交流合作。"这使此后的扶贫开发在很多方面发生了转变，为此后更有效地实施扶贫开发提供了政策依据，主要表现在：一是扶贫的对象扩大。由以绝对贫困人口为主转变为对农村低收入人口全面实施扶贫；二是扶贫的目标提高。由以解决贫困人口温饱问题的"生存型扶贫"，转向以解决温饱为基础，提高贫困人口自我发展能力为目标的"发展型扶贫"；三是扶贫开发的定位提升、地位重要。以"大扶贫"的理念，提出了国家扶贫战略和政策体系，把扶贫开发纳入整个国家的发展战略和政策体系，并提出了扶贫开发与农村最低生活保障政策的衔接，更加注重政策的系统性、互补性。截至 2008 年年底，我国宣布上调扶贫标准，从2009 年起，实行农民人均纯收入 1196 元的新扶贫标准，把绝对贫困标准与低收入标准合二为一，取消对农村绝对贫困人口和低收入人口区别对待的政策，对农村低收入人口全面实施扶贫政策。2009 年实施的新扶贫标准，是在 2007 年 1067 元低收入标准的基础上，根据 2008 年度物价指数做出的最新调整。据国家统计局统计，2008 年我国在这个标准以下的扶贫对象为4007 万人，贫困发生率 4.2%。

2009 年，国务院扶贫领导小组颁布了《2009—2010 年东西扶贫协作工作指导意见》，明确提出，"把提高贫困人口自我发展能力和培植贫困地区主导产业作为重点，集中力量帮助'三个确保'贫困村完成整村推进，帮助特殊连片贫困地区解决发展中面临的一些瓶颈制约问题，帮助贫困群众解决生产生活中面临的一些突出困难问题，努力促进贫困地区经济、社会、文化、生态协调发展。"并进一步强调，政府援助是东西对口帮扶的重要基础，企业合作是东西扶贫协作的努力方向，社会帮扶是推动东西扶贫协作的重要力量，人力资源建设是东西扶贫协作的重要纽带。其中政府援助主要体现为财政援助，各省市区要结合西部省区市实际，按照"稳定基数，逐年增加"的原则，加大政府援助力度，科学对口支援；企业合作主要是采取政策引导、资金支持、舆论鼓励等多种方式，帮助东部地区企业到西部地区发展，通过企业合作推动产业转移，在实现东部企业继续发展的同时帮助带动西部贫困地区加快发展。

这一阶段，东部发达地区对口帮扶西部民族地区必须要与建设社会主义新农村和构建社会主义和谐社会有机结合，在帮扶目标、任务和政策措施等方面都必须根据中央对扶贫和对东西对口帮扶的新要求以及西部民族地区的扶贫开发中的新问题、新举措进行相应的调整和完善。一是对口帮扶的对象扩大，由以绝对贫困人口为主转变为对农村低收入人口全面实施帮扶；二是对口帮扶的目标提高，由以解决西部农村贫困人口温饱问题的"生存型帮扶"，转向以解决温饱为基础，提高贫困人口自我发展能力为目标的"发展型帮扶"；三是对口帮扶的定位提升、地位更加重要，被纳入"大扶贫"格局，成为国家扶贫战略和政策体系中重要的组成部分；四是随着西部大开发、桥头堡建设、兴边富民工程等的深入开展，东西经济合作更加深入和广泛，合作的机制不断完善，互惠互利的双赢局面正在形成；五是对口帮扶的相关管理制度不断得到规范和完善。这一阶段是对口帮扶的投入增长幅度较大、对口帮扶范围较广、帮扶成效较为显著的时期。

截至 2010 年年末，我国农村贫困人口减少了 3744 万人，贫困发生率从 2005 年的 6.8% 下降到 2.8%。其中西部地区农村贫困人口减少了 2056 万人，占全国减贫人口的 55%，西部地区贫困发生率从 2005 年的 13.3% 下降到 6.1%，西部地区农村贫困人口占全国农村贫困人口的比重上升到了 65.1%，农村贫困人口呈现进一步向西部民族地区集中的趋势。

以上海对口帮扶云南为例

沪滇对口帮扶与经济社会合作遵循有思路、有规划、有机制、有创新、有成效的"五有"机制，按照"民生为本、产业为重、发展为先"的原则，不断推进并取得长足发展。

两省市对口帮扶合作工作机制不断深化，帮扶范围不断拓宽，在原确定上海 14 个区 2 家大企业对口支援红河、文山、普洱、迪庆四州市 26 个贫困县的基础上，启动了上海对口帮扶云南人口较少民族的帮扶工作，双方组织、工业、民委、农业、卫生、科技、教育、人事、建设、环保、文化、民政、旅游、工商联、团委、妇联和科协等近 20 个部门建立了对口合作关系。

2006—2010 年 5 年间，共投入对口帮扶资金 10.13 亿元，比"十五"期间增加了 1.59 倍，年均投入达到了 2 亿多元。实施以整村推进为主的帮扶项目 1017 项，实施教育、卫生、文化等各类社会事业帮扶项目 1600 多项，使云南省 40 余万贫困人口实现脱贫，150 余万群众受益，双方企事业单位实施科技、经贸合作项目数百项。

——资料来源：根据云南省扶贫办提供的相关资料整理。

第五阶段：新时期"大扶贫"格局下的对口帮扶阶段（2011—2020 年）

2011 年，国家将农民人均纯收入 2300 元（约合 355.6 美元）作为新的扶贫标准，相较于 2009 年的年人均收入低于 1196 元的标准，新标准提高了 92%。按照新标准，我国贫困人口增加到 1.23 亿人，比 2010 年农民人均纯收入 1274 元以下的贫困标准的人数增加了 3.6 倍，贫困发生率达到了 12.7%，截至 2012 年年末，减少了 2339 万人，还有 9899 万人，贫困发生率是 10.2%。西部民族地区贫困人口也必将剧增。

2010 年，党的十七届五中全会提出"加大扶贫投入，采取多种方式，推进扶贫减贫取得更大进展"，进一步明确了新阶段扶贫开发的新要求。中央西部大开发工作会议提出"把南疆地区、青藏高原东缘地区、武陵山区、乌蒙山区、滇西边境山区、秦巴山—六盘山区等集中连片困难地区作为扶贫开发重点，加大扶贫开发力度"，对集中连片困难地区扶贫攻坚做出明确安排。2011 年，国务院制定并颁布实施《中国农村扶贫开发纲要（2011—2020）》（以下简称《新纲要》），新的国家扶贫战略和政策体系正在初步构建，对今后扶贫战略的任务、重点、步骤和措施都重新明确，并进一步完善政策体系。我国的扶贫开发工作进入一个新阶段。《新纲要》确定的新十年中国农村扶贫开发总体目标是：到 2020 年，稳定实现扶贫对象"两不愁、三保障"，就是不愁吃、不愁穿，保障其义务教育、基本医疗和住房。贫困地区农民人均纯收入增长幅度高于全国平均水平，基本公共服务主要领域指标接近全国平均水平，扭转发展差距扩大趋势。《新纲要》还确定了今后扶贫开发以连片特困地区作为主战场，以连片开发扶贫模式为重点进行。

新时期我国处于发展的关键时期，扶贫开发工作面临五大转变，即从完全依靠财政投入向财政投入和社会帮扶并举转变，从着力解决贫困人口温饱问题向更加注重产业开发转变，从分散式的扶贫向集中、连片开发转变，从单项工作向全面推进转变，从主要以扶贫部门为主向全社会帮扶转变。这个转变大大提升了东西对口帮扶在新时期扶贫开发中的地位。

2012 年，党的十八大报告强调指出，要在发展平衡性、协调性、可持续性明显增强的基础上，实现国内生产总值和城乡居民人均收入比 2010 年翻一番，收入分配差距缩小，扶贫对象大幅减少，确保到 2020 年实现全面建成小康社会宏伟目标。并进一步强调，必须更加自觉地把全面协调可持续作为深入贯彻落实科学发展观的基本要求，全面落实经济建设、政治建设、文化建设、社会建设、生态文明建设五位一体总体布局，促进现代化建设各方面相协调。必须更加自觉地把统筹兼顾作为深入贯彻落实科学发展观的根本方法，统筹城乡发展、区域发展、经济社会发展、人与自然和谐发展、国内外发展和对外开放，统筹各方面利益关系，充分调动各方面积极性。关于今后我国的扶贫开发工作，党的十八大报告指出："国家要加大对农村和中西部地区扶持力度，支持这些地区加快改革开放、增强发展能力、改善人民生活"，"采取对口支援等多种形式，加大对革命老区、民族地区、边疆地区、贫困地区扶持力度"。

新时期，《中国农村扶贫开发纲要（2011—2020）》将东西对口帮扶作为未来十年社会扶贫的重要内容，明确要求："东西扶贫协作双方要制定规划，在资金支持、产业发展、干部交流、人员培训以及劳动力转移就业等方面积极配合，发挥贫困地区自然资源和劳动力资源优势，做好对口帮扶工作。国家有关部门组织的行业对口帮扶，应与东西扶贫协作结对关系相衔接。积极推进东中部地区支援西藏、新疆经济社会发展，继续完善对口帮扶的制度和措施。各省（自治区、直辖市）要根据实际情况，在当地组织开展区域性结对帮扶工作。"以党的十八大精神和《中国农村扶贫开发纲要（2011—2020）》为依据，在"大扶贫"格局下，新时期东西对口帮扶作为扶贫开发和区域社会经济合作的重要组成部分，要树立帮扶与合作并重、扶贫脱困与全面加快发展并举的发展理念，东西对口帮扶的战略目标、帮扶重点和领域、帮扶方式和帮扶措施都将与时俱进，进一步发展和完善。"十二五"时期的东西对口帮扶，以片区开发扶贫为重点帮扶区域，以边远、少数民族为重点帮扶群体，加大了西部民族贫困地区农村的帮扶力度，投入资金大幅度上升，并逐步把对口帮扶从农村贫困人口扩大到城镇贫困群体，更加注重体制机制的建立和完善，更加注重扶贫开发与各领域全面合作相结合，更加注重东西对口帮扶与其他扶贫开发方式的协作共赢。东西对口帮扶将呈现帮扶与合作层次不断提高、帮扶与合作领域不断拓展、帮扶与合作深度不断加大、帮扶与合作的成效不断增强的良好局面，对口帮扶与对口合作将向更广泛更有成效的方向发展，形成发达地区与西部民族地区"互惠互利、共同发展"的双赢格局。

以上海对口帮扶云南为例

新时期，上海对口帮扶云南也取得了突破性的进展。2011—2012年，在《中国农村扶贫开发纲要（2011—2020年）》和中央扶贫工作会议精神的指导下，上海和云南两省市党委、政府把方向、抓关键、重实效，持续推动各领域、各层面的对口帮扶合作，实现了"十二五"沪滇合作的良好开局：两省市党政代表团成功互访，各层面互动交流更加密切和富有成果；倾斜民生的导向更加坚定，两年间上海安排援滇资金6.27亿元，实施帮扶合作项目660个，帮助解决当地群众关切的生产生活困难；路径选择更加科学，对文山、红河、普洱、迪庆等四州市26个重点县及独龙族的帮扶合作，与国家、云南省推进集中连片特困地区扶贫攻坚战略及相关片区发展规划相结合；教育、卫生、科技、文化、民政、侨务等领域合作不断深化，人才培训和智力扶贫更富实效。两年来，上海企业在滇投资额连续两年保持60%以上增幅，2012年投资项目 133 个，实际到位资金 76.1 亿元。

2013 年，上海和云南两省市党委、政府领导人签署了《上海市人民政府云南省人民政府关于加强沪滇对口帮扶合作携手参与中国面向西南开放重要桥头堡建设的合作协议》；按照新的区县对应关系，上海市14 个区县与云南省 26 个对口县签订了《关于深化区县对口帮扶合作的框架协议》；两省市 10 个部门签订了 2013 年度合作备忘录；云南省政府分别与复旦大学、上海交通大学、同济大学签订了合作框架协议。

　　——资料来源：根据云南省扶贫办提供的相关资料整理。

17 年来，东部发达地区对口帮扶西部民族地区的实践表明，加快东西对口帮扶与合作为东西各省区都带来了新的机遇：一是开拓了市场，扩大了内需。东西对口帮扶充分发挥了各地的比较优势，加快了西部民族地区脱贫致富的步伐，提高西部贫困地区的经济发展水平，促进西部地区农民增产、增收，创造了新的需求，开拓了新的市场；二是东部沿海一些率先对外开放的地区，这些年来急需化解劳动力成本、土地价格上涨的压力，一些产品、产业逐步向中西部梯次转移是一个客观趋势，东西对口帮扶与合作为东部发达地区的产业梯度转移提供了有利的条件和难得的机遇。因此，我国不断把东西对口帮扶与合作推向一个新的发展阶段，加快从政府行为、从一般性的无偿捐助向动员社会各方面、向各个领域尤其是经济技术领域的合作扩展，不仅是必要的，也是必要的。对口帮扶与合作的实践表明：这是一条逐步缩小东西部差距，达到优势互补、共同发展的重要途径，是我国实现扶贫攻坚规划目标的一项重要战略举措。

第 五 章

发达地区对口帮扶西部民族地区的实施现状

改革开放以来，中国实施差别发展战略，鼓励一部分区域条件好的地区先发展起来。实践证明，这一战略推动了中国经济的快速增长，特别是东部沿海地区发展更快。但差别发展不是目的，为实现国民经济的均衡、健康发展，加大扶贫开发力度，中国政府组织沿海先发展起来的地区对口支援内地贫困省、区。自1979年中央决定开展对口支援工作以来，一个多层次、多形式、多内容的对口支援活动全面展开。我国的东西对口帮扶虽然是从1979年就有探索和尝试，但是作为我国反贫困总体战略中一个重要组成部分，东西对口帮扶是从1994年我国实行大规模扶贫以后才开始的。因此本研究中以1996年以来的东西对口帮扶作为研究对象。

一 总体概述

引导区域经济协调发展，加强东西部地区互助合作，帮助贫困地区尽快解决群众温饱问题，逐步缩小地区之间的差距，是改革和发展的一项战略任务。经济较发达地区与经济欠发达地区开展扶贫协作，对于推动地区间的优势互补，推进社会生产力的解放和发展，加快贫困地区脱贫致富步伐，实现共同富裕，增强民族团结，维护国家的长治久安，都具有重要的意义。1996年以来，我国实施的东部发达地区对口帮扶西部民族地区的对口帮扶取得了长足的发展。

1996年5月，在广泛征求有关部门和省市意见的基础上，国务院扶贫开发领导小组在京召开了"全国扶贫协作工作会议"，以文件的形式明确了京、津、沪三个直辖市、沿海6个经济比较发达的省、4个计划单列市分别对口帮扶西部10个省、自治区的帮扶安排，具体是：北京帮内蒙古，天津帮甘肃，上海帮云南，广东帮广西，江苏帮陕西，浙江帮四川，山东帮新疆，辽宁帮青海，福建帮宁夏，深圳、青岛、大连、宁波帮贵州。2002年，因重庆市改为直辖市，国务院扶贫开发领导小组又安排了珠海市和厦门市对口帮扶重庆市。此后，东部各发达省市对口帮扶西部地区的对口关系一直延续至今。

截至2010年，东部发达地区对口帮扶西部地区的具体情况见表5-1。

表5-1　　　　　　　　1996—2010年东西对口帮扶的具体情况表

东西对口帮扶协作关系省区市	东部直接参加对口帮扶的区县和单位		西部重点受援县和群体	
	县（市、区）	单位	国定贫困县	其他
上海—云南	14	2个企业及与有关各部门	26	2个特困民族
北京—内蒙古	18	与有关各部门	18	
天津—甘肃	14	与有关各部门	13	
辽宁—青海	13	3个企业及与有关各部门	15	
江苏—陕西	53	5个企业与有关各部门	56	
浙江—四川	8个省辖市及省级有关部门等36个成员单位		12	
福建—宁夏	8	有关各部门	8	
山东—新疆	26	有关各部门	26	
广东—广西	18*	有关各部门	23	
大连、青岛、深圳、宁波—贵州	39	宁波12家市直部门、深圳5家企业及其他有关各部门	44	
珠海、厦门—重庆	珠海市和厦门3个县区*	有关各部门	6	
总计	269个县区和单位*	247		

资料来源：根据各省市区在全国东西扶贫协作十周年纪念座谈会上的《东西协作扶贫十年情况》交流材料整理。

说明：1. 广东东莞市是不设县的地级市，对口帮扶中东莞市是11个镇区，但也统计在东部参加对口帮扶的县（市、区）中。2. 珠海市没有实施县区对口帮扶模式，是由珠海直接对口帮扶重庆市3个贫困县，因此表中东部参加对口帮扶的县（市、区）数中只统计了厦门市的3个县（区）。3. 浙江省的8个省辖市及省级有关部门等36个成员单位放在了单位数内。

分析我国东西对口帮扶的实施，呈现出三个特点：

一是对口帮扶形式多样，覆盖面广。由表5-1可以看出，在东西对口帮扶中，共有9个省区6个单列市269个区县和单位以及各省区市、省辖市、区县的各相关部门都参加了帮扶工作，对口帮扶了西部民族地区的247个国家扶贫开发重点扶持县（以下简称国定贫困县）。其中，东部发达省区中有218个区县和单位（包括206个区县和宁波的12家市直部门）分别与西部贫困地区的227个国定贫困县签订了对口帮扶协议；浙江省的8个省辖市及省级有关部门等 36 个成员单位对口帮扶了四川省的 12 个国家级贫困县；深圳市的 5 家企业对口帮扶了贵州省的 5 个国家级贫困县；珠海市直接对口帮扶了重庆市的 3 个国家级贫困县。直接参加对口帮扶的区县和单位数最多的是江苏省，有 53 个区县、5 家企业，对口帮扶陕西省的 56 个国定贫困县；其次是 4 个计划单列市，有 39 个区县和 17 个单位对口帮扶贵州省的 44 个国定贫困县；然后是浙江省，有 8 个省辖市及省级有关部门等 36 个成员单位，帮扶四川的 12 个国定贫困县；参加扶贫区县最少的省份是福建省，只有 8 个，采取一对一的方式帮扶宁夏回族自治区的 8 个国定贫困县。

二是多领域、全方位对口帮扶，成效显著。东部发达省市与西部贫困地区结对开展扶贫协作，是国家为实现共同富裕目标做出的一项制度性安排。自 1996 年开始实施以来，东西对口帮扶创造了形式多样的帮扶模式，逐步形成了政府援助、企业合作、社会帮扶、人才支持为主的基本工作框架，帮扶力度越来越大，帮扶范围越来越广，成效显著。据初步统计，1996—2010 年，东部通过各种方式和渠道共向西部无偿援助资金 78.6 亿元，引导企业投资 6972.7 亿元，组织劳务输出 265 万人次[1]；实施了一大批包括学校、公路、水利、农田等在内的扶贫项目；派出了数以万计的扶贫挂职干部和各类专业技术人员及扶贫志愿者，支持西部培养了大量本土经营管理和技术人才，仅 2003 年到 2010 年 7 年间，东部到西部挂职的干部 2592 人次，西部到东部挂职的干部 3610 人次，培训专业技术人才 22.6 万人次[2]。为加快西部贫困地区减贫进程、推进西部大开发、促进区域协调发展、努力实现全体人民共享改革发展成果做出了重要贡献。

三是对口帮扶做到了"三个到位"，实现了"两个拓展"。东西对口帮扶工作发展到现在，已经成为一个系统庞大的网络，它不仅仅是一个发达地区各省区政府与西部各省区政府之间的对口帮扶工作，更是一个庞大的社会对口帮扶系统，也是目前我国最大、最复杂且很有效的扶贫开发与经济合作相结合的系统。总结东西对口帮扶 15 年的实践，东西对口帮扶做到了"三个到位"，实现了"两个拓展"。

"三个到位"：一是帮扶意识和工作态度到位。通过上面的分析不难发现：在对口帮扶的帮扶方式中，有的区县是对口帮扶多个国定贫困县，有的国定贫困县是由多个区县和单位帮扶。实践证明，几个区县和单位同时帮扶

---

[1]　范小建：《在全国东西扶贫协作工作座谈会上的讲话》，国务院扶贫开发领导小组办公室编《扶贫工作动态》2012 年第 2 期。

[2]　国务院新闻办公室：《中国农村扶贫开发的新进展》白皮书，2011 年 11 月 16 日。

一个国定贫困县，无论是投入资金力度还是帮扶措施都应该较其他方式集中，效果较好。一个区县和单位帮扶多个国定贫困县，虽然扶贫资源容易造成分散，但重视对口帮扶，扶贫投资力度非常大，效果也非常好。如广东省的广州市、东莞市对口帮扶广西壮族自治区的百色地区和河池地区，在异地安置、劳务输出、经贸合作和干部培训等扶贫项目上都取得了比较好的效果。所以帮扶效果的好坏关键在于态度和意识是否到位，只有态度和意识到位才能真正使对口帮扶落在实处。二是政策措施到位。一方面，在扶贫开发中，东部各省区各级政府在认真调查研究对口帮扶的西部民族地区的贫困问题，提出切实可行的新思路、新方法，创新帮扶模式的基础上，不断加大投入力度，落实对口帮扶项目；另一方面，在经济合作方面，东西部各省区以政府为主导，企业为主体，以科技交流合作和产业转移发展为重点，不断拓展合作领域，创新合作形式，促使经济合作落在实处。三是工作机制到位。目前，东西对口帮扶工作机制不断完善，东西各省市区建立和加强了高层互访机制、强化了联席会议机制，增强了工作计划性，各省区之间签订了"九五""十五""十一五"和"十二五"的对口帮扶规划或合作框架协议，不断完善了资金管理和使用、项目实施和监督、干部交流培训等制度。

"两个拓展"：一是东西扶贫协作已经由刚起步时东部单向帮扶西部，拓展为在对口帮扶框架下东西部双向互动、共同发展、实现共赢；二是由最初主要是政府间的援助行为拓展为各类市场主体的共同参与，再发展到包括各类社会团体、民间组织、爱心人士在内的社会各界多形式、宽领域的广泛参与[①]。

目前，东西对口帮扶呈现出力度不断加大、领域不断拓宽、机制不断创新、体系不断健全的良好势头。

二　不同阶段各省区市东西对口帮扶的实施情况

1996—2010 年 15 年间，各省市实施东西对口帮扶都经历了探索发展、稳定发展和全面发展阶段，帮扶思路、重点、模式以及政策措施等都在不断变化，创造了形式多样的帮扶模式，逐步形成了政府援助、企业合作、社会帮扶、人才支持为主的基本工作框架，帮扶力度越来越大，帮扶范围越来越

---

① 范小建：《在全国东西扶贫协作工作座谈会上的讲话》，国务院扶贫开发领导小组办公室编《扶贫工作动态》2012 年第 2 期。本部分资料来源：根据"全国东西扶贫协作十周年座谈会"各省市区交流材料整理。

广，成效非常显著。

（一）1996—2006 年各省区市对口帮扶的实施情况

1996—2006 年，各省区市实施的东西对口帮扶经历了探索发展和稳定发展阶段，各省区市确定了帮扶和合作的重点区域和领域，基本明确了各自的帮扶思路，创造了一批形式多样的帮扶模式，形成了一系列政策制度。至此，东西对口帮扶基本走上了制度化、规范化的稳定发展道路，东西对口协作关系从被动完成政治任务逐渐走向了主动实现区域协调发展，形成了我国独有的东西对口帮扶体系，促进了各地区的经济、社会、文化大融合。

总结分析这一阶段各省区实施东西对口帮扶的情况，主要表现为以下几点：

1. 帮扶目标从 2000 年以前的以扶贫开发为主逐渐向"十五"期间的扶贫开发与经济社会发展并重发展，帮扶方式从政府之间结对帮扶逐渐向区县、部门、行业、企业等多层次、多领域的帮扶发展。

1996 年，国务院确定了具体的东西对口帮扶安排后，东部各个省市主要以资金支援和结对帮扶为主要方式对口帮扶西部各省市区，以实现"八七扶贫攻坚"规划中确定的 2000 年我国基本解决贫困群众温饱问题为帮扶目标，大部分东部发达省区、市的区县和单位都与西部省区市的国定贫困县结成了对口帮扶关系（表 5 - 1）。

例如，北京市 18 个区县与内蒙古自治区 18 个国定贫困旗县结成对口帮扶关系，1997—1999 年 3 年中，北京市和各区县向内蒙古自治区及重点帮扶旗县捐赠帮扶资金和物资折款共计 1.23 亿元，实施了 456 个扶贫项目。

福建省的 5 市 8 县区与宁夏回族自治区的 8 个国定贫困县结成对口帮扶关系，1997—1999 年 3 年中，福建省每年拿出 1500 万元无偿支持宁夏开展扶贫攻坚工作，主要用于改善生产生活条件和加强教育文化的基础设施建设。

上海市 12 个区县与云南省思茅、红河、文山三个地州 22 个国定贫困县结成了对口帮扶关系，筛选了 159 个帮扶项目，与三个地州分别制定了 3 年内解决群众温饱责任书，3 年中无偿援助云南省 2.82 亿元，援助项目 1758 项，主要用于援建学校、卫生室、培训中心、建设温饱村示范村等方面，同时还派遣干部挂职、教师支教、志愿者帮扶、进行各类培训以及劳务输出等。

2001 年，《中国农村扶贫开发纲要（2001—2010）》明确提出，我国扶贫开发的目标从贫困人口解决温饱转变为解决贫困人口温饱，进一步改善低收入人口的生产生活条件，国家贫困标准分为绝对贫困标准和低收入标准，低收入人群稳定解决温饱、脱贫致富也成为扶贫开发的重要目标之一，同时对东西对口帮扶提出了扶贫开发与经济合作并重，加快西部地区扶贫进程与全面推进西部地区经济社会同步推进的要求。同期，国家实施了西部大开发战略，提出了要加快西部地区的发展，逐渐缩小东西发展差距的目标。国家在西部地区优先安排基础设施、生态环境和资源开发等建设项目，并不断加大西部地区的投入和财政转移支付力度，还对进入西部地区的企业提供了优惠的财税、土地等政策，为东部发达地区的企业与西部地区的企业进行经济技术交流与合作提供了难得的机遇。因此，2001 以后，东部各省区在继续做好扶贫开发的同时，更加积极引导、组织东部发达地区企业、社团以及各种组织到西部地区进行经济技术合作，不少东部发达省区与对口帮扶的西部省市区还开展了每年定期的各种洽谈会或经贸交流会，为东西部企业开展经济技术合作提供平台。与此同时，东部各发达省区还积极鼓励各行业、各部门、各企业与西部各省市区相关行业、部门和地区进行多领域协作，共同促进西部地区社会经济快速发展。

例如，北京市帮扶内蒙古，2000—2001 年，无偿支援帮扶资金和物资近亿元，继续实施对口帮扶项目的同时，以实施经济技术合作项目的形式，重点支持内蒙古开展科技开发和生态环境保护，在两地实施了经济技术合作项目 650 项，合作资金达 196.8 亿元，同时北京市出资 2000 万元帮助内蒙古建立了"科技开发资金"和"生态建设资金"。2002—2005 年，北京市以促进内蒙古"产业化、工业化、城镇化"为重点，开展全方位、多层次、宽领域的扶贫协作，截至 2005 年年末，北京市无偿援助资金累计达到 4.27 亿元（其中物资折价 2.57 亿元），经济技术合作项目 650 多项，投资 400 多亿元。同时，北京市 18 个县区中，有 326 个部门、街道、医院、学校、企业、乡镇、村，分别与内蒙古对口的 18 个贫困旗县的 600 个相应部门和单位结为帮扶对子。

福建省继续每年拿出 1500 万元无偿支持宁夏开展扶贫攻坚工作，同时，加大了科技交流与合作、干部交流和人才培训、企业经济合作、旅游和文化产业合作、劳务输出等方面的合作力度。2002 年福建在宁夏的各类企业达 120 多家，投资总额超过 10 亿元，累计创税超过 1 亿元，截止到 2005 年年末，福建省无偿援助资金累计达到 1.83 亿元，在宁夏经贸合作商户有 1000 多户，涉及 10 多个领域，投资总额达到了 60 亿元。福建省组织了 100 个学校与宁夏贫困县 100 个学校结成了对口帮扶对子。

广东省对口帮扶广西壮族自治区，截至 2005 年年末，累计投入 9.3 亿元，在易地安置、整村推进、教育卫生帮扶、劳务输出、干部培训交流等方面给予广西切实有效的帮扶的同时，还在两广经贸合作方面实现了新跨越，在资金、技术、信息、设备、人才培训、产品开发、产业转移、市场开发和营销等多方面开展了密切合作，实施经济技术合作项目 3078 项，实际投入资金 311.69 亿元，是经济合作投入最多的省。在经济合作快速发展的同时，广东省还组织工青妇等群众团体在农业、科技、教育、卫生、经贸等方面广泛参与对口帮扶。

　　大连、青岛、深圳、宁波对口帮扶贵州，在积极推进教育、卫生、贫困农村基础设施建设等扶贫开发项目实施的同时，还积极引导和联系当地企业参与贵州省的经济技术交流与合作。1996—2006 年，四个市共投入无偿资金 10 多亿元，经济合作项目 500 多项，协议资金 120 多亿元，项目涵盖工业、农业、商贸、旅游、文卫、房地产等多个领域。同时，青岛市各单位、各部门先后开展"巾帼扶贫""文化扶贫""科技扶贫""教育扶贫""卫生扶贫"等活动；宁波市经济部门、工商联、各行业协会积极发动企业参与对口帮扶贵州；深州市有 5 家企业对口帮扶了贵州 5 个贫困县。

　　2. 对口帮扶的实施从临时性工作计划逐渐走向了中期的较为规范的发展计划，对口帮扶资金的投入持续增加，从临时协商投入逐渐向按年度稳定投入的方向发展。

　　2000 年以前，东西对口帮扶处于启动、探索阶段，各个东部发达省市对如何帮扶西部地区各省市区没有完整的思路、没有中长期的规划，仅是以实现 2000 年以前基本解决贫困地区温饱问题为目标，比较正式的省区市以签署一份正式的会议纪要或下文件的方式确定双方对口帮扶目标、重点区域和项目及资金投入方式等内容，个别省市签订了合作计划。如 1996 年，上海市与云南省签署了《关于开展对口帮扶加强经济协作的会谈纪要》，1997年共同制订了《上海—云南对口帮扶与经济社会协作"九五"计划纲要》，上海市与云南省是最早制定对口帮扶计划的省市；广东省与广西省共同签署了《两广主要负责同志关于扶贫协作问题座谈纪要》。但有不少省区市只是进行互访交流后，以通知的形式进行确定对口帮扶的相关事项。由于东西对口帮扶的不规范，大部分东部发达省区对口帮扶的资金投入也是具有随机性的，主要由东部发达省区决定，只有个别发达省区实现了对西部省市区的稳定投入，如上海市"九五"期间每年无偿援助 1000 万元，云南省政府投入 1000 万元，帮扶 3 个州市 26 个县；福建省从 1997 年开始每年无偿援助 1500 万元对口帮扶宁夏回族自治区。

　　进入"九五"时期以后，东西部省市区在对口帮扶中逐渐探索出了适合各自的帮扶方式、模式，对如何利用好对口帮扶的契机，实现西部快速脱贫和加快发展，同时实现东西部互利互惠、共同富裕，有了一个较为清晰的思路。不少东西部省市区和实施对口帮扶的县市区政府逐步把东西对口帮扶纳入了双方政府的工作计划，共同制定双方对口帮扶的计划或签订合作协议，明确了不同时期东西对口帮扶的内容，并对东西对口帮扶的指导方针、主要原则、主要目标、基本任务、重点地区和重点领域、组织保证、资金筹措以及政策措施进行了规定，标志着东西对口帮扶开始走向制度化和规范化。如上海市与云南省2002年又共同制订了《上海—云南对口帮扶与全面合作"十五"计划纲要》；"十五"期间，北京与内蒙古签订了《扶贫协作和经济技术合作会议纪要》，并制订了《统筹帮扶资金管理办法》；两广2000—2004年先后签订了《2000年至2002年两广扶贫协作计划纲要》《广东省对口援助广西壮族自治区贫困地区教育协议》《关于全面加强两省区合作的协议》等文件；江苏省与陕西省2003年签订了《关于进一步加强对口协作的协议》；浙江省2004年先后下发了《关于进一步加强对口援助和国内合作交流工作的若干意见》《浙江省对口帮扶四川省贫困地区脱贫工作座谈会纪要》《浙江省2005—2007年对口帮扶四川贫困地区脱贫工作指导纲要》《浙江省"十一五"国内合作交流发展规划》等文件；天津市和甘肃省2003年签订了《关于进一步推进东西扶贫协作，加强全方位经济合作的会议纪要》，又相继制订了《2003—2007年天津市与甘肃省东西扶贫协作实施意见》，明确提出了"东扶西联"的工作思路，确定了天津14个区县与甘肃13个县结对帮扶，成为以后两省市开展东西协作的纲领性文件；重庆市与珠海市和厦门市制订了对口扶贫协作工作方案，签订了对口扶贫协作协议书。

　　随着东西对口帮扶逐步走向规范化和制度化，部分东部发达省市对西部各省市区的对口帮扶投入也逐步实现了稳定投入。如上海市大幅度加大了对云南省的扶持力度，2002—2005年年均投入达到9600多万元，2004年、2005年投入都在1.2亿元左右；北京市2002—2005年每年无偿援助2000万元帮扶内蒙古；天津市从2003年开始每年无偿援助1000万元帮扶甘肃；福建省继续每年无偿援助1500万元帮扶宁夏；广东省2000—2005年每年无偿援助2000万元帮扶广西。除了稳定的财政资金帮扶西部地区各省市区外，各个东部发达省市还积极动员各行业和社会各界捐款捐物对口帮扶西部各省市区，东部发达省区对口帮扶西部各省市区的资金不断增加，1996—2006年，东部发达省市对口帮扶西部各省市区的无偿援助资金累计达到52.41亿元，经济合作投资达1075亿元，极大地促进了西部各省区的经济、社会、文化的快速发展。

但各省市区投入非常不平衡。东部各发达省市对西部省市区无偿援助资金和物资折款合计最多的大连、青岛、深圳、宁波—贵州，累计达到10亿多元，最少的省市累计有1亿多元，相差了10倍。其中年均投入对口帮扶资金和物资折款最多的大连、青岛、深圳、宁波—贵州达到了1亿元，最少的天津—甘肃有1300万元，相差6.7倍；对口帮扶的西部国定贫困县，县均投入对口帮扶资金和物资折款最多的广东—广西达到4000万元，最少的天津—甘肃有1000万元，相差4倍。东部各发达省市对西部省市区累计投入的经济合作资金最多的北京—内蒙古是417亿元，最少的除了珠海、厦门—重庆是11.9亿元外（因珠海、厦门—重庆仅实施对口帮扶5年，其他省市都是实施了10年，不可比），是山东—新疆有19.02亿元，相差了21倍，详见表5－2。

表5－2　　　　1996—2006年东西对口帮扶东部各省市区投入情况　单位：个、亿元

对口帮扶关系	西部受援国定贫困县数	无偿资金投入及赠物折价	年均投入	县均投入	经济合作
上海—云南	26	8.5	0.85	0.33	19.65
北京—内蒙古	18	4.27	0.427	0.24	417
天津—甘肃	13	1.3	0.13	0.10	20
辽宁—青海	15	2.6	0.26	0.17	40
江苏—陕西	56	7	0.7	0.13	22
浙江—四川	12	3.79	0.379	0.32	33.8
福建—宁夏	8	1.83	0.183	0.23	60
山东—新疆	26	3.32	0.332	0.13	19.02
广东—广西	23	9.3	0.93	0.40	311.69
大连、青岛、深圳、宁波—贵州	44	10	1	0.23	120
珠海、厦门—重庆	6	1	0.2	0.17	11.9
合计	242	52.41	—	—	1075.06

资料来源：根据"全国东西扶贫协作十周年座谈会"各省市区交流材料整理，2006年12月。

说明：无偿资金投入及赠物折价包括无偿援助资金、社会捐赠款和捐赠物资折款。

3. 对口帮扶的重点领域逐步拓宽，帮扶模式不断创新发展。

2000年以前，东部发达省市对口帮扶西部各省区的重点领域主要是以农民增收、基础设施建设、卫生教育、干部交流培养等为主，帮扶模式是以救济救助、温饱示范村建设、卫生教育帮扶、基础设施建设等模式为主。"十五"时期，东西对口帮扶的重点领域不断拓展，逐步扩大到了科技帮

扶、经济技术交流合作、企业经贸合作等领域，对口帮扶与合作的领域不断拓宽，层次逐步提高，对口帮扶不断得到深化。同时，东西对口帮扶模式不断得到创新发展，涌现出了整村推进、产业开发、小额信贷、易地搬迁、人力资本开发、劳务输出、科技帮扶、企业合作、经济技术交流合作等多种帮扶模式，还出现了几种模式同时在同一个区域实施的综合帮扶模式。此外，有的东部发达省市还结合对口帮扶的西部省区市的实际情况创造了一些自己的模式，如上海帮扶云南的"安居＋温饱示范村建设"和"7＋8温饱示范村建设"模式，福建帮扶宁夏的"闽宁互学互助帮扶模式"，深圳帮扶贵州的"双改"项目模式（改善生产和生活条件），青岛帮扶贵州的"温饱示范村"模式，大连帮扶贵州的"四位一体"（养殖—沼气—改厕—种植）生态农业模式，宁波帮扶贵州的"两个千家万户"（项目覆盖千家万户，让全家万户脱贫致富）模式等。

4. 对口帮扶的管理体制和运行机制从无到有，逐步建立

1996—2006年，东部各省市与对口帮扶的西部各省市区都各自逐步建立了对口帮扶的组织管理机构，并在东西省市区都建立了组织领导机制、相互沟通联系机制、帮扶合作机制、联动参与机制等，并建立起了基本稳定的工作网络，为切实有效地实施东西对口帮扶提供了组织和制度保障。截至2006年年末，东西对口帮扶的各省市区之间都已经基本建立了每年1—2次的高层互访机制、联席会议机制，保障了东西各省市区之间能够及时沟通联系，在会上商定各阶段对口帮扶的政策思路，制订中长期对口帮扶的计划、实施方案以及各年度的工作方案等，是东西对口帮扶中最为关键的制度保障。

（二）2007—2011年各省区东西对口帮扶的进展情况

党的十六届五中、六中全会，明确提出"以解决人民群众最关心、最直接、最现实的利益问题为重点，着力发展社会事业、促进社会公平正义、建设和谐文化、完善社会管理、增强社会创造活力，走共同富裕道路，推进社会建设与经济建设、政治建设、文化建设协调发展"，并提出要建设社会主义新农村和构建社会主义和谐社会，使全体人民共享改革成果。民生问题被提到了前所未有的高度，在西部民族地区帮助贫困地区的贫困群众脱贫致富就是最重要、最急迫、最现实的民生问题。

"十一五"时期，国家提出了扶贫开发从主要依靠经济增长拉动和专项扶贫计划推动，转变为各行业、全社会和区域政策共同推动的"大扶贫"的工作格局，实行贫困人口的生存与发展并重的扶贫思路。党的十六届五中、六中全会明确提出，要求扩大发达地区对欠发达地区和民族地区的对口援

助，把对口帮扶与社会主义新农村建设、构建社会主义和谐相结合。党的十七大进一步明确了"到 2020 年绝对贫困现象基本消除"的奋斗目标，对扶贫开发工作提出"一个加大、两个提高"的工作要求（即加大对革命老区、民族地区、边疆地区、贫困地区发展的扶持力度和提高扶贫开发水平，提高扶贫标准）。

在此基础上，2007—2011 年，各省区市实施对口帮扶进入了全面发展阶段，东部各发达省市对口帮扶西部各省市区的无偿资金大幅度增长，对口帮扶与合作从以东部发达省市帮扶西部各省市区扶贫开发为主逐步转向以东西帮扶与经济、产业合作并重，东西对口帮扶正经历着从扶贫协作向承接产业转移和经济协作的转变，走出了一条优势互补、互利共赢的新路径。因此，2007—2011 年，各省市区东西对口帮扶的政策措施也相应进行了调整和变化，成效非常显著，具体情况见表 5 - 3。综合分析 2007—2011 年各省市区东西对口帮扶的进展情况，突出表现在以下几个方面：

1. 东部各省区对口帮扶西部各省区的无偿援助资金大幅度增长，尤其是东部省级财政援助资金保持持续增长势头

分析表 5 - 4 可知，2007—2011 年，东部各发达省区无偿援助西部各省市区的力度大幅度增加，其中少数民族聚居的省区增长幅度最大，东西对口帮扶在改善西部民族地区的民生方面的力度进一步增强。从年均投入水平看，发达省市年均投入无偿援助资金上亿元的有 3 个省市，分别是：上海援助云南无偿资金年均达到了 2.69 亿元，比 1996—2006 年期间年均投入增长了 2.98 倍，2007—2011 年五年合计达到 13.46 亿元，是无偿援助最多的省市；其次是广东援助广西，无偿资金年均达到 2.56 亿元，比 1996—2005 年期间年均投入增长了 2.09 倍，2006—2010 年五年合计达到 12.81 亿元；然后是福建援助宁夏，无偿资金年均达到 1.18 亿元，比 1996—2006 年期间年均投入增长了 3.02 倍，2007—2011 年五年合计达到 5.91 亿元。此外，其他东部发达省区年均投入无偿援助资金在 3500 万—8100 万元不等，增长幅度都在 0.4—2.1 倍。

从东部发达省区对口帮扶西部各省市区的国定贫困县每个县年均投入水平来看，如果按照东部发达省区无偿援助的资金每年平均投入对口帮扶的西部各省市区的国定贫困县计算，发达各省市中每个县年均投入无偿援助资金上千元的有 3 个省市，分别是：福建援助宁夏，每个县年均投入无偿资金 1500 万元，比 1996—2006 年期间年均投入增长了 3.02 倍，2007—2011 年五年合计达到 7500 万元，是县均无偿援助最多的省市。其次是广东援助广西，每个县年均投入无偿资金 1100 万元，比 1996—2005 年期间年均投入增

长了 2.09 倍，2006—2010 年五年合计达到 5500 亿元。然后是上海援助云南，每个县年均投入无偿资金 1000 万元，比 1996—2006 年期间年均投入增长了 2.98 倍，2007—2011 年五年合计达到 5000 万元。此外，其他东部发达省区每个贫困县年均投入无偿援助资金都在 100 万—600 万元，增长幅度都在 40% 以上。

从资金来源分析，主要是东部省级财政援助资金保持持续增长势头。仅 2010 年，东部省级财政援助资金比 2009 年增长近 18%。其中，上海向云南投入无偿帮扶资金 2.06 亿元，相当于当年中央扶贫资金分配给云南总量的 15%；大连、青岛、宁波、深圳四市 2010 年共向贵州提供政府援助资金 1.3 亿元，相当于当年中央扶贫资金分配给贵州总量的 9.7%[①]。

表 5 – 3 　　　2007—2011 年部分省市区东西对口帮扶无偿援助资金情况

单位：个、亿元、倍

对口帮扶关系	西部受援国定贫困县数	2007—2011 年				比 1996—2006 年增减幅度		
		无偿援助资金	年均投入	每县年均投入	经济合作	年均投入	每县年均投入	经济合作
上海—云南	26	13.46	2.69	0.10	73.35	2.98	2.98	2.73
北京—内蒙古	18	3.22 *	0.81	0.04	—	2.10	2.10	
辽宁—青海	15	2.01 *	0.40	0.03	—	0.55	0.55	
江苏—陕西	56	2.31	0.46	0.01	378	0.40	0.40	16.18
浙江—四川	12	3.8	0.76	0.06	57.2	1.53	1.53	0.69
福建—宁夏	8	5.91	1.18	0.15	540	3.02	3.02	8.00
山东—新疆	26	1.39 *	0.35	0.01	—	0.05	0.05	
广东—广西	23	12.81 *	2.56	0.11	2750.5	2.09	2.09	7.82
合计	184	44.91	8.98	—	3799.02	—	—	—

资料来源：上海帮扶云南省的情况是根据云南省扶贫办提供的资料整理计算；其余省市区对口帮扶的情况是根据国务院扶贫办"东西协作"相关信息以及网络上各媒体关于各省市区东西对口帮扶的报道整理计算（详细的资料来源见参考资料），数据不全，但可以反映出"十一五"时期各省市区对口帮扶援助资金的增长情况。

说明：1. 北京—内蒙古的数据是 2006—2009 年四年累计；2. 辽宁—青海的无偿援助资金包括了捐赠物资折款；3. 山东—新疆的数据是 2007—2010 年四年累计；4. 广东—广西的数据是 2006—2010 年五年累计。

---

① 范小建：《在全国东西扶贫协作工作座谈会上的讲话》，国务院扶贫开发领导小组办公室编《扶贫工作动态》2012 年第 2 期。

2. 东西部各省区市经济合作进一步深化，呈快速增长的趋势

2007 年以来，东部各发达省区充分利用各种"洽谈会""经贸交流会"，更加积极地组织和引导企业之间的经贸合作，加快了向西部各省市区的产业转移力度。西部各省市区进一步拓宽市场准入，支持东部各发达省区资本进入西部各省市区的基础设施、公用事业和金融服务等领域，参与西部的各种园区、经济区建设，推动东西经贸合作迈出实质性步伐。充分挖掘潜在的合作空间，重点加强东西部各省市区之间的企业合作、经贸交流、开放开发，实现由项目帮扶为主向经济协作、互惠互利为主转变。目前，东西对口省市区之间的经济技术合作已经逐步从由单一的技术转让、营销合作向以资产为纽带的并购重组、经济技术协作发展、全方位、多领域转变，东西对口经济合作呈快速增长的趋势。2007—2011 年，仅上海—云南、江苏—陕西、浙江—四川、福建—宁夏、广东—广西 10 个省市区之间的经贸合作的资金投入就达到了 3799 亿元，是 1996—2006 年期间 15 个发达省市与 11 个西部省市区的经济合作累计总额 1075 亿元的 3.53 倍（见表 5 - 3）。仅 2010 年西部地区新增协作企业 117 家，合作项目 3268 个，投资 717.9 亿元，税收 5063 万元。"十一五"广东与广西经贸合作实施项目 5724 个，实际投资 2750.47 亿元，两广经贸合作投资额在广西招商引资总额中占有较大的比重。

3. 东部各省区帮扶西部各省区进一步健全和完善了对口帮扶的工作机制，东西对口帮扶基本实现制度化和规范化

一是工作机制不断完善。高层互访机制进一步强化。北京和内蒙古双方高层领导共同研究制定《"十二五"京蒙对口帮扶合作框架协议》；江苏和陕西双方高层领导签署《加强两省能源和其他优势产业战略合作框架协议》和《进一步深化两省经济社会发展合作协议》。二是联席会议机制已经制度化。福建省与宁夏回族自治区两省区党政领导召开"闽宁互学互助对口扶贫协作第十五次联席会议"，签署《第十五次联席会议纪要》上海市与云南省两省市党政领导召开"座谈交流暨对口帮扶合作第十三次联席会议"，签署《第十三次联席会议纪要》。三是工作计划走向了规范化。一些结对关系省（区、市）陆续签署了正式文件，鲁渝双方出台了《关于推进扶贫协作工作的意见》和《关于做好山东·重庆东西扶贫协作工作的意见》；粤桂双方共同制定实施《"十二五"时期广东广西扶贫协作计划纲要》；辽青双方共同编制《辽青扶贫协作十二五规划》。

4. 人力资源开发仍然是东西对口帮扶的关键

2007—2011 年，上海与云南通过教育对口帮扶和干部双向挂职交流、

教师支教、青年志愿者接力扶贫，以及专业人才培训、农村劳动力培训输出等，形成了双方多层次、多渠道、多形式的人力资源开发合作，双方不断深化培训合作，上海选派干部60人，同时分阶段有步骤地推进云南省经济社会发展中急需、紧缺、高层次人才的培养，培训党政、经济、教育、卫生、农业等领域专业人员近30万人次，为帮扶地区实现可持续发展、增强贫困群众自我发展能力提供了有力的人才智力资源保障。广东与广西的培训交流更加广泛。广东省帮助广西壮族自治区举办各类培训班69期，培训学员2056人（次）；广州市还培训百色市干部156人。广东省共组织150名干部到广西挂职，广西也派出47名干部到广东挂职学习。辽宁帮扶青海，不断推进各类教育、专业技术人才交流培养、党政干部培训、劳动技能和职业培训等项目的实施。2010年，国务院扶贫办在深圳市和辽宁省新设两个东西扶贫协作人力资源建设基地。深圳市携创技工学校从贵州、甘肃贫困家庭子女招生1180名，采取定向招生、免费培训、顶岗实习、定向就业的方式，实现了扶贫协作双方的互惠共赢，是扶贫协作人力资源建设的创新。辽宁省转移就业职业培训学校专门承担辽宁省东西扶贫协作及对口支援的青海省、新疆等地的培训工作任务，主要招收受援地区的青壮年劳动力、农村致富带头人、农业技术人员和基层扶贫干部。宁波职业技术学院和深圳经理学院也继续按照工作要求，以劳动力转移培训和贫困地区扶贫干部培训为工作重点，积极承担了贫困地区干部和劳动力就业技能培训任务。

5. 社会各界帮扶力度不断加大，已经成为东西对口帮扶的重要帮扶模式

2010年社会捐款额度比2009年增加了1.75亿元，增幅达到3.34倍。"4·14"青海玉树地震、"8·7"甘肃舟曲泥石流等重大自然灾害发生后，作为与青海、甘肃东西扶贫协作省市的辽宁省和天津市迅速行动，辽宁省委省政府第一时间捐款5500万元，全省各行业广大干部群众纷纷捐款捐物达2.05亿元；天津市各界为支援舟曲捐款近2000万元。

（三）新时期我国东西对口帮扶政策的变化

2010年以后，国务院对东西对口帮扶进行了部分调整（见表5-4），主要有：一是新疆维吾尔自治区由原来的山东省对口帮扶帮扶变为由国家专门安排，目前有上海、广东、山东等19个省市帮扶新疆；二是山东省对口帮扶重庆市，确定了由山东省14个地级市与重庆14个国家扶贫开发重点县建立结对扶贫协作关系。2010年12月鲁渝扶贫协作工作全面启动以来，主要内容包括政府援助、经贸合作、人才交流等。同时广东省也在

经济技术合作方面共同帮扶重庆市。三是天津市对口帮扶甘肃省、浙江省对口帮扶四川省在新时期的重点帮扶地区全部是藏区。在《天津市人民政府与甘肃省人民政府新阶段东西扶贫协作和深化合作框架协议（2012—2020）》中，天津明确提出对口支援甘肃资金由每年2000万元增加到每年6000万元，增幅200%，并以每年8%的比例递增，资金的80%集中支持藏区。同时国家进一步加大了对甘肃省的帮扶力度，除了天津市继续对口帮扶甘肃外，还安排了深圳市和厦门市对口帮扶甘肃省的少数民族聚居区。此外，其他还有部分东西对口帮扶的省市区及重点帮扶区域也有所调整。从上述分析可见，新时期东西对口帮扶的重点主要是片区扶贫开发的重点地区，尤其加大了对少数民族地区、藏区、边远贫困地区和特殊贫困群体的帮扶力度。

表5-4　　　　　　　　2010—2012年东西对口帮扶的部分调整情况

东西对口帮扶协作关系省区市	部分调整情况
山东—重庆	山东由原来的帮扶新疆，调整为山东14个区县对口帮扶重庆14个国家重点扶持县
广东—重庆	以全方位的经济合作为主，兼顾对口帮扶，没有具体的对口帮扶县
新疆	现由国家专项安排，有上海、广东、山东等19个援疆省市对口帮扶
北京—内蒙古	由原来的帮扶8个盟市的18个旗县调整为重点帮扶乌兰察布市和赤峰市各8个旗（县、市）
天津、厦门、深圳—甘肃	厦门对口帮扶临夏回族自治州8个县市区
	天津对口帮扶甘肃9个藏区市县
	深圳将努力与甘肃省开展更高层次、更广领域、更高水平的合作。双方同意在新能源、新材料、装备制造、金融服务、文化旅游、生物医药、特色农业等领域加强经贸合作
浙江—四川	在继续开展浙江与四川广元、南充2市12县经贸合作的基础上，重点开展对四川省32个藏区县的扶贫协作和经济协作，做好甘孜、阿坝、凉山3州藏区的扶贫开发和经济发展
广东省珠海市—四川省凉山彝族自治州	是州市一级的对口帮扶，没有安排到县。凉山州有17个县，其中11个国家重点扶持县

资料来源：根据国务院扶贫网上的"东西协作"中的信息整理。

表5—5　1996—2006年各省区市东西对口帮扶实施情况

东西对口帮扶关系	帮扶方式	帮扶措施	帮扶模式	重点帮扶领域	帮扶项目效益
上海—云南	政府主导,社会参与,进村到户一对一帮扶,县级一对一帮扶,层层对子与社会各界参与相结合	项目和资金向贫困村倾斜,编制分阶段帮扶计划,健全帮扶机构和工作网络,整合资金,突出重点,层层对子与社会各界"九五"期间,云南每年配套1000万元,每年配套1000万元扶贫开发	以温饱示范村整村推进为重点,劳务输出,产业扶贫,小额信贷,教育卫生支援,企业支援,干部交流,培训并举	扶持特色种养业;改善生产生活、教育卫生的基础设施;劳务输出;引进技术;人才培养;社会经济技术交流等	援建以解决温饱为主的帮扶项目2675个,其中进式温饱村1240个,白玉兰等社会事业帮扶合作项目2310个;实施教育、卫生、文化、卫生等,援建学校198所,援建学校等各类社会事业对口帮扶276个,白玉兰重点村科技乡村333个还有地区社会事业对口帮扶,疾病控制中心等,远程教育网店建立了100所中小学对口帮扶,支教560名,累计资助贫困学生2.3万人;培训各类16.2万人次,累计资助学生1.9万名;输出劳务1.9万人次,志愿者710人次,干部选派干部77人;累计安置温饱安居,救济次民及困难群众2441万人次,对口帮扶使受灾群众2.3万人;救助安置温饱安居,辐射周边80多万人脱贫,150多万人援地38万人实现温饱安居,辐射周边各类经济合作项目625项,涉及技术改善就医、上学条件,实施各类经济合作,科技,环保,旅游,服务业等开发,贸易转移等
北京—内蒙古	党政积极推动,部门协调引导,行业、企业参与,县级一对一帮扶,层层结对子与社会各界协作结合	从政府层面无偿支援与组织引导企业开展经贸合作两方面入手,整合力量,政府主导,突出重点实现突破,2002—2005年,每年无偿援助2000万元	整村推进;劳务输出与产业扶贫;科教文卫支援;干部交流培训,经济合作	扶持种养业;修路、灌溉开等基础设施,人畜饮水等;教育卫生文教基础设施建设;物资援助;人才培养,社会救助	实施扶贫帮扶项目1000多项,实施整村推进20个,扶牧业龙头企业,农牧业科技、网络建设等领域技术援助;援建各类公路798公里路;培训各类人员1万多人次,援建学校97所,开展"姊妹学校"活动;开展医疗卫生技术合作项目200多项,培训各类100所"姊妹学校"近百万农牧民基本解决温饱,向北京市有组织输出农民劳动力近20万人。18个旗县农民人均纯收入增长了200元,12个旗县实现教育的"两基"达标,实施积极技术合作项目650多项,协议投资620多亿元,已经完成投资417亿元,在建项目投资208亿元
天津—甘肃	集中力量,突出重点,县级、行业建立对口帮扶关系,企业协作	项目和资金向最贫困群众倾斜,2003年以后财政每年援助1000万元;以改善生产生活条件为基础,加大产业培育、劳动力培训转移,促进经贸合作	整村推进与新农村建设相结合;加强基础设施建设开发、劳务培训转移	扶持特色农产业;加强基础设施建设;教育、卫生的基础设施援建、物资援助;人才培养;社会救助	实施帮扶项目200多个,整村推进20个左右,有的村支柱产业人均收入1000元左右,占农民人均纯收入的71%;新修梯田10万多亩、建同水窖1000多个,为1.5万户、3.4万多人解决人畜饮水问题;新建修缮学校127所,卫生所200个,支教220人,培训各类人才3505人,干部交流180人,劳务输出2.3万人次,经济合作项目40个,合作金额20亿元,捐赠了大量各类物资

续表

东西对口帮扶关系	帮扶方式	帮扶措施	帮扶模式	重点帮扶领域	帮扶项目效益
辽宁—青海	政府主导，县级和行业之间建立对口帮扶协作关系，企业协作	以项目帮扶为龙头，加大基础设施建设；以行业对口帮扶为主，实施社会帮扶	实施整村推进；加强技能培训和扶持产业化龙头企业；科教文卫支援、干部交流培训，经济合作	扶持特色产业；基础设施；技能培训；人才援助；社会经济技术合作	实施帮扶项目710个，实施整村推进12个，1519户，7000人受惠；实施技术培训5258人，扶持龙头企业11家，实施基础设施建设，解决了400户牧民的安居问题；900多户3800余人行路难、1.7万人和1万头人畜饮水、203户贫困牧民的安居用水，援建学校28所，乡卫生院15所，卫生室生院68所，无偿代培学生2000余名，培训各类人才337名，劳动力转移培训4000多名，合计解决101.4万贫困人口温饱。企业经济合作项目150个，合作金额40亿元
江苏—陕西	政府主导，县级和行业之间建立对口帮扶协作关系，企业协作	以扶贫开发为龙头，改善贫困地区生产生活条件；以干部培训为重点，提升扶贫协作；以智力扶贫和社会救助为切入点，带动贫困地区社会全面发展；以企业为主实施经济技术合作	整村推进，劳务输出，产业扶贫，教育卫生支援，社会救助，干部交流，企业协作	基础设施；教育、卫生扶贫；劳务输出；人才培养	实施扶贫项目1940项，实施整村推进，培育高产生态农业，解决了近40余万人的人畜饮水问题，修建道路800多公里，新建、改扩建各类学校500余所，捐赠各类数学器材、计算机、图书、学习用具等，资助6300余名学生返校，交流干部1600余人，培训各类人才4万余人次，教师1.3万余名，累计向江苏输出劳务5.2万多人次，劳务收入3.5亿元。实施各类挂钩协作项目1940个，联办企业近600个，实际投资130亿元
浙江—四川	8个辖市及省级有关部门等36个成员单位协作，经济合作以企业参与为主	从政府层面无偿支援与开展经贸合作两方面入手，整合力量，政府主导，不断创新，逐步完善组织领导，推进实施，帮扶合作和联动参与四项机制	劳务输出；产业扶贫；教育卫生支援，微型水利，企业协作，干部交流培训	援建学校，医院，道路，越温型示范村，微型水池，效益农业，劳务培训，社会救助，干部交流等	援建越温示范村209个，扶贫新村101所，微水池6.6万个，公路925公里，学校233所，乡镇卫生院"1+1"结对助学2.7万人，干部交流767批次，向四川劳动力近4万人。经济合作项目463个，协议投资62亿元，已经实际投资33.8亿元

续表

东西对口帮扶关系	帮扶方式	帮扶措施	帮扶模式	重点帮扶领域	帮扶项目效益
福建—宁夏	党政积极推动，部门协调引导，行业、企业参与，县级一对一帮扶，层层结对子与社会各界参与相结合	加强领导，建立健全相关机制；转变观念，强化科技；整合资源，突出重点，优势互补，加强县县合作；1997—2005年，每年无偿援助1500万元	整村推进，劳务输出，产业扶贫，科技帮扶，教育卫生支援，社会救助，干部交流，企业合作，创造了闽宁互学互助模式	人力资本开发，劳务输出培训，产业，基础设施建设，技术引进和创新，教育卫生援助，干部交流，经贸合作	建成高标准农田21万亩，打井窖1.5万眼，人工种草40万亩，人工种树30万亩，搬迁移民1400户（只），7000人，发展各类特色种植养殖业近4万人，建成了一批有规模的种养特色基地，辐射15万贫困人口；建设温饱示范村90个；修建了一批水利水保工程，完善了农业实用新技术，带动了脱贫致富，实现了山区农民人均2亩多的基本农田。推广了一批农村电网、道路、广播电视、饮水工程，向福建输出劳务3万多人，每年劳务收入1.5亿元；新建扩建学校135所，培训教室6000多间，每年帮助3.4万名儿童和大学生返校，志愿者759人，建卫生院282所，派遣援助技术人员，教师，培训骨干人才1645人。经贸合作商户有1000多户，涉及10多个领域。加快了扶贫进程和工业化、城市化的步伐
山东—新疆	政府主导，县级和行业之间建立对口帮扶协作关系，企业合作	以干部援疆为龙头，促进经济、科技、文化全方位对口帮扶。干部挂职，人才交流，科技推广，项目合作等	新农村建设，创产业开发工程，办示范工程，人才培养，科技培训，干部交流援疆助学	建设基础设施，培育龙头支柱产业，发展支柱产业，人才培养，干部交流，建校助学	实施新农村建设72个，开发基本农田80多万亩，培训干部980余名，培训各类技术青干1.2万余人次，输出各类技术400余项，援建学校148所，输出志愿者1100多人。经贸合作项目570余个，援疆教师，医务人员
广东—广西	集中力量，突出重点，政府主导，县级和行业之间建立对口帮扶协作关系，企业协作	2000—2002年，每年支持扶贫资金2000万元；组织动员全社会参与对口帮扶	易地安置，整村推进，经贸协作，教育帮扶，劳务输出，干部培训和交流	易地安置；产业开发与技术培训；教育；劳务培训；干部交流转移；经贸合作	易地安置贫困群众8万人；实施整村推进20多个；援建学校874所，援助贫困生1.95万人，援建卫生院所12所，援建公路2576.7公里，解决10.4万人，11.36万头大牲畜饮水同题；设立帮扶助学基金1亿元，支教268人，落实对学校125所，培训教学骨干和校长800名，帮助7万名中小学生完成学业；培训干部4037人，干部交流354人，向广东有组织劳动输出115.35万人，劳务收入311.69亿元。实施经贸合作项目3078项，实际投资311.69亿元

续表

东西对口帮扶关系	帮扶方式	帮扶措施	帮扶模式	重点帮扶领域	帮扶项目效益
大连、青岛、深圳、宁波—贵州	政府推动,行业帮扶、企业协作,县级和行业部门层层对口挂钩,企业参与	多渠道筹集资金,不断加大资人投入和帮扶力度;突出重点,县级对口挂钩制,构建工作网络	深圳的"双项目,改"、青岛的"温饱村"示范模式,大连的"四位一体"农业模式,宁波实施"两个千家万户"模式	扶持特色农产业;基础设施建设;科技帮扶;劳务输出;教育、卫生的帮扶;人才培养;干部交流;社会救助;企业合作	新建、扩建学校830所,改善了办学条件;新建、扩建医院(卫生院)294所,解决了一批贫困农户就医难问题;资助7.25万名失学儿童和特困生入学;新建基本农田14.11万亩,解决了43.3万人、29.6万头牲畜的饮水问题;新建乡村公路2189.2公里,解决100多个村通电问题;协助解决2000多户特困农户移民搬迁,建立一批社会发展基金、乡镇企业发展奖励基金、教育救灾扶贫基金等,捐赠物资累计救济2000多万元;有组织劳务输出15万人,劳务收入7亿多元,志愿者300多名。经济合作项务挂职127名,支教200多名;干部培训各类人才3.6万人,目500多项,协议资金120多亿元,项目涵盖多个领域
珠海—重庆	市政府主导,行业对口协作援助,社会各界积极参与帮扶,企业参与	经济扶贫与科技扶贫、卫生扶贫助并举	教育、卫生、劳动、旅游四项帮扶工程为主,"五个一万"社会帮扶工程,整村推进,干部交流培训	改善交通、卫生基础设施,社会救助,企业合作,干部培训	改建学校47所,卫生院31所,覆盖大部分乡镇,解决了3.15万名中小学生入学就读问题,70多万农民群众看病难问题;修建桥梁15座,根本上改变了17万群众行路难问题,修建个人畜饮水工程15座,开展整村推进,向珠海输出劳动力1.2万人,救助了1.8万户贫困户,1.9万名贫困儿童返校。干部培训1200多人,选派干部5名
厦门—重庆	政府推动,行业帮扶,企业县级一对一帮扶,行业对口帮扶,企业参与	把对口帮扶纳入法制化,双方各级政府、行业之间鉴订协议书,以项目开发带动经济发展	整村推进,产业帮扶、劳务输出;智力扶贫、卫生扶贫,企业协作,干部交流培训	改善交通、教育、卫生基础设施,社会救助,引入流人培训,企业合作,促进经济技术协作	帮扶项目89个,其中援建乡村道路、桥梁、学校、卫生院、支持农业产业发展等项目71项,改善了当地群众的生产生活条件,选派干部180多名,选订项目6项。经济合作11名。

资料来源:根据"全国东西扶贫协作十周年座谈会""各省市区交流材料整理,2006年12月。

表 5－6　2007—2011 年部分省市区东西对口帮扶进展情况

对口帮扶关系	政策措施	对口帮扶效益
上海—云南	一是帮扶措施由温饱示范村向整村推进、整乡推进和片区开发转变,成为了新农村建设的引领工程。二是帮扶对象由帮扶重点地区向瞄准对象、加大特困群体扶持,帮助较少民族发展转变,促进了民族团结进步。三是社会事业帮扶由援建希望学校向教育、卫生、医疗、人力资源开发等全方位帮扶转变,为云南实现跨越发展提供人才和技术支持。四是经济技术合作由单一的技术转让、营销合作向以资产为纽带的并购重组,经济技术协作发展,全方位、多领域城转变,为推动桥头堡建设发挥了积极的作用	2007—2011 年,上海在云南投入帮扶资金 13.46 亿元,实施以解决温饱,实施教育、卫生、文化、科技等为主的帮扶项目约 1000 个,实施各类帮扶项目约 1300 个;覆盖全省滇西才约 30 万人次,选派干部 60 人,干部培训 265 人,解决了云南边境山区、石漠化地区和迪庆藏区 26 个县 33 个乡镇,150 余万群众受益,有效促进 40 余万贫困人口的基本温饱问题。实施各类经济合作项目约 400 项,涉及技术开发、贸易转移、科技、环保、旅游、服务业等
北京—内蒙古	签订了《"十一五"时期北京·内蒙古对口帮扶与合作框架协议》,形成了一整套帮扶协作的工作机制。重点支持内蒙古贫困地区基础设施建设、生态环境保护、医疗卫生和教育等事业发展,特色产业开发和劳动力转移培训。北京市将继续推进各区县对口帮扶内蒙古贫困旗县工作,并动员全市有关部门和社会各界继续帮扶内蒙古贫困地区的发展。双方本着"平等合作、优势互补、互惠互利、共同发展"的原则,积极推进两地全面经济技术合作深入开展	2006—2009 年,北京市共向内蒙古贫困地区无偿援助资金 3.22 亿元,物资 2.53 亿元,与内蒙古自有资金整合捆绑实施了近千个水利、农田、公路,学校等扶贫开发项目,解决了近百万贫困人口的温饱问题,和谐稳定内蒙古繁荣发展,为促进内蒙古繁荣发展,和谐稳定做出了重要贡献
天津—甘肃	签署了《天津市人民政府与甘肃省人民政府新阶段东西部扶贫协作和深化合作的战略合作协议(2012—2020)》,不断密切与西部地区的战略合作关系,逐步形成了资金支援、产业支援、干部支援、智力支援的对口支援新路子。将在已有的基础上,加大对口支援力度,进一步改善民计民生,加强产业合作,完善基础设施,发展社会事业,推动津甘交流合作见到更大成效,实现优势互补,共同发展。2006 年开始每年无偿援助 1500 万元	

续表

对口帮扶关系	政策措施	对口帮扶效益
辽宁—青海	一是加强对帮扶市（企业）的联系协调，落实年度帮扶资金，重点用于保障和改善民生的项目；二是在科技人力资源支援上，推进各类教育、专业技术人才交流培养、党政干部培训，劳动技能和职业培训等项目的实施；三是在产业支援项目（企业）合作上，充分利用每年辽宁省各援助市（企业）参加"青洽会"等机会，加大项目推介和招商引资力度，吸引辽方资金、技术、管理等要素与资源和政策优势相结合；四是青海省不断改进工作方法，健全完善工作机制	2007—2011年，与青海省对口的辽宁省已无偿援助各类扶贫资金和物资达2.01亿元，实施了基础设施建设、培训转移、产业化扶贫等帮扶项目800多个，有力促进了青海省贫困地区经济社会的发展，加快了贫困群众脱贫致富的进程。自首届"青洽会"以来，辽宁与青海省签订各类经济技术合作项目100多项，签约金额40多亿元，涉及商贸交流、工程建设等多领域
江苏—陕西	签署了《关于进一步深化两省经济社会发展合作协议》，这标志着双方的全方位合作正在得到进一步深化。江苏将本着"政府推动、市场运作、优势互补、合作共赢"的原则，多层次地推进双方实质性合作的各项内容，继续全方位、宽领域、多渠道共同繁荣和社会共赢地推进两省经济从扶贫协作向承接产业转移和经济协作的转变。陕西两省合作正经历着产业合作正经历正经历着一条互利共赢的新路径已经铺就。在产业转移、经贸合作、能源开发利用、交通基础设施建设、科教交流及生态环保等方面，进一步加强战略合作	2007—2011年，江苏省向陕西贫困地区投入无偿援助资金1.56亿元；社会捐赠物资折价2290.8万元；实施扶贫援建项目672个，改造基本农田，修建道路、人畜饮水工程、新建和改扩建各类学校，资助贫困学生。江苏已有近4000家企业来陕发展，总投资额400亿元
浙江—四川	稳步推进对口支援工作。重点实施浙川新村扶贫、浙川浙渝扶贫协作、浙川浙渝扶贫培训三项工程，促进对口支援地区经济社会稳步发展	2007—2011年，浙江省共向四川广元、南充地区无偿援助资金3亿元，建扶贫新村113个，使28万贫困农民直接受益，人均收入提高500—1000元。此外，还达成经济合作项目到位资金57.2亿元，累计解决当地6万余人就业问题

续表

对口帮扶关系	政策措施	对口帮扶效益
福建—宁夏	政策重点:一是不断完善两省扶贫协作机制,拓宽经济合作的领域和范围,实现两省区扶贫协作的共赢。深化产业合作,领域拓展、人才交流等方面加大与宁夏产业对接,把两省区优势资源进一步结合起来。二是携手开拓国内外市场,充分发挥闽省区优势的优势,尤其向基层、向困难群众倾斜。三是进一步加大人才交流,尤其是工程技术人员,宁夏协作的优势。四是进一步加大人员、工程技术人员、农业专业技术人员这个对口协作用是医生、工程技术人员,农业专业技术人员这个对口协作进一步做好 重点措施:重点支持贫困地区发展以特色种养为主的设施农业、旱作节水农业和生态农业,加快福建生态移民示范园区、固原闽宁产业园区和六盘山生态创业园建设,吸引更多福建企业到宁夏开发能源、化工、医药、旅游及农副产品加工等优势资源。进一步拓宽市场准入,支持闽台资本进入宁夏基础设施、公用事业和金融服务等领域。参与宁夏沿黄经济区、"陕甘宁""呼包银"经济合作区建设,推动闽宁合作迈出实质性步伐。充分挖掘潜在协作空间,重点加强闽宁两省区企业合作,经贸交流、开放开发,实现由项目帮扶为主向经济协作、互利为主转变	2007—2011年,福建各级政府及社会各界累计援助资金5.91亿元,组织了一批又一批福建援宁干部、优秀教师、技术人员、医务工作者和大学生青年年志愿者;2007—2010年,增加了5000多户,投资额增加了540亿元,是1996—2006年的9倍。据福建建商会会长陈旂介绍,投资领域也不断多元化,电子通信、生态房地产,涉及房地产,速度增长,医疗卫生等十多个领域,尤其是近三年,福建企业在宁态农业,医疗卫生等十多个项目30多个,投资总额达150多亿元
山东—新疆	以改善民生、维护稳定、促进发展,扶贫开发为重点对口开展对口帮扶,同时,进一步加大工贸园区建设,通过招商引资,壮大贫困地区县域经济实力	2007—2010年,累计投入资金1.39亿元,建成了改善民生、维护稳定、促进发展、扶贫开发等方面的援疆社会经济快速发展,在工业上,有力地促进了当地农民群众脱贫致富的工贸园区,产业定位准确,功能比较完备,我省援建的工贸园区,壮大县域经济引实力。目前,建成的齐鲁工业园区和泰岳工业园区都已初具规模,其中疏勒县南疆齐鲁工业园区落户项目已达150个,投产项目90个,固定资产投资21亿元,实现就业5100人

续表

对口帮扶关系	政策措施	对口帮扶效益
广东—广西	大力实施整村推进，不断深化经贸合作，深入开展劳务输出，更加广泛地开展培训交流，全面推进部门合作	2006—2010 年，一是示范村建设圆满完成。广东省提供财政扶贫资金共 1 亿元，帮助广西百色、河池两市 101 个贫困村开展整村推进扶贫开发示范村建设，帮扶示范村项目建设均达到优良以上。二是经贸合作不断深化。大多数示范村项目建设均达到优良以上。"十一五"两广经贸合作实施项目 5724 个，实际投资 2750.47 亿元，两广经贸合作投资额在广西招商引资额中占有较大的比重。三是劳务输出深入开展。据统计，通过政府行为有组织地安排广西劳务输出 67.44 万人，或者学到经营基本领学创业。四是结对帮扶持续进行。广西市组织所辖的 7 个区（市）对口帮扶百色市的 12 个县（区）、东莞市组织帮扶资金 1.25 亿元（含捐物折款），共捐助帮扶河池市的 11 个县（市、区），共捐物帮扶资金 1.32 亿元（含捐物折款）。五是培训交流更加广泛。广东省帮助广西壮族自治区举办各类培训班 69 期，培训学员 2056 人（次）；广州市还帮助百色市干部 156 人。广东省共组织 150 名干部到广西挂职，广西也派出 47 名干部到广东挂职学习。六是部门协作取得新进展。两省各后至都南全面推进，教育、旅游等部门的协作取得新进展。广昆线广西段各后至都南水路项目全面推进，大部分已建成口至平台高速公路等入大公路等南高速公路，广东段河通车；广东省财政安排 2907 万元用于改善广西贫困地区之间的"无障碍旅游"也得到较大的发展

资料来源：根据国务院扶贫办"东西协作"相关信息以及网络上各媒体关于各省市东西对口帮扶的报道整理，详细出处见参考资料。

三　东西对口帮扶成效显著

经过 10 多年的努力，东部各省市对口帮扶的西部各省市区经济、社会等方面都有了较大的发展，主要表现在以下几个方面。

（一）改善了西部贫困地区生产生活条件

1996 年以来，所有东部发达省市对口帮扶西部贫困省市区，始终都把改善贫困地区生产生活条件作为重点之一，主要包括修公路、灌溉水利、建设、人工种草、基本农田以及完善农村电网、广播电视、饮水工程等方面。例如，1996—2006 年，北京帮扶内蒙古，援建各类公路 798 公里，缓解了内蒙古贫困地区行路难的问题；天津帮扶甘肃，新修梯田 10 万多亩、建雨水窖 1000 多个，解决了 1.5 万户、3.4 万多人的人畜饮水问题；江苏帮扶陕西，修建乡村灌溉水利设施，解决了近 40 余万人的人畜饮水问题，还修建道路 800 多公里；广东帮扶广西，易地安置贫困群众 8 万人，援建公路 2576.7 公里，解决 10.4 万人、11.36 万头大牲畜饮水问题；福建帮扶宁夏，建成高标准农田 21 万亩，打井窖 1.5 万眼，人工种草 40 万亩，建移民点两处，搬迁移民 1400 户、7000 人，修建了一批水利水保工程，完善了农村电网、道路、广播电视、饮水工程；大连、青岛、宁波和深圳对口帮扶贵州，新建基本农田 14.11 万亩；解决了 43.3 万人、29.6 万头牲畜的饮水困难；新建乡村公路 2189.2 公里，解决 100 多个村通电问题；协助解决 2000 多户特困农户移民搬迁；珠海帮扶重庆，修建桥梁 15 座，根本上改变了 17 万群众行路难问题，修建多个人畜饮水工程。辽宁帮扶青海，实施了一批基础设施建设，解决了 400 户牧民照明、900 多户 3800 余人行路难、1.7 万人和 1 万头人畜饮水、203 户贫困牧民的安居等问题。

（二）实施了以整村推进为主的扶贫开发，加快了贫困人口的脱贫步伐

整村推进扶贫开发模式是"十五"时期以来主要的三大扶贫开发模式之一，扶贫效果较好。各省市区东西对口帮扶中实施的整村推进也包括各类温饱示范村、贫困村整村推进等。1996—2010 年，9 个发达省市在东西对口帮扶中都实施了整村推进，其中实施数量较多的有：上海市帮扶云南，结合帮扶地区实际，援建以解决温饱、整村推进的帮扶项目 2180 项，是东西对口帮扶中援建整村推进最多的省市，以实施温饱试点村为抓手，共同探索并实现了贫困地区对口帮扶从单一的进村入户、解决温饱向整乡规划、整村推进全面发展，成功实施一批"递进式温饱型试点村"帮扶项目，初步呈现出贫困群众住有所居、学有所教、病有所医、劳有所得的局面。浙江帮扶四

川，援建越温示范村、扶贫新村 322 个，使 28 万贫困农民直接受益，人均收入提高 500—1000 元。2006—2010 年，广东省提供财政扶贫资金共 1 亿元，帮助广西百色、河池两市 101 个贫困村开展整村推进扶贫开发示范村建设，累计受益农户达 3.73 万户 116.3 万人。此外，1996—2006 年，福建帮助宁夏建设温饱示范村 90 个；山东帮扶新疆建设整村推进 75 个；天津帮扶甘肃、辽宁帮扶青海、江苏帮扶陕西、广东帮扶广西等都实施了整村推进。

（三）产业帮扶与劳务输出相结合，多渠道增加贫困人口收入

培育和发展支柱产业，是当前扶贫开发中促进农民增收、农业增效的有效扶贫模式，也是 2001 年以来扶贫开发的三大重点模式之一，东西对口帮扶中各个发达省区都积极支持西部民族地区的支柱产业的培育和发展，并与农业科技推广与培育相结合，提高了贫困农户的自我发展能力。1996—2006 年，福建帮扶宁夏发展各类特色种植 30 万亩，养殖业近 4 万头（只），建成了一批有规模的种养殖特色基地，辐射 15 万贫困人口。1996—2010 年，上海共投入种养殖业产业帮扶资金 1.29 亿元，帮扶云南省实施产业项目 305 项，发展香蕉、核桃、辣椒、咖啡等种植基地和生猪、牛羊等养殖基地，形成一批特色村，壮大了集体经济实力，增强了贫困群众脱贫致富信心，提升了贫困地区和贫困群众的自我发展能力。

与此同时，东部发达省市有组织地实施劳务输出和培训，提高了贫困人口的工资性收入。1996 年以来，几乎所有东部发达省市对口帮扶西部贫困省市区，都把对西部贫困地区的贫困人口进行劳务技能培训和劳务输出作为较快提高贫困农民收入水平，进而实现脱贫致富的重要手段。1996—2006 年，除了辽宁帮扶青海、山东帮扶新疆没有数据外，其余 7 个省市、6 个单列市对口帮扶西部 9 个省市区，都组织了大量的劳务技能培训，并有组织地由西部省市区向对口帮扶的发达省市开展了大量的劳务输出。资料显示，仅 1996—2006 年 7 个省市、6 个单列市对口帮扶西部 9 个省市区，劳务输出达到 168 万人，最多的广东—广西达到 115.35 万人，最少的珠海、厦门—重庆也有 1.2 万人（图 5-1）。大量的劳务输出增加了西部各省市区贫困地区贫困农户的工资性收入，已经成为贫困地区贫困农户增收的主要渠道之一。仅“十五”时期。北京—内蒙古、辽宁—青海、山东—新疆的数据没有之外，其余东部各省市帮助西部对口帮扶的省市区组织的劳务输出获得的劳务收入总量达到 36.2 亿元，其中最多的广东—广西达到 24 亿元，最少的浙江—四川、福建—宁夏也达到了 1 亿元（图 5-2）。

截至 2010 年年末，上海帮助云南省不断完善用工信息沟通交流机制，重点帮扶四州市搭建了劳务输出培训中心，充分利用当地各类教学资源，探

索出了一条联合学校搞培训、实行订单保输出的劳务培训与转移新路子，引导和带动了云南省富余劳动力赴沪务工 11 万多人次，进沪务工月人均收入已超过千元，有效地促进了剩余劳动力输出并向第二、三产业的转移，取得了"培训输出一人，致富一家，带动一村，影响一片"的良好效果。2006—2010 年，广东帮助广西，通过政府行为有组织地安排广西劳务输出 67.44 万人，劳务收入 92.24 亿元，不少劳务输出人员逐步稳定在广东务工，或者学到经营本领后回乡创业。

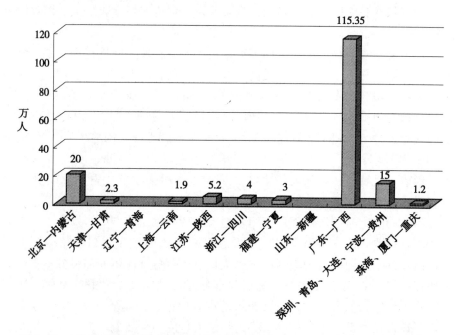

图 5 – 1   1996—2006 年各东部发达省市对口帮扶西部省市区开展的劳务输出人数
资料来源：根据"全国东西扶贫协作十周年座谈会"各省市区交流材料整理，2006 年 12 月。

（四）西部民族地区的教育、卫生医疗水平大幅度提升，增强了人力资源储备

1996 年以来，所有东部发达省市对口帮扶西部贫困省市区，始终都把开展教育、卫生和文化帮扶，促使西部对口帮扶地区的社会事业快速发展，切实解决当地贫困群众"上学难""看病难"的问题，作为帮扶重点之一。对口帮扶中科教文卫帮扶的主要内容包括：新建或改扩建中小学校，援建妇幼保健中心、疾病控制中心、医院、乡卫生院和村卫生室，资助贫困生返校上学，组织发达地区中小学校与西部贫困地区中小学校结成对口帮扶学校，派老师支教，免费培训教师、医务人员和学生，派医务人员到西部挂职进行

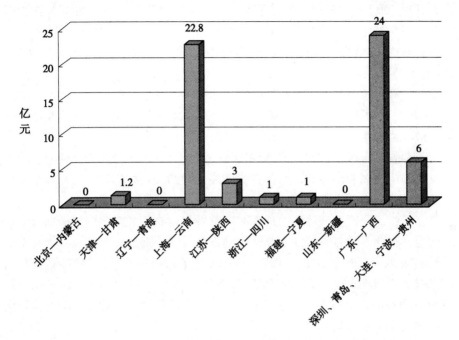

图5-2　"十五"时期各东部发达省市对口帮扶西部省市区获得的劳务收入

资料来源：各省的"十五"扶贫总结、东西帮扶总结等材料。

技术支持和指导，开展医疗卫生技术合作项目，组织医疗队到西部省区市的进行义诊等。例如，1996—2010年，上海市在云南省实施教育、卫生、文化等各类社会事业帮扶项目3363项，援建希望小学、光彩小学和其他助学项目427项，有效地实施沪滇"百校帮百校""10所高校帮10所高校""15所职校帮9所职校"的结对帮扶任务；选派9批共960名上海骨干教师赴滇开展支教工作，并利用"白玉兰远程教育"网点开设中小学课程3691课时，帮助培训教师9万多人次；累计资助贫困学生数万人；双方卫生部门援建白玉兰乡村卫生室522个，利用"白玉兰"远程教育网实施"云南省乡镇卫生院在职卫生技术人员全科医学知识培训项目"，培训各类医务工作者16444名；利用上海市人力资源和医疗技术优势，开展学术交流活动，我省582名医疗工作者赴沪接受培训，有效地提高了卫生技术人员的业务技术和服务能力；上海市19家三级综合医院与云南省19所医院签订对口支援合作协议，对口支援合作实现两个"全覆盖"；在上海19家医院的对口支援下，云南受援医院将力争通过三年的努力，达到二级甲等医院水平。1996—2009年，江苏帮助陕西新建和改扩建各类学校500多所，资助贫困学生6300多名。1996—2006年，北京帮扶内蒙古，援建学校97所，支教670人次，开展100所"姊妹学校"手拉手活动，培训各类人员1万多人次，开展医疗卫生技术合作项目200多项。福建帮助宁夏新建扩建学校135所，培训教师6000多人次，帮助3.4万名儿童和大学生返校，援建卫生院（所）282个。广东在广西设立帮扶助学基金1亿元，落实结对学校125所，培训教学骨干和校长800名、支教268人，帮助7万名中小学生完成学业。

（五）大力开展西部各省市区的人力资源援助和培养，增加了西部贫困地区的人力资本，提高了西部民族地区的自我发展水平

东部发达省区对口帮扶西部各省区一直把开发和培养西部民族地区的人力资本作为提高西部各省市区的自我发展能力的关键举措，主要开展了两个方面的人力资本开发与培养：

一是组织干部交流培训，加强东西部对口帮扶相关部门领导干部的交流和沟通，强化西部各省区的干部队伍建设，改变干部的发展理念，提高干部素质和能力。1996年以来，大部分东部发达省市对口帮扶西部贫困省市区，都把双方的干部交流作为帮助西部地区开发人力资本的重要方式。仅1996—2006年，上海帮扶云南，累计选派干部77人、志愿者710人到云南挂职或工作，并帮助云南培训干部310人；天津与甘肃开展干部交流180人；江苏与陕西交流干部1600余人；浙江与四川干部交流767批次；福建与宁夏开展干部交流175人；山东帮助新疆培训干部980余名；广东帮助广西培训干部4037人，并进行干部交流354人；大连、青岛、深圳和宁波派到贵州的挂职干部127名、支教200多名、志愿者300多名；珠海、厦门帮助重庆培训干部1380多人，选派干部挂职16名（表5-7）。截至2010年年末，上海市向云南省累计派了八批共130名援滇挂职干部，到云南省级综合部门和对口帮扶州市挂职，同时，云南省各对口区县累计选派585名县处、乡科级干部赴上海挂职和跟班学习；广东帮助广西累计培训干部4100多人，并进行干部交流500多人；广东省累计共组织504名干部到广西挂职，广西也累计派出4084名干部到广东挂职学习，仅"十一五"时期广东省帮助广西壮族自治区举办各类培训班69期，培训学员2056人（次）；广州市还培训百色市干部156人。

二是开展技术交流项目和培训各类技术人才，不断增加西部各省区的人才储备和人力资本，为西部各省区快速发展提供技术和人才保障，提高西部各省区的自我发展和自主创新能力。仅1996—2006年，上海帮助云南培训各类人才16.2万人；北京帮助内蒙古培训各类人员1万多人次；天津帮助甘肃培训各类人才3505人；辽宁帮助青海培训各类人才337名；江苏帮助陕西培训各类人才4万余人次；福建向宁夏派遣援助技术人员、教师、志愿

者 759 人，培训骨干人才 1645 人；山东帮助新疆培训各类技术骨干 1.2 万余人次，输出各类技术 400 余项；大连、青岛、深圳和宁波帮助贵州培训各类人才 3.6 万人，干部挂职 127 名、支教 200 多名、志愿者 300 多名（表 5 - 7）。截至 2010 年，云南省先后选派州市、部门和县区 4399 名干部及技术人员到上海接受培训，上海通过专家巡讲、远程教育等方式为云南省教育、医疗、农业、经济等各领域累计培训 40 余万人次，为云南省贫困地区跨越发展打下了坚实基础。

表 5 - 7　　1996—2006 年东部地区对西部人力资源援助和培养的部分情况

对口帮扶关系	东部派遣干部挂职或交流	西部派干部挂职交流或培训	志愿者	培训各类技术人才	技术合作项目	东部省区支教	培训西部教师	医疗技术合作项目
上海—云南	77 人	310 人	710 人	13.2 万人次	85 项	560 人	3 万人	
北京—内蒙古	—	—	—	1 万多人	650 多项	670 人次	—	200 多项
天津—甘肃	180 人	500 人次		3505 人		220 人		—
辽宁—青海	—	153 人		337 人		100		
江苏—陕西	700 人	900 人		4 万多人次		—	1.3 万人	
浙江—四川	767 批次			1.7 万人次				
福建—宁夏	71 人	104	63 人	1971 人	—	538	6000 人次	
山东—新疆	232	980		1.2 万人次	400 余项	500		
广东—广西	354	4037				268 人	800 人	
大连、青岛、深圳、宁波—贵州	127		300	3.6 万人		200		
珠海、厦门—重庆	16	1380						

资料来源：根据"全国东西扶贫协作十周年座谈会"各省市区交流材料整理，2006 年 12 月。

说明：因数据不全，本表仅能反映东西对口帮扶中各省市区人力资源援助和培养的大概情况。

（六）东西对口帮扶的创新做法发挥了示范辐射作用，产生了扶贫的溢出效应

全国东西对口帮扶带动了各省区市内部发达地区和欠发达地区的互帮互助。如浙江全面实施山海协作工程，坚持政府推动与市场运作相结合，深入推进省内发达地区与欠发达地区开展多领域、多层次合作；广东在省内组织珠三角地区和粤东西北地区开展产业、劳动力"双转移"战略和规划到村、帮扶到户的扶贫"双到"工作；重庆围绕主城区的 21 个"一圈"县（区）每年拿出一般性财政预算收入的 1% 对口帮扶经济落后的 17 个"两翼"贫困县（区），并规定其中30%以上资金用于扶贫，实施"缩差共富"工程；内蒙古将鄂尔多斯市与兴安盟结对帮扶，借助鄂尔多斯市产业、资金、技术、人才等方面的优势，帮助兴安盟打造蒙东地区重要的新型煤化工、新型能源、有色金属冶炼、绿色食品加工"四大基地"。湖北省委、省政府出台《关于建立省内部分市对口支援民族县市工作机制的通知》，组织 9 个市，每年拿出上年度一般预算收入的 1‰，帮扶 10 个民族县市发展生产、改善基础设施。全国许多省份都在积极探索推进省内市县间的扶贫协作，形成了关注贫困地区、关心贫困群众、先富帮后富的浓厚氛围。

第 六 章

发达地区对口帮扶西部民族地区的效益评价
——以上海市对口帮扶云南省为例

从上述对各省市区东西对口帮扶实施情况的比较分析,我们发现,上海市对口帮扶云南省在东西对口帮扶中具有较强的代表性。一是云南省集贫困、山区、民族、边疆于一体,是我国扶贫开发的主战场之一,又是少数民族聚居的省份,贫困的特点具有很强的代表性。二是上海市对口帮扶云南省的具体实施情况比较有代表性。一方面,上海市对口帮扶云南省的帮扶方式、模式以及相关政策措施与其他各省市区的对口帮扶大致相同,帮扶的领域较宽,基本能够包括其他各省区所涉及的领域;另一方面,上海市帮扶云南省,无偿援助资金投入较多(仅次于广东省对广西壮族自治区的投入),帮扶政策措施的制定和实施较为具体完善,相关的管理体制和运行机制也比较规范。鉴于此,我们以上海市对口帮扶云南省为例,采用统计数据比较分析与定量分析相结合的方法,对东部发达省区对口帮扶西部省市区进行效益评价。

一　上海市对口帮扶云南省的实施情况

（一）云南省贫困问题严重,民族贫困、边境贫困相交织

云南省 94% 是山区,区域之间社会经济发展极不平衡,差异很大,1994 年,云南省国家确定的贫困县有 73 个,省扶持的贫困县 17 个,贫困县达到 90 个,占全省 128 个县市区的 70.3%。2000 年以来,全省一直保持有 73 个国家重点扶持贫困县,占全国 592 个国家重点扶持贫困县的 12.3%;加上 7 个省级重点扶持县,全省有贫困县 80 个,占全省 129 个县(市区)的 62.1%。

1993 年年末云南省贫困人口尚有 783 万人,1994 年云南省农民人均纯收入居全国倒数第三位,贫困县农民人均纯收入 378 元,人均占有粮食 307 公斤,其中农民人均纯收入 200 元以下的特困人口有近 300 万人;到 2000

年年底，云南省农民人均纯收入 560 元以下的贫困人口还有 160 万人，贫困发生率 4.7%，根据物价变化提高贫困标准到 625 元，全省贫困人口达到 1022.1 万人①。2000 年以后全省贫困人口主要集中在深山区、石山区、高寒山区、干热河谷地区、少数民族聚居区、革命老区、原战区、边境地区，呈"大分散，小集中"，点、片、线并存的格局（表 6－1）。

表 6－1　　　　　　　**2003 年云南省贫困人口分布情况表**　　　　　单位：万人、元

分布区域	贫困人口	其中：绝对贫困人口	农民人均纯收入	占全省贫困人口比例	贫困发生率	绝对贫困发生率
全省	687	257	1697	100%	21.9%	7.3%
80 个重点县	601.86	231.6	1509（其中 73 个国家重点县 1200 元）	87.6%	26.8%	10.3%
48 个非重点县	85.14	25.7	2194	12.4%	6.7%	2.0%
滇东北生态恶化型贫困区（昭通市、曲靖市、昆明市的 15 个重点县）	181	62.6	1153	26.3%	24.9%	8.6%
滇西北高寒冷凉型贫困区（包括迪庆州、怒江州、和丽江市的 9 个重点县）	48	24.8	997	7%	37.7%	19.4%
滇东南岩溶干旱贫困区（包括文山州、红河州的 15 个重点县）	136	51.6	1178	19.8%	24.9%	10.5%
滇西南资源开发滞后型贫困区（包括临沧、思茅市和西双版纳、德宏州的 17 个重点县）	132	54.9	1081	19.2	36.4%	15.1%
横断山脉贫困区（包括保山市、大理州和楚雄州的 22 个重点县）	105	37.7	1550	15.3%	15.3%	6.9%
边境一线贫困区（25 个边境市县 17 个属国家和省定扶贫开发工作重点县）	156.9	63.2		22.8%	31.44%	12.7%

　　资料来源：根据云南省扶贫办提供的材料中整理而来。

　　云南地处西南边陲，是我国少数民族最多的省份，民族贫困突出。全省 73 个贫困县有 51 个是民族县。特有少数民族 15 个，其中 7 个人口较少民

---

　　①　资料来源同上。

族共有人口 22.3 万人（布朗族 8.99 万人、普米族 3.3 万人、阿昌族 3.2 万人、怒族 2.67 万人、基诺族 1.86 万人、德昂族 1.74 万人，独龙族 0.59 万人），占全省少数民族人口的 1.57%，这 7 个民族尚有约 70% 的人口年人均纯收入在 625 元以下，处于绝对贫困状态，其中，德昂族、阿昌族、布朗族贫困人口约占本民族人口的 80%，独龙族贫困人口接近本民族人口的 90%。不仅贫困面大，而且贫困程度深，绝对贫困人口约占 50%，呈现出整体性贫困的特点。据农业普查材料统计，云南贫困县农村人口文盲、半文盲率达 28.7%，高于全国 14.69 个百分点，高于全省 3.7 个百分点，是全国平均非贫困人口文盲率的 3 倍。其中，少数民族文盲、半文盲率高达 30% 以上。

边境贫困问题日益凸显。25 个边境县市，总人口占全省的 13.53%，少数民族人口占全省少数民族总人口的 59%。有 17 个国家扶贫工作重点县，有 15 个少数民族跨境而居，绝大部分农村人口的年人均纯收入低于 637 元，处于绝对贫困状态，社会发育程度低，经济发展十分落后，群众生产生活十分困难，加之受周边国家边民特殊政策的影响和境外敌对势力的渗透，边民外流现象较为突出，造成一些不稳定性因素。到 2003 年，边境 17 个国家扶贫工作重点县尚有贫困人口 156.9 万人，占全省贫困人口的 22.8%，贫困发生率达到 31.44%，其中绝对贫困人口 63.2 万人，绝对人口贫困发生率 12.7%，贫困发生率和绝对贫困发生率分别比全省高 11.84% 和 5.4%，比 80 个重点县的平均数高 4.64% 和 2.4%。

自然灾害频繁，返贫率高。云南省贫困地区由于起步晚、投入少，交通、能源、通信及教育、文化、卫生等公共设施和社会服务设施欠账较多，科技推广和普及的难度很大，加之农田水利等农业基础设施建设滞后，生产条件差，抗御自然灾害的能力低，大多数贫困人口解决温饱后返贫现象十分突出。

（二）上海市对口帮扶云南省 4 个州市 26 个县是云南省比较有代表性的贫困地区

1996 年 9 月，国务院扶贫领导小组确定上海市对口帮扶云南省，经过两省市领导多次商议，上海市选择了文山、红河、思茅（后更名为普洱）3 个地州及所辖的 23 个县作为重点帮扶对象。2004 年，又增加了迪庆州 3 个县作为对口帮扶对象。

1. 对口帮扶的 4 个州市及 26 个县是边境民族地区

上海市对口帮扶的 4 个州市 26 个县是云南省少数民族聚居的地区，也是云南的边境地区。4 个州市中，有 3 个是民族自治州，普洱市对口帮扶的 8 个重点扶持县全部都是民族自治县；文山州属于沿边州，普洱市和红河州

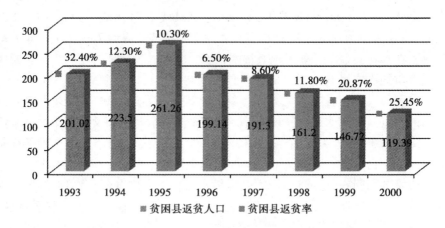

图 6 - 1　1993—2000 年云南省贫困县贫困人口返贫情况

资料来源:《云南省扶贫开发志（1984—2005）》,云南民族出版社 2007 年版。

对口帮扶的 15 个县中有 6 个县是边境县,全省 25 个边境县中对口帮扶的有 9 个县（表 6 - 2）。

表 6 - 2　　　　　　　上海对口帮扶的 4 个州市 26 个县的分布情况

地州	所辖县市区数	对口帮扶县名称及数量	其中: 民族自治县	边境县数
普洱市	10	澜沧、孟连、景东、镇沅、墨江、西盟、江城和宁洱等 8 个重点扶持县	8 个县	孟连、江城、澜沧、西盟
红河州	13	元阳、绿春、金平、屏边、红河、泸西、石屏等 7 个重点扶持县	金平、屏边两个县	绿春、金平
文山州	8	文山、砚山、西畴、麻栗坡、马关、丘北、广南、富宁等 8 个重点扶持县		麻栗坡、马关、富宁
迪庆州	3	香格里拉、维西、德钦等 3 个重点扶持县	维西	
3 个民族自治州 1 个市	34	26 个重点扶持县	10 个县	9 个县

2. 上海市对口帮扶的 4 个州市 26 个县贫困状况严重

26 个县中,有 25 个是国家重点扶持县。1997 年,对口帮扶的 23 个县,按照云南省农民人均纯收入 560 元以下的绝对贫困人口有 121.47 万人,占全省贫困人口总数的 18%,占贫困县贫困人口总数的 21.15%。2004 年,增加了迪庆州的 3 个国家重点扶持县作为对口帮扶对象,对口帮扶的县有

26 个县。按照 2003 年云南省各县市区贫困人口和贫困发生率，对口帮扶的
26 个县在农民人均纯收入 882 元以下的贫困人口总数达到 335.28 万人，其
中农民人均纯收入 637 元以下的绝对贫困人口有 100.5 万人，贫困发生率和
绝对贫困人口发生率分别是 37.2% 和 16.39%，分别比云南省的水平高出
26.44 个百分点和 10.38 个百分点。其中，文山州、红河州对口帮扶的 15
个重点县属于滇东南岩溶干旱贫困区，迪庆州是藏区，属于滇西北高寒冷凉
型贫困区，都是生存环境恶劣、自然灾害多发的地区。

　　与此同时，对口帮扶的 26 个县民族、边境贫困突出。26 个县是云南省
特有少数民族哈尼、傣、傈僳、佤、拉祜、彝、苗、壮族等少数民族聚居的
地区，其中哈尼、傣、傈僳、佤、拉祜是云南特有少数民族。有些少数民族
与缅甸、老挝、越南等国跨境而居。由于云南特殊的区位，在 20 世纪 50 年
代援越抗法、60 年代援越抗美、70 年代末到 90 年代初期对越自卫还击和防
御作战中，云南省文山、红河、思茅 3 个地州的河口、金平、绿春、屏边、
麻栗坡、马关、富宁、西畴、江城 9 个县（其中有 8 个县市是对口帮扶县）
等边境地区始终是支前参战的最前沿，边境地区人民为捍卫祖国的尊严和领
土完整做出了重要的贡献，同时还付出了巨大的牺牲。尽管从 1992 年至
2002 年中央和省共投入战区恢复专项建设资金 137321 万元，建设了 912 个
项目，但这些边境地区 96% 以上是山区，少数民族人口占 70%，战争遗留
问题至今还影响着边境居民正常的生产生活，绝大部分农村人口处于绝对贫
困状态。

　　3. 上海市对口帮扶的 4 个州市 26 个县经济社会发展非常滞后

　　1997 年，26 个县的人均 GDP 仅是 1584.77 元，与云南省平均水平相差
2411.23 元，仅相当于云南省平均水平的 39.7%；人均财政收入仅 105.74
元，与云南省平均水平相差 245.26 元，仅相当于云南省平均水平的
30.1%；农民人均纯收入仅为 643.65 元，与云南省平均水平 1229 元相差
585.35 元，仅相当于云南省平均水平的 52.4%。此外，26 个县中，有的民
族贫困县，青壮年文盲高达 40%，金平县青壮年文盲率高达 26%，其中少
数民族文盲占总数的 93.7%，而拉祜族文盲率达 94.4%，入学率仅达到
24.4%，小学完学率仅 3.3%。

　　（三）上海对口帮扶的政策举措及实施情况

　　1996 年中央确定上海与云南开展对口帮扶合作以来，上海市和云南省
确定，上海 12 个区对口支援红河、文山、思茅 23 个贫困县，2004 年增补
迪庆 3 个贫困县为对口帮扶重点地区，并确定上海 2 个区、2 家大企业对口
帮扶迪庆州。沪滇两省（市）党委、政府始终按照党中央、国务院实施东

西扶贫协作战略统一部署，遵循有思路、有规划、有机制、有创新、有成效的"五有"机制和"民生为本、产业为重、发展为先"的原则，按照"开创性、务实性和操作性"相统一的要求，围绕帮扶地区群众最关心、受益最直接、要求最急迫的问题，不断探索、创新对口帮扶合作新模式、新机制和新举措，实现由单一的进村入户、解决温饱向整乡规划、整村推进、片区开发全面发展，社会事业帮扶逐步向教育、文化、卫生、科技等全方位延伸，经济合作呈现强劲发展态势，形成了"政府援助、人才支持、企业合作、社会参与"的对口帮扶合作格局。同时，建立健全了对口帮扶的管理机构和工作机制，一是沪滇双方成立了由省（市）党政领导牵头的对口帮扶合作领导小组，高位务实推进对口帮扶合作，定期召开双方领导小组联席会议暨沪滇对口帮扶合作现场交流会议，互通帮扶合作情况、共商帮扶合作大计。形成一年一度的工作联席会议制度，推进对口帮扶合作工作深入发展。二是对口帮扶合作部门也建立工作会议制度，进一步细化帮扶合作项目。三是对口帮扶州（市）、区（县）之间也建立工作机制，汇报帮扶进展情况，研究深化帮扶合作工作举措，确定年度帮扶合作重点项目。四是双方帮扶合作领导小组办公室建立和完善了沟通对接机制，密切合作，加强对帮扶合作的宏观指导和跟踪服务，制定了项目资金管理有关制度，有效促进了帮扶合作制度化、规范化运行。通过建立健全帮扶合作工作定期会议制度、部门联席会议制度、对口区（县）帮扶机制及帮扶项目跟踪管理等一系列工作制度，为全面开展沪滇帮扶合作提供了强有力的组织保障。

截至 2013 年 7 月，上海在云南投入帮扶资金 26.16 亿元，实施整村推进、新纲要示范村、产业发展、特困群体帮扶、社会事业、人力资源培训等重点帮扶项目 6963 项，覆盖全省滇西边境山区、石漠化地区和迪庆藏区 26 个县 33 个乡镇，解决了云南 40 余万贫困人口的基本温饱问题，150 余万群众受益，有效促进了云南经济发展、政治稳定、民族团结、边疆巩固与社会和谐。

上海对云南省的具体帮扶主要是四个方面：

1. 无偿援助资金主要实施以解决贫困人口温饱、改善贫困地区生产生活条件为主的扶贫开发

（1）大力推进以整村推进为主、产业扶贫与劳务输出相结合的扶贫开发项目，有效提升贫困群众的自我发展能力

投资 17.4 亿元，成功实施了 3187 个以基本农田改造、道路修建、路面硬化、饮水工程建设等为重点的整村推进新农村建设，包括绿春、金平、麻栗坡、马关、富宁、澜沧、西盟和江城 8 个边境县和人口较少民族及革命老

区"三个确保"为重点的整村推进项目 296 个，成功探索实施了合力攻坚整乡推进试点、新纲要示范村、迪庆藏区"新农区、新牧区、新社区"三区联动建设试点、乡村民族文化旅游产业开发等创新帮扶合作试点，有效改善了受援区群众生产生活条件，基本实现贫困地区农民素质有提高、村级组织建设有加强、村容村貌有优化、乡风文明有进步，充分发挥帮扶地区新农村建设的示范带动效应。

产业帮扶实现了由传统单一产业培植到发挥优势、规模发展、种养加一体化的特色农业扶持的转变。投入产业帮扶资金 2.45 亿元，实施帮扶项目 437 项，培植了三七、茶叶、天麻、石榴、核桃、橡胶、香蕉、葡萄、草果、辣椒等经济林果及蔬菜示范种植基地和猪、牛、羊、生态鸡等养殖基地，形成一批特色村，壮大集体经济实力，产业收入占农民人均纯收入40% 以上。沪滇产业资金与中国扶贫基金会协作在文山州富宁县探索小额信贷扶持当地产业发展试点，及时为农户解决产业发展资金不足困难，带动500 多家产业户发展了增收产业，实现产业增收 3166 万元。注重加快中长期产业培育与短期增收项目梯度结合和种养殖业协调发展，重点扶持规模化农特产业。

坚持产业帮扶和劳动力输出双轨促进当地贫困农户增收的思路，探索出上海帮扶打基础、联合办学搞培训、实行订单保输出的劳务培训与转移新路子，建立职教＋园区＋企业相结合的劳动力转移培训机制，组织劳务输出11.4 万人，人均年收入达 3 万余元，取得了"培训输出一人、致富一家、带动一村、影响一片"的良好效果。部分务工人员被上海所在企业评为优秀农民工标兵、双文明十佳员工等，并扎根上海。

（2）突出了对特困群体的帮扶

一是投入帮扶资金 6538.3 万元，先后对德昂族实施全面帮扶且让 1.97万德昂族群众实现整体脱贫，实施恩乐镇大平掌 200 户 1000 名苦聪人异地搬迁和 21 个整村推进项目，对金平莽人雷公打牛村实施异地搬迁并让 43 户195 名莽人喜迁新居。二是投入 300 万元在福贡县马吉乡马吉米村实施安居房建设、村间道路硬化、人马驿道修建、农村实用技术培训和种养殖业等帮扶项目。三是对独龙族帮扶资金累计投入 7600 万元，重点援建独龙江乡独龙族 5 个民族文化特色村安居工程和整村推进项目建设。

（3）开展了教育、卫生医疗等领域全覆盖的帮扶

投入帮扶资金 8.74 亿元，实施帮扶项目 3339 项，在重点帮扶地区援建培训中心、科技中心、妇幼保健中心等项目。加大教育帮扶合作，开展学校间对口交流合作，成功实施上海云南 100 所中小学对口帮扶，先后派出 12

批 1155 名骨干教师赴滇支教，开展教师、校长及教务人员培训，促进受援地区教育管理和教学水平稳步提高。深化医疗卫生帮扶合作，上海 19 家三级医院对口援建云南 20 所县级医院，推进乡（镇）卫生院标准化建设、医疗卫生设备设施改进等。2010 年以来，已向云南派出 6 批医疗队共 570 人次，累计在当地共开展门诊 147308 人次、急诊 24952 人次，建立特色专科 216 个，开展新技术、新业务合作 1243 项，接收进修培训 673 人次，开展学术讲座 4350 次，进行业务培训 49194 人次、手术示教 5007 次，设备捐赠折资 694.38 万元。

2. 开展了多层次的人力资源援助与培训

上海市开展了多层次的双方互派挂职干部、人才培训、学术交流等复合型人才培育帮扶。一是选派 9 批 144 名援滇挂职干部作为上海对口区派出的帮扶项目联络员，指导受援地进行项目规划与编制，负责项目实施与推进。其间，上海援滇干部充分发挥联系面广的优势，积极动员社会力量参与帮扶，第八批上海援滇挂职干部于 2012 年协调教育、卫生等计划外帮扶项目 129 个，资金 4362 万元。二是选派 15 批 348 名青年志愿者和 781 名应届大学生、研究生等利用假期赴滇实施服务西部计划。三是各对口区（县）积极衔接，选派 248 名处、科级干部赴沪挂职和跟班学习。四是为云南实现跨越发展提供人才支撑。沪滇双方共计培训各类人员 51.3 万人次，重点培训了教育、卫生、金融、园区管理、城镇建设规划、扶贫攻坚与特色产业开发、片区扶贫开发规划编制及招商引资等重点领域紧缺实用专业人才。

3. 上海市全社会捐赠了大量资金和物资救助云南灾区

上海政府、部门、社会各界上下协同，共同援助云南灾区。1996—2013 年，上海已向云南地震、冰冻雪灾、干旱等重大自然灾害和其他突发应急事件共援助资金 10030 万元、救灾衣被 5818.4 万件（床）、大米 300 吨、书 30 万册，共救济灾民、贫困群众 1200 多万人（次）。

4. 经济技术合作不断拓展和深化，提升了云南经济发展的科技水平和质量

上海市和云南省充分利用上海技术、资金、人才、管理等强大优势，高位推动，促使经济合作不断拓展，实现了经济合作由单一技术转让、营销合同向以资金为纽带的并购重组、技术协作、全方位、多领域合作发展。紧紧围绕产业发展积极开展产业项目合作，通过政策支持、企业主体、市场运作，成功实施上海云南重点合作项目 1461 项，实际到位项目资金 217 亿元。

一是产业项目与技术协作相结合提升了云南产业发展的质量

上海烟草（集团）公司与云南省烟草局合作，在文山州建立烤烟基地，

并合作开展烤烟科研开发；上海航星通用电器有限公司投资3000多万元，与昆明供电局所属企业合作，共同建立了在云南省具有较高起点的电力设备制造企业——昆明华奥航星电气有限公司，引进上海50多项专利技术，成为云南电器设备制造领域的高新企业；云南一批企业先后与复旦大学、上海交通大学、中科院上海昆虫研究所等高校和科研院所实施了"助力车电池低成本高能量密度新型储能材料研究""云南野生稻遗传资源保护与研究""高校多晶硅太阳电池技术研究""生物农药印楝新制剂产品开发"等一批科技与生产相结合的科技合作项目，实现了科研成果向生产力的转化。科技文化发展呈现新态势。在"中国·云南桥头堡建设科技入滇对接会"上签约42个优秀科企合作项目，金额达2.5亿元。上海海洋大学刘承初教授获准在云南新海丰水产科技集团建立专家工作站，上海市文管局协助云南省文化厅在上海外高桥保税区设点。

二是企业并购重组，加大资金投入、提升管理水平，加快了云南经济发展的水平。上海光明集团投资8亿元控股云南英茂糖业，并投资5000万元在西双版纳州勐海县建立了全国最大铁皮石斛种植基地，以"公司＋基地＋农户"模式带动当地特色产业的发展；上海锦江集团全资收购原昆明锦华大酒店，并以锦江酒店管理品牌，先后为昆明、思茅、版纳、丽江等地近10家酒店进行管理。

三是合作搭建特色农产品经销平台。①利用各类会展平台，拓展企业合作参与"桥头堡"建设和产业链招商，合力探索打造一批沪滇帮扶合作特色产业，提升产业帮扶资金使用效益。②云南连续多年率团赴沪参加上海特色农产品交易博览会，集中展示高原特色农产品，将绿色特色农业优秀产品全方位推介宣传，维护和打开通路，搭建合作和交流平台，为开拓上海及华东市场提供良好商机。③双方共同组织迎春博览会、农产品推介会，组织农特产品生产企业与上海大型采购商、专业经销商对接考察，洽谈合作。④举办国际农产品展示、直销中心，着力宣传云南生物产业发展相关情况，并设各州市特色商品体验区和招商引资洽谈区。⑤与东方网合作开通"捷手"网，以电子商务和团购方式，拓展对口帮扶地区特色农产品进入上海消费者家庭，改造建设冷库，并与有关物流企业合作，建立了电子商务、冷链、配送一条龙的服务。目前，普洱茶、石榴、核桃、天麻、三七等特色农产品畅销上海市场，云南锦苑花卉产业股份有限公司、文山苗乡三七实业有限公司等近20家企业在上海设立代销直销点，年销售额15亿元。

二 上海对口帮扶云南4州市26个县的效益非常明显

经过17年的对口帮扶，上海市创造了具有云南特点的帮扶模式，对口帮扶取得显著成效，贫困人口数量明显减少，贫困地区整体经济水平明显提高。

（一）贫困人口数量明显减少，占全省贫困人口的比重持续下降

上海对口帮扶的4个州市26个县贫困人口，按照560元以下的贫困标准，从1997年的121.47万人下降到了2000年的47.53万人，贫困人口分别占全省和贫困县贫困人口总数的比重从1997年的18%、21.15%下降到了2000年的15%、19%。2000年，国家提高了贫困标准，绝对贫困是625元以下、低收入人口865元以下，上海对口帮扶的26个县的贫困人口有了大幅度上升。截至2010年，上海对口帮扶的26个县的贫困人口从2002年年底的335.28万人下降到2010年年底的90.11万人，减少了245.17万人，贫困发生率由56.53%下降到了13.8%。其中，深度贫困人口（即绝对贫困人口）从100.5万下降到了52.19万，减少了48.31万人，绝对贫困发生率由18.6%下降到了8.6%。具体分析可知，上海对口帮扶对云南26个贫困县的减贫效益非常明显，在云南省贫困人口逐步向边境地区、民族地区，向深山区、石山区、高寒山区、干热河谷地区、革命老区、原战区集中的同时，实现了26个贫困县的贫困人口、贫困发生率和绝对贫困发生率快速下降，且贫困人口占全省贫困人口总数的比重从2002年的37.77%下降到了2010年的28.16%；贫困发生率和绝对贫困发生率与云南省的相对差距逐渐缩小，分别从2002年的26.44和10.38个百分点缩小到了5.2和4.22个百分点（表6-3、表6-4及图6-2）。

表6-3   1997—2010年上海对口帮扶26个县贫困人口变化

年份	云南省（万人）			对口帮扶26个县（万人）			占全省贫困人口的比重（%）		
	贫困人口	低收入人口	绝对贫困人口	贫困人口	低收入人口	绝对贫困人口	贫困人口	低收入人口	绝对贫困人口
1997	574.4		574.4	121.47		121.47	18.02		18.02
1998	444.6		444.6	100.44		100.44	19.73		19.73
1999	280.39		280.39	69.48		69.48	20.95		20.95
2000	249.5		249.5	47.53		47.53	14.94		14.94
2002	887.6	583.6	304	335.28	234.78	100.5	37.77	40.23	33.06

续表

年份	云南省（万人）			对口帮扶 26 个县（万人）			占全省贫困人口的比重（%）		
	贫困人口	低收入人口	绝对贫困人口	贫困人口	低收入人口	绝对贫困人口	贫困人口	低收入人口	绝对贫困人口
2003	820.3	544.9	275.4	305.77	215.36	90.41	37.28	39.52	32.83
2005	737.8	489.4	248.4	208.99	125.87	83.12	28.33	25.72	33.46
2006	670.8	442.4	228.4	188.65	113.77	74.88	28.12	25.72	32.79
2007	597.00	196.50	400.50	170.62	104.94	65.68	28.58	53.40	16.40
2008	555	394.80	160.20	153.82	101.63	52.19	27.72	25.74	32.58
2009	540		160.2	150.16			27.81		
2010	320		160	90.11			28.16		

表 6-4　　　　2002—2010 年上海对口帮扶 26 个县贫困发生率变化　　　　（%）

年份	贫困发生率						相对差距		
	云南省			对口帮扶 26 个县					
	贫困人口	绝对贫困人口	低收入人口	贫困人口	绝对贫困人口	低收入人口	贫困人口	绝对贫困人口	低收入人口
2002	30.09	8.20	21.89	56.53	18.58	37.95	26.44	10.38	16.06
2003	26.89	7.32	19.57	37.20	16.39	34.51	10.31	9.07	14.94
2005	20.68	6.96	13.72	34.53	14.26	20.27	13.85	7.30	6.55
2006	18.67	6.36	12.31	30.88	12.43	18.45	12.21	6.08	6.14
2007	16.5	5.4	11.1	27.7	10.8	16.9	11.24	5.40	5.83
2008	15.3	4.4	10.9	24.9	8.6	16.2	9.53	4.22	5.31
2009	14.9			24.3			9.33		
2010	8.6			13.8			5.20		

（二）上海市对口帮扶的 26 个县整体经济水平实现了快速发展

云南省是全国的扶贫开发重点地区，也是西部大开发和兴边富民工程的重点实施地区，因此，在云南省及 73 个国家重点扶持县、7 个省级重点扶持县和 25 个边境县，中央、省级和州市各级财政都投入了大量资金，实施了很多帮扶项目，同时还有国家机关、企事业单位以及省、州市各级机关和企事业单位实施定点扶贫投入的大量财力、物力和人力，促进了云南省，尤其是 73 个国家重点扶持县、7 个省级重点扶持县和 25 个边境县经济社会的快速发展。上海对口帮扶的 4 个州市 26 个县，在获得国家各种帮扶政策的

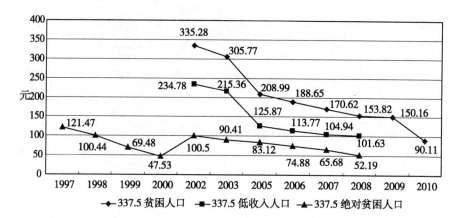

图 6 - 2　1997—2010 年上海市对口帮扶云南 26 个县贫困人口变化趋势

资料来源：根据国家统计局云南调查总队各年度《云南省州市县及分类农村贫困监测情况表》计算。

说明：2008 年以后不再分低收入贫困人口和绝对人口进行统计，2009 年把年末农民人均纯收入 785 元以下的贫困人口由原来的绝对贫困人口改称为深度贫困人口进行统计。

扶持同时，还得到了上海市的对口帮扶。比较分析上海对口帮扶 26 个县与云南省及 73 个国家重点扶持县、7 个省级重点扶持县和 25 个边境县的主要经济指标发展状况，可以检验上海对口帮扶的效益。

1. 上海对口帮扶 26 个县的农民人均纯收入年均增幅均高于云南省平均水平、73 个国家扶贫重点县、省级扶贫重点县和 25 个边境县

1996—2011 年，上海对口帮扶 26 个县的农民人均纯收入从 1996 年的 643.65 元提高到了 2011 年的 3539.04 元，年均增长率达到了 13.14%，从相当于云南省平均水平的 52.4% 提高到了 74.9%，年均增长率比云南省平均水平高了 2.92 个百分点；1999—2011 年，上海对口帮扶 26 个县的农民人均纯收入从相当于 73 个国家扶贫重点县的 80.4% 提高到了 99%，年均增长率达到了 13.24%，比 73 个国家扶贫重点县的平均水平高了 1.99 个百分点；2002—2011 年，上海对口帮扶 26 个县的农民人均纯收入从相当于 7 个省级扶贫重点县的 60.7% 提高到了 77.1%，年均增长率达到 14.65%，比 7 个省级扶贫重点县高了 2.99 个百分点；2006—2011 年，上海对口帮扶 26 个县的农民人均纯收入从相当于 25 个边境县的 90.1% 提高到了 95.6%，年均增长率达到 19.16%，比 25 个边境县高了 1.47 个百分点。2011 年，上海对口帮扶 26 个县的农民人均纯收入的增长率达到了 26.51%，分别比云南省平均水平、73 个国家扶贫重点县、省级扶贫重点县和 25 个边境县的增长率高了 7.02、9.24、4.79 和 7.59 个百分点。

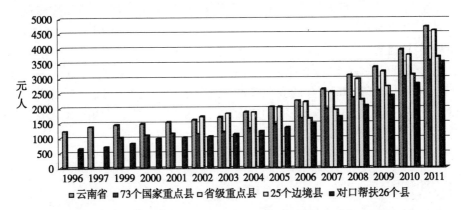

图 6-3　1996—2011 年上海市对口帮扶 26 个县与云南省及各类
贫困地区农民人均纯收入变化情况

资料来源:《云南领导干部手册》（2002、2004、2006、2008、2010、2012、2013）。省级重
点县 2002、2003 年是 5 个县,2004 年以后是 7 个县,25 个边境县从 2006 年才有单项统计。
上海对口帮扶 26 个县是根据各县数据计算的均值。

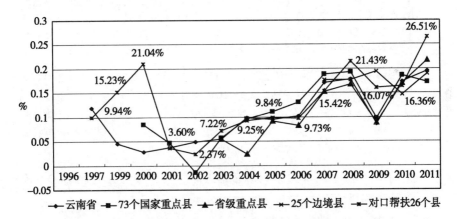

图 6-4　1996—2011 年上海市对口帮扶 26 个县与云南省及各类
贫困地区人均 GDP 增长率变化趋势

资料来源:根据《云南领导干部手册》（2002、2004、2006、2008、2012、2013）数据计
算得来。

2. 上海对口帮扶 26 个县的人均 GDP 年均增幅均高于云南省平均水平、
73 个国家扶贫重点县、省级扶贫重点县和 25 个边境县

1996—2011 年,上海对口帮扶 26 个县的人均 GDP 从 1996 年的 1390. 67
元提高到了 2011 年的 10989. 41 元,年均增长率达到了 16. 11% ,从分别相
当于云南省平均水平和 73 个国家扶贫重点县的 37. 43% 和 86. 22% 提高到了

58%和102.47%，年均增长率分别比云南省平均水平和73个国家扶贫重点县高了3.64和1.44个百分点；2002—2011年，上海对口帮扶26个县的人均GDP从相当于7个省级扶贫重点县的63.4%提高到了78.92%，年均增长率达到18.66%，比7个省级扶贫重点县高了2.98个百分点；2006—2011年，上海对口帮扶26个县的人均GDP从相当于25个边境县的85.41%提高到了87.12%，年均增长率达到17.83%，比25个边境县高了0.47个百分点。

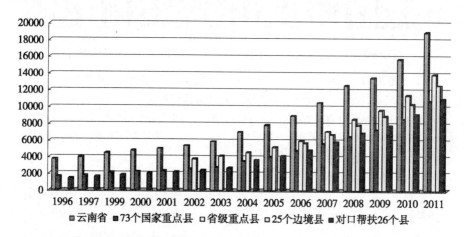

图6-5　1996—2011年上海市对口帮扶26个县与云南省及各类
贫困地区人均GDP变化情况

资料来源：《云南领导干部手册》（2002、2004、2006、2008、2010、2012、2013）。省级重点县2002、2003年是5个县，2004年以后是7个县，25个边境县从2006年才有单项统计。上海对口帮扶26个县是根据各县数据计算的均值。

3. 上海对口帮扶26个县的农林牧渔业总产值呈快速增长趋势，年均增长率分别高于73个国家扶贫重点县和省级扶贫重点县

1996—2011年，上海对口帮扶26个县的农林牧渔业总产值从1996年的299.36亿元提高到了2011年2301.31亿元，年均增长率达到了16.05%，从相当于73个国家扶贫重点县的30.46%提高到了32.58%，年均增长率比73个国家扶贫重点县高了0.45个百分点；2002—2011年，上海对口帮扶26个县的农林牧渔业总产值从相当于7个省级扶贫重点县的133.95%提高到了156.48%，年均增长率是15.06%，比7个省级扶贫重点县高了1.99个百分点。上海对口帮扶26个县的农林牧渔业总产值同期年均增长率分别比1996—2011年云南省平均水平和2006—2011年25个边境县略低。

4. 上海对口帮扶26个县的人均财政收入年均增幅均高于云南省平均水

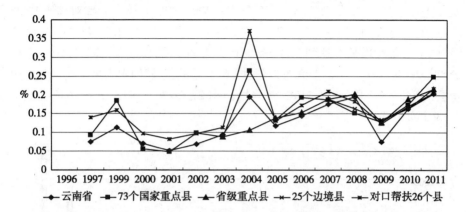

**图 6 - 6　1996—2011 年上海市对口帮扶 26 个县与云南省及各类贫困地区
人均 GDP 增长率变化趋势**

资料来源：根据《云南领导干部手册》（2002、2004、2006、2008、2012、2013）数据计算
得来。

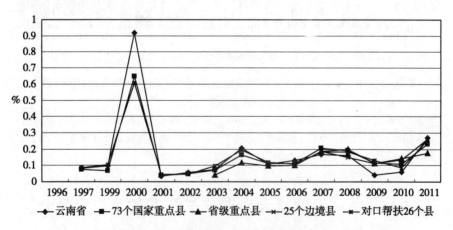

**图 6 - 7　1997—2011 年上海市对口帮扶 26 个县与云南省及各类贫困
地区农林牧渔业总产值增长率变化趋势**

资料来源：根据《云南领导干部手册》（2002、2004、2006、2008、2010、2012、2013）数
据计算得来。

平、73 个国家扶贫重点县和省级扶贫重点县

　　1996—2011 年，上海对口帮扶 26 个县的人均财政收入从 1996 年的
1390.67 元提高到了 2011 年的 10989.41 元，年均增长率达到了 16.11%，
从分别相当于云南省平均水平和 73 个国家扶贫重点县的 25% 和 71.68% 提
高到了 33.24% 和 11.07%，年均增长率分别比云南省平均水平和 73 个国家

扶贫重点县高了 2.79 和 3.53 个百分点；2002—2011 年，上海对口帮扶 26 个县的人均 GDP 从相当于 7 个省级扶贫重点县的 63.24% 提高到了 85.11%，年均增长率达到 22.97%，比 7 个省级扶贫重点县高了 4.07 个百分点；2006—2011 年，上海对口帮扶 26 个县的人均 GDP 从相当于 25 个边境县的 84.9% 下降到 84.2%，年均增长率 27.74%，仅比 25 个边境县低了 0.33 个百分点。

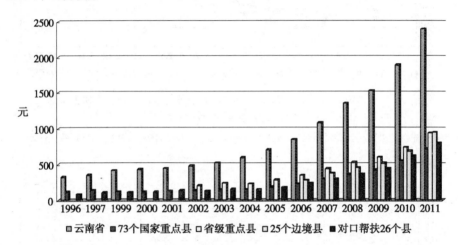

图 6 - 8　1996—2011 年上海市对口帮扶 26 个县与云南省及各类贫困地区
人均财政收入变化情况

数据来源：《云南领导干部手册》（2002、2004、2006、2008、2010、2012、2013）。省级重点县 2002、2003 年是 5 个县，2004 年以后是 7 个县，25 个边境县从 2006 年才有单项统计。上海对口帮扶 26 个县是根据各县数据计算的均值。

三　上海市对口帮扶云南省扶贫开发效率的定量分析

对口帮扶扶贫模式，是由中央政府倡导、各级政府率先垂范、全社会广泛参与的一种扶贫模式。我国实施东部发达省市对口帮扶西部各省市区的目标是：解决贫困人口温饱问题，改善贫困地区生产生活条件，增强贫困地区和贫困农户的自我发展能力，促进西部各省市经济社会发展，逐步缩小地区之间的发展差距，实现共同富裕。从前面分析的东部各发达省区对口帮扶西部各省市区的具体实施情况也可以知道，发达地区对口帮扶西部民族地区主要从两个层面入手：一是通过无偿援助帮助西部民族地区解决贫困人口温饱问题，改善贫困地区生产生活条件，增强贫困地区和贫困农户的自我发展能力方面的效益；二是通过经贸合作和经济技术交流加快西部民族地区的经济

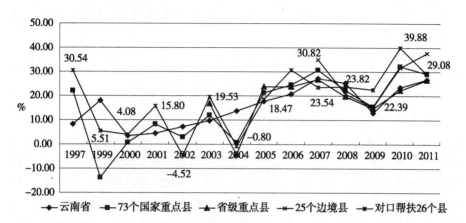

**图 6 – 9　1996—2011 年上海市对口帮扶 26 个县与云南省及各类贫困地区
人均财政收入增长率变化趋势**

资料来源：根据《云南领导干部手册》（2002、2004、2006、2008、2010、2012、2013）数
据计算得来。

社会的发展速度，以实现缩小地区发展差距和共同富裕的目标。在当前党的
十八大明确提出"到 2020 年要全面实现小康社会"的伟大目标的背景下，
尽快实现前一个目标是东部发达省市对口帮扶西部各省市区较为重要的
目标。

从上海市对口帮扶云南省 4 个州市 26 个县的农村减贫和整体经济发展
的效益分析可知，东部发达省市对西部各省区贫困地区的帮扶效益非常明
显，使扶贫人口不断减少，贫困发生率不断降低。然而就对口帮扶项目资金
的绩效和扶贫效率还缺乏计量经济方面的研究，通常只是政府相关部门进行
总结，而且以定性分析和统计数据为主。在投入对农村相关产出指标以及农
民的现实生活产生了什么影响方面缺少可靠的研究结论。东部发达地区无偿
援助资金及其实施的扶贫开发项目是对西部各省市区具体帮扶中最为重要的
部分，因此本研究将以上海市对口帮扶云南省为例，通过实证调研和定量分
析的方法进行研究，客观公正地就东部发达地区对口帮扶西部地区无偿援助
资金投入的项目投入绩效和扶贫效率进行分析，力求得出更为科学的判断，
并且为研究发达地区对口帮扶西部民族地区提供模型和计量支持。

为全面反映上海云南对口帮扶项目绩效的基本情况，本研究包括两个部
分的分析，一部分是上海云南对口帮扶扶贫资金投入绩效的实证分析，主要
是运用 SPSS 统计分析软件对投入量和产出量进行一元回归分析，从宏观层
面上对上海对口帮扶云南项目资金的投入绩效全面了解；另一部分是上海云

南对口帮扶项目受益人群的影响分析，主要是采用课题组实地调研的村、户数据资料，采用实证调研和对比分析的方法，用 Excel 软件对数据进行录入，并制作相应的统计图，从微观层面上分析上海对口帮扶云南项目的贫困农户的生产、生活等条件的情况，从而反映出扶贫效率。

（一）上海市帮扶云南省的无偿援助资金投入绩效的定量分析

1. 上海市帮扶云南省的无偿援助资金投入情况

1996 年上海市对口帮扶云南省以来，投入了大量无偿援助资金，截至 2013 年 7 月已经达到了 26.16 亿元。其中，1996—2000 年，上海市对云南省无偿援助资金共计 2.82 亿元，从图 6-10 可知，上海市对云南省投入的无偿援助资金从 2001 年以后基本呈快速增长的趋势，尤其是 2004 年以后，年均投入都在 1 亿元以上，到 2011 年达到了 3.37 亿元，是 1996—2000 年 5 年累计投入资金总和的 1.2 倍。

1996 年以来，上海市与云南省制定了"九五""十五""十一五"和"十二五"的对口帮扶工作计划，确定了以"脱贫、安居、发展"为重点，循序渐进地实施"温饱、健康、智力、增收"四大工程，逐步改善和提高贫困农户的基本生活、基本生产、基本教育和基本医疗条件，以实现"对口帮扶""经济协作"和"社会发展"三大目标。因此，上海市对云南省投入的无偿援助资金，实施了以整村推进为主，产业发展、特困群体帮扶、人力资源培训和劳务输出与发展教育、卫生等社会事业等相结合的重点帮扶项目 6963 项，主要用于帮扶农田、水利、交通、电网、安居房、学校、卫生院（室）等基础设施建设、支柱产业发展、人力资源培训、劳务输出等领域。

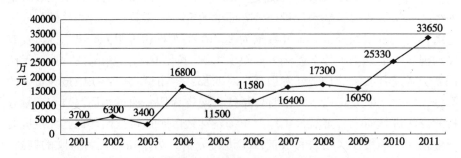

图 6-10　2001—2011 年上海市对云南省无偿援助实际到位资金情况

资料来源：云南省扶贫办。

2. 上海市帮扶云南省无偿援助资金投入绩效的回归分析

（1）数据来源及方法选择

因为 1996—2000 年、2001—2010 年和 2011 年以后国家和云南省各阶段的贫困标准都不相同，贫困人口和贫困发生率差异非常大，为了便于比较分析，也考虑到上海对口帮扶效益最为明显、有代表性的阶段，所以本研究时间跨度是 2001—2010 年 10 年。

本研究中所采用的上海对口帮扶云南扶贫资金投入的数据由云南省扶贫办提供，是 2001—2009 年历年上海对云南省无偿援助资金实际到位数，见图 6 - 10，选取了云南省对口帮扶 4 个州市 2001—2010 年历年的各项产出的统计数据，共包括了七项产出指标，即贫困发生率、农业总产值、人均粮食产量、农民人均纯收入、有效灌溉面积、境内公路里程、农村用电量。云南省农村贫困发生率统计数据均来源于《云南省农村贫困监测结果（2000—2011 年历年）》，上海对口帮扶云南的 4 个州市的各项产出指标数据均根据《云南省统计年鉴》（历年）4 个州市的各分项指标数据计算得来。

上海对口帮扶云南 4 个州市 26 个县的"农业总产值""人均粮食产量""有效灌溉面积""境内公路里程""农村用电量"数值根据各年《云南统计年鉴》各地区相应数据计算所得，具体数值见表 6 - 5。

表 6 - 5　　　　　　　　　上海—云南对口帮扶四个州市各项指标

年份	贫困发生率	农业总产值	人均粮食产量	农民人均纯收入	有效灌溉面积	境内公路里程	农村用电量
		万元	公斤/人	元/人	千公顷	公里	万千瓦时
2001	43.81	216479.00	348.21	1162.00	87.55	11934.00	14410.50
2002	37.06	224527.30	339.60	1207.50	89.58	11832.00	16292.25
2003	34.51	253631.80	336.94	1295.50	62.29	11902.00	17185.25
2004	35.12	472983.30	337.64	1436.25	93.60	12023.50	19265.50
2005	33.98	531794.00	317.46	1583.50	95.57	12068.75	20949.00
2006	29.41	594643.80	325.10	1766.00	109.03	13324.75	0.00
2007	26.30	713212.50	328.24	2168.50	99.04	13489.50	25119.75
2008	23.18	861143.80	335.25	2545.25	100.77	13806.75	25934.50
2009	22.32	966941.30	348.95	2928.75	102.53	14077.00	28945.25
2010	13.20	1039479.00	349.41	3382.75	104.36	14387.00	31792.00

数据来源：根据《云南省统计年鉴》（历年）4 个州市的各分项指标数据计算。

上海对口帮扶云南扶贫资金投入绩效分析是基于 2001—2009 年的上海—云南对口帮扶人均资金投入数据和 2002—2010 年的各项产出指标数据（贫困发生率、农业总产值、人均粮食产量、农民人均纯收入、有效灌溉面积、境内公路里程、农村用电量），以 SPSS18 为分析工具，采用一元回归方程对投资与产出的关系进行研究分析。

（2）模型的构建①

采用一元回归方程的投资与产出的关系进行研究，变量之间的回归模型可用下式表达：

$$y_i = \beta_0 + \beta_1 x_i + u_i \qquad (1)$$

式中，y 是被解释变量（贫困发生率、农业增加值、人均粮食产量、农民人均纯收入、有效灌溉面积、境内公路里程、农村用电量），解释变量 x 表示投资（人均项目实施资金），本研究使用图 6－10 上海—云南对口帮扶资金的实际到位数进行分析，人均值由项目实施资金除以当年贫困县的贫困人口总数得出。由于农业项目的投资滞后效应，投入和产出有一年的延时期，为此投入数据将对应于后一年的产出数据。本研究用 2001—2009 年的资金投入对应 2002—2010 年的各项产出指标（即投入对应产出的数据分别向后平移一年）。

（3）回归分析结果

以上海市对云南省无偿援助资金的人均投入资金为解释变量，各地贫困发生率、农业总产值、人均粮食产量、农民人均纯收入、有效灌溉面积、境内公路里程和农村用电量为被解释变量做回归分析，结果见表 6－6。

表 6－6　　　　　上海市对云南省无偿援助资金投入的回归分析结果

	拟合优度：R^2	截距项 β_0	系数 β_1	D－W
贫困发生率	0.704	39.333	－0.052***	2.078
农业总产值	0.824	184353.417	2094.566***	2.798
人均粮食产量	0.056	331.248	0.020	1.057
农民人均纯收入	0.790	886.084	5.415***	2.066
有效灌溉面积	0.294	82.800	0.058	2.552
境内公路里程	0.689	11559.629	6.743***	2.300
农村用电量	0.350	11331.925	43.731*	2.130

说明：表中***、**、*三个上标分别表示回归系数在1%、5%和10%的水平上显著不为零。

从表 6－6 可以看出，影响显著的依次是以贫困发生率、农业总产值、农民人均纯收入和境内公路里程为被解释变量的回归，其余 3 个以人均粮食产量、有效灌溉面积和农村用电量为被解释变量的回归的影响不够显著。其中，援助资金投入对农业总产值的解释力最强（ $R^2 = 0.824$ ），对农民人均

---

① 借鉴了帅传敏《中国农村扶贫开发模式与效率研究》中的模型，人民出版社 2010 年版。

纯收入的解释能力次之（$R^2 = 0.790$），其次是贫困发生率（$R^2 = 0.704$）和境内公路里程（$R^2 = 0.689$）。另外，农业总产值、农民人均纯收入、境内公路里程对人均扶贫资金的回归系数为正且在1%的水平上显著不为零，贫困发生率对人均扶贫资金的回归系数为负并在1%的水平上显著不为零（系数$\beta_1 = -0.052$）。人均扶贫资金对人均粮食产量和有效灌溉面积缺少解释能力（拟合优度不高，回归系数在10%的水平上都不能拒绝为零的原假设）。人均扶贫资金对农村用电量有部分解释能力（$R^2 = 0.35$，回归系数在10%的水平上显著不为零）。

3. 回归结果的解释

上海市对云南省无偿援助资金的人均资金投入对4个产出指标影响显著，从相关系数和解释度来看，人均无偿援助资金能够解释农业总产值、农民人均纯收入、贫困发生率、境内公路里程4个指标改善的大部分变化，能解释农村用电量的部分变化，对其余的人均粮食产量和有效灌溉面积2个指标没有解释能力。这表明，上海市对云南省投入的无偿援助资金通过兴建农田水利、人畜饮水工程、修建各类公路、学校、卫生院（所）以及村容整治等基础设施建设，改善了对口帮扶地区的生产生活条件，虽然没有提高人均粮食产量，但是通过发展支柱产业与进行有组织的人力资源培训和劳务输出相结合，既促进了对口帮扶地区的农业总产值的快速增长，也促进了对口帮扶地区的非农就业，提高了对口帮扶地区贫困人口的生产性收入和工资性收入，从而提高了当地贫困群众的农民人均纯收入，减少了贫困人口数量、降低了贫困发生率，促使当地人均GDP和人均财政收入快速增长，具有非常好的扶贫效果。主要原因是：第一，上海市对口帮扶资金投入比较注重对有发展潜力的产业或当地有优势的支柱产业的扶持；第二，上海市对口帮扶资金比较关注贫困地区贫困群众的能力建设，采取了多层次的人力资源培训与开发措施，对贫困人口进行了农业科技与非农业就业技能等多方面的能力建设，提高了当地贫困群众的农业生产能力和非农就业能力；第三，上海市对口帮扶一直把扶贫开发与教育、医疗卫生等社会事业发展相结合，在提高贫困人口收入和技能的同时，也非常重视当地教育水平的提升和教育条件的改善，重视当地群众的健康状况，不断提高对口帮扶地区的人力资源质量，为快速发展提供了保障，增强了贫困地区和贫困群众自我发展的能力。

但是，上海对口帮扶无偿援助资金对于改善对口帮扶地区的有效灌溉面积方面效果不显著，主要原因，一方面可能是由于对口帮扶地区都属于山区，自然条件较差，农田的灌溉基础较差，基本农田建设成本较高，投入资金的效率比其他项目小；另一方面可能是由于在基本农田建设方面的资金投入量较小，所以成效不显著。

4. 结论与政策建议

从总体来判断，上海市对云南省投入无偿援助资金使用效率较高，投入的无偿援助资金对所投资的领域，尤其是改善基础设施、扶持产业发展、组织人力资源培训与劳务输出，提高农业总产值和农民人均纯收入，从而减少贫困人口、降低贫困发生率、提高当地人均 GDP 和人均财政收入等方面成效显著。

基于以上研究结论，本研究建议：

（1）要充分发挥上海无偿援助资金对云南贫困地区的扶贫效果，在继续加大产业扶持、人力资本培训与劳务输出的投入的基础上，应进一步加大基本农田和农田水利建设的投入力度，以增强对口帮扶贫困地区后续的自我发展能力。

（2）应认真总结和分析上海市对口帮扶云南省的扶贫经验，充分发挥其影响的示范效应，把这些经验应用于其他的扶贫模式，以提升我国国内扶贫投资使用效率和整体的扶贫效果。

（二）上海对口帮扶云南项目对受益人群的影响分析

上海—云南对口帮扶项目受益人群的影响分析，主要是采用课题组实地调研的村、户数据资料，采用实证调研和对比分析的方法，用 Excel 软件对数据进行录入，并制作相应的统计图，从微观层面上分析上海对口帮扶云南项目实施前后贫困农户的生产、生活等条件的情况，从而反映出扶贫效率。

1. 样本村的确定及基本情况

上海对口帮扶云南省 4 个州市 26 个县，主要的帮扶模式就是以整村推进为主，与产业扶持、人力资源开发和劳务输出相结合，实现了由单一的进村入户、解决温饱向整乡规划、整村推进、片区开发全面发展，社会事业帮扶逐步向教育、文化、卫生、科技等全方位延伸。具体帮扶项目主要以村委会为单位进行规划、以自然村为单位组织推进，先后 4 个州市实施了一批温饱试点村、安居温饱试点村、脱贫奔小康试点村、白玉兰扶贫开发重点村，形成了递进式对口帮扶模式。其中"温饱试点村"重在脱贫，"安居温饱试点村"重在安居，"脱贫奔小康试点村"重在不断改善"四个基本"条件，"白玉兰扶贫开发重点村"重在改善"四个基本"条件的基础上发展产业，为新农村建设打好基础创造条件。

本研究根据上海市对口帮扶云南省实施整村推进扶贫模式的特点，课题组经过调查并与省级、州市、县级扶贫部门商议，结合调研方案，具体确定了调研点，样本村涉及 3 个州市 5 个县 6 个乡镇 7 个村委会 11 个村民小组，地理跨度较大，代表性较强，调研难度和任务较重。

本研究的样本村具体是：普洱市宁洱县宁洱镇金鸡村委会那整村民小组、墨江县联珠镇桑田村委会的落竜村民小组和团墩村民小组、红河州石屏县异龙镇陶村许家营自然村、六家山村委会的大寨和麻栗树村民小组、大桥乡团山村委会团山村民小组、蒙自县冷泉乡小新村委会嘎机租村民小组和迪庆州香格里拉县汤满村委会的西木谷、汤堆上和都吉古村民小组。其中宁洱县宁洱镇金鸡村委会那整村民小组是 2003 年实施的上海对口帮扶小康示范村，项目实施时间较早，项目实施前的数据不全，难以进行项目前后的比较，所以在下面的问卷数据分析结果中不包括那整村民小组的数据。其余项目实施前各样本村具体情况见表6－7。

本研究在调查中采用了随机抽样，把问卷调查与入户访谈相结合的调研方法，以便更加全面深入地了解样本村的项目实施情况以及项目实施前后的变化（见表6－8）。

表6－7　　　　　　　　　　项目实施前各样本村基本情况

州市	普洱市	红河州					迪庆州		
县	墨江县	石屏县				蒙自市	香格里拉县		
乡镇	联珠镇	异龙镇			大桥乡	冷泉镇	尼西乡		
村委会	桑田村	陶村	六家山村		团山	小新	汤满村		
调研点	落竜小组	团墩小组	许家营	大寨	麻栗树	团山小组	嘎机租村	西木谷村	汤堆上村	都吉古村
总户数（户）	80	35	155	57	36	141	50	42	69	32
总人口（人）	304	154	602	210	158	478	219	222	369	174
劳动力（人）	166	79	341	167	114	327	125	106	183	86
其中从事第一产业（人）	140	60	318	102	84	240	118	106	183	86
少数民族人口（人）	268	123	59	210	156	224	206	222	369	174
主要少数民族	哈尼族	哈尼族	彝族	彝族	彝族	彝族、傣族	彝族	藏族	藏族	藏族
人均耕地（亩）	0.79	1.0	0.70	1.2	1.1	0.78	2.92	1.2	0.7	1.6
主要作物	稻谷玉米	稻谷	稻谷、玉米	水稻、蔬菜	水稻、蔬菜	水稻、玉米、甘蔗	蚕桑	小麦、马铃薯	青稞	玉米、小麦
主要收入来源	种养殖业	种养殖业	种植业	种植业	种植业	种植业	养殖业	种植	松茸、养鸡	种养殖业

续表

州市	普洱市	红河州				蒙自市	迪庆州		
县	墨江县	石屏县				蒙自市	香格里拉县		
乡镇	联珠镇	异龙镇			大桥乡	冷泉镇	尼西乡		
村委会	桑田村	陶村	六家山村		团山	小新	汤满村		
调研点	落竜小组	团墩小组	许家营	大寨	麻栗树	团山小组	嘎机租村	西木谷村	汤堆上村	都吉古村
农民人均纯收入（元）	600	860	910	723	723	3695	1510	1727	1797	700
贫困状况或贫困发生率	77%	40%	8%	50%	50%	5%	100%	50%	贫困村	贫困村
是否通路	否	否	是	是	是	是（砂石路）	是（砂石路）	是（土路）	是（土路）	是（土路）
是否通电	是	是	是	是	是	是	是	是	是	是
是否通水	否	否	是	是	是	是	否	否	是	是	否
项目实施时间	2006	2007	2007	2005	2005	2009	2009	2009	2009	2009

资料来源：根据调研资料和云南数字乡村的数据整理而来。

表6-8　　各调研点上海对口帮扶整村推进项目实施情况

调研点	实施时间	投资（万元）		实施内容	成效
		总投资	上海		
那整村	2001—2003	160	50	修建三层科技楼400平方米，扩建村内道路4公里（水泥路），修建1个沉淀池（蓄水）	科技楼是当地村民开村民大会及各种节日聚会的场所，村内环境干净整洁了，基本解决了饮水困难问题
落竜村	2006—2007	168	81	1. 基础设施：145万元，修建6.11万立方米的落竜坝塘；完成了3公里人畜饮水工程；建成3.35公里的环村路和连户路；建白玉兰卫生室；进行了房屋改造、"沼气三合一"、安装太阳能等；2. 产业扶持：建有茶园170亩，经济林园50亩；扶持专业养殖户5户，家禽存栏上千只（头），稻田养鱼50亩；劳动力转移80人。3. 农民素质培训：7万元，建230平米的村民文化活动室，完成农民实用科技培训8期1000余人次	1. 解决了灌溉面410多亩，改善生产生活条件和卫生医疗条件，基本解决了人畜饮水问题，缓解了看病难问题。2. 2007年，全村农民人均纯收入由实施前的610元增加到了1380元，人均有粮由实施前的61275公斤增加到了300公斤，解决了56户234人的温饱问题，基本消除了绝对贫困人口。生活水平显著提高，电视、电话普及率分别达到75%和23%，15%的农户购买了手机。3. 生态环境明显改善，村容面貌干净整洁，形成学科学、用科技的风气

续表

调研点	实施时间	投资（万元）		实施内容	成效
		总投资	上海		
团墩村	2007—2008	59.7	42	1. 29.2万元，修复村组公路1条0.8公里，新建文明路及连户路1条2公里；2.6万元，新建200平米科技文化室1间；3. 5.8万元，实施茶叶抚管100亩；4. 5.5万元，实施猪圈改造35间420平米，厕所改造35户70平米；5. 2.5万元实施种养殖培训5期1250人次；6. 0.2万元，新建简介牌1块	1. 农民人均纯收入增加150元左右，增幅19%；人均有粮353公斤，人均增量5公斤；生活水平显著提高，电视、电话普及率分别达到75%和23%，85%的农户购买了手机；2. 初步形成以茶叶为主的种植业，发展养猪、家禽养殖为主的畜牧业，产业结构更合理。实现人均有茶园1亩以上，农民增收主导产业基本形成；3. 村容干净整洁，村民素质提高，形成思发展、议发展的氛围，村民更团结、更勤劳
许家营	2007—2008	50	40	1. 39万元，村内道路硬化500米，4米宽；2.7万元，建村民活动室；3. 14万元，实施灌溉水网改造	基本解决农地灌溉问题和运输难问题，大力发展了蔬菜种植，90%的蔬菜运到外地，村内有20多人搞营运，统一销售，项目后农民人均纯收入2400元
六家山村委会7个自然村	2005—2007	1292	390	1. 铺设文明卫生路10.3公里，硬化入村公路6条4公里；2. 改善民房242间；3. 多依树村整体搬迁，建筑砖木结构搬迁房54栋；4. 完成沼气池为主"三配套"工程268间，户均有1组"三配套"沼气池；5. 发展种养殖业，把生猪养殖和种植优质稻、冬早蔬菜、花椒作为特色产业进行培植；6. 建人畜饮水工程，蓄水池7个，安装自来水主管网8529米，分管网16380米；7. 新建希望小学，1224平米教学楼一栋，完善球场、花区、围墙及校门；8. 建村民活动室50平米7间及户外活动场地7块；9. 建卫生室100平米1间，配备医疗器械	1. 7个村村容村貌彻底改变，进村入户交通便利，人畜饮水得到全面解决，村民生产生活条件得到改善，能源问题基本解决，生态环境改善；2. 7个村共饲养生猪1480头，户均5头，按每头600元出售，户均增收3000元；优质稻、冬辣椒、冬黄瓜已经发展成为订单农业。采取"水稻—蔬菜—蔬菜"的种植模式，提高了土地复种指数，拓宽了村民增收渠道；3. 教育、卫生医疗条件改善，教育水平、医疗水平明显提高，基本解决群众上学难、看病难问题；4. 增强了村民凝聚力
团山村	2009—2010		50	1. 实施村内道路硬化；2. 大力发展甘蔗、蔬菜种植和养猪等种养殖产业	2012年全村经济总收入150.30万元，农民人均纯收入3695.00元。农民收入主要以种植业为主
嘎机租村	2009—2010		50	1. 实施村内道路硬化；2. 实施人畜饮水工程，建水窖蓄水，3. 大力发展生猪、桑蚕养殖等	改变了村容村貌，改善了农民生产生活条件，扶持了特色产业发展，增加了农民收入。2010年，全村农村经济总收入66.05万元，其中50%来自养殖业，农民人均纯收入1877元

续表

调研点	实施时间	投资（万元）		实施内容	成效
		总投资	上海		
汤满村委会	2009—2010	288.87	250	1. 203.87 万元，完成 7 个自然村村内道路硬化及水泥管排水；3 个自然村进村弹石路 5500 米，涵洞 8 个及排水管；2 个自然村安装太阳能 29 台；1 个自然村实施了电网改造。其中 3 个调研点，实施了村内道路硬化及排水管道建设。2. 85 万元，扶持养鸡、养猪专业户及零星养殖户以及土陶合作社，进行了养殖技术培训。其中 3 个调研点都有养殖专业户，汤堆有土陶合作社	1. 彻底改善了村容村貌，基本解决了交通运输难的问题，改善了农户生产生活条件。2. 扶持产业发展，推行科学养殖，增加了农户收入，提高了养殖水平

资料来源：根据课题组调研资料整理。

注：投资中，除了上海援助资金以外的资金，还包括了云南省各级财政其他扶贫资金、社会帮扶资金、群众自筹资金和投工投劳等。

2. 数据来源和说明

采用课题组在云南省 3 个州市、4 个县、5 个乡镇、6 个村委会、10 个村民小组针对 190 个农户开展的问卷调查数据，分析上海对口帮扶项目实施前后对样本村农户的影响。本研究调查课题组共发放农户调查问卷 194 份，收回 194 份，问卷回收率为 100%，其中有效问卷 190 份，问卷有效率 98%。为了更好地根据调查数据分析村民的基本情况，我们把截至 2012 年的数据进行分析的基础上与项目实施前（2002、2004、2008 年）和项目实施后（2007、2008、2011 年）的相关指标做对比分析。在统计分析过程中，因各个项目村实施整村推进项目的时间不同，为了方便比较整村推进项目实施前后的数据变化，分析过程中不用年份，仅用"项目实施前"和"项目实施后"表示。

3. 数据分析结果

（1）样本农户受教育情况

从图 6-11 问卷调查的统计数据分析显示，样本农户户主的受教育水平较低，有 42% 是小学及小学以下文化程度，有 50% 是初中文化程度，只有 8% 是高中文化程度，大专及以上文化程度的为 0。由图 6-12 可以看出，样本村的农户"子女受教育情况"目前也相对较低，小学文化占 44%，初中文化占 41%，而大中专文化的比率为 4%。大多户主的文化程度有所提高。有研究表明，户主受教育程度对扶贫项目的实施效果有影响，这表明，今后在实施对口帮扶项目时对户主的培训应该进一步加强，增强户主自身的

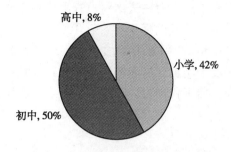

图 6-11 样本农户户主受教育程度情况

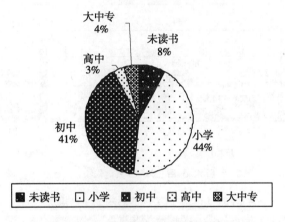

图 6-12 样本农户子女受教育情况

科技文化水平，才能使项目实施发挥更大的效益。

（2）家庭居住情况

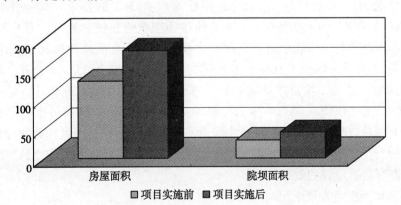

图 6-13 项目实施前后家庭居住情况

从图 6 - 13 可以看出，上海—云南对口帮扶农户家庭居住情况也有明显的改善，项目实施前后"人均房屋面积"从 129.09 平方米增加到 180.44 平方米、"院坝面积"从 30.29 平方米增加到 43.15 平方米，其中住房面积比院坝面积有了更大幅度的增加。这表明，上海对口帮扶中以安居、温饱为主的整村推进项目以及安居工程项目，改善项目区农户的居住条件的效益比较明显。

（3）农业生产情况

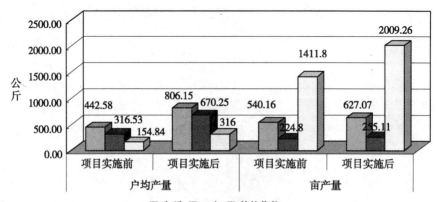

图 6 - 14　项目实施前后农业生产情况

说明：其他作物主要是蔬菜、茶、水果等经济作物。

从图 6 - 14 可以看出，上海—云南对口帮扶项目村农户农业生产情况均有明显的增长，项目实施前后，样本村户均水稻产量从 442.59 公斤增长到 463.23 公斤、玉米产量从 316.53 公斤增长到 362.5 公斤、其他作物从 154.84 公斤增长到 350 公斤，其中其他作物产量增长幅度最大，为 1.2 倍。项目实施前后各类作物的亩产量均有大幅度提高，水稻从 540.16 公斤提高到 627.07 公斤，增长了 16%；玉米从 224.8 公斤提高到 255.11 公斤，增长了 13.4%；其他作物亩产量从 1411.8 公斤提高到了 2009.26 公斤，增长了 42.3%。其他作物在问卷中显示主要为蔬菜、茶、水果等经济作物。这表明，上海对口帮扶整村推进项目中，对支柱产业进行扶持，尤其是进行各种形式的农业科技培训，培养农业科技人才，对提高项目区各类作物的种植水平和亩产量有很好的效果。

（4）养殖业发展情况

从表 6 - 9 中可以看出，上海—云南对口帮扶项目村农户养殖业发展有明显的增长，项目实施前后，一年中户均养殖生猪的数量从 4 头增长到 6

头，生猪出栏也从 4 头增长到 6 头，户均年收入从 6215.56 元增加到 10276.32 元；一年中户均养殖家禽的数量从 12 只增长到 18 只，出售的家禽也从 9 只增长到 14 只，户均年收入从 550.59 元增加到 782.94 元。项目实施后生猪和家禽两项收入增长了 63.5%。其中，项目实施前后，样本户中养殖生猪最多的农户从 11 头增加到了 25 头，也有的农户从不养猪增加到了 2 头；家禽的养殖数量变化不大，收入变化也不大。这表明，项目中扶持养殖业发展，并提供技术支持和培训，激发了农户发展养殖生猪的积极性，也提高了农户的家庭收入水平。项目实施对发展项目村的养殖业有较好的促进效果。

表 6-9　　　　　　　项目实施前后一年中户均养殖情况

	生猪（头、元）			家禽（只、元）		
	养殖	出栏	收入	养殖	出售	收入
项目实施前	4	4	6215.56	12	9	550.59
项目实施后	6	6	10276.32	18	14	782.94
增减	2	2	4060.76	6	5	232.35

（5）家庭收入情况

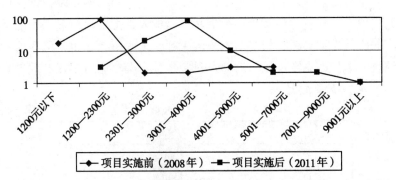

图 6-15　项目实施前后家庭年人均收入情况

因考虑到可比性，图 6-15 仅使用了 2012 年调研的问卷数据，调研的项目村都是 2008 年以后实施的整村推进项目，有效问卷数为 120 份。从图中可以看出，上海—云南对口帮扶农户家庭年人均收入的变化情况，项目实施前（2008 年）年人均收入 1200—2300 元为 92 份，占有效问卷总数的 77%，在项目实施后（2011 年）年人均收入 3001—4000 元为 81 份，占有效问卷总数的 68%，实施前后农户家庭年人均收入有了明显提高。

（6）家庭收入来源情况

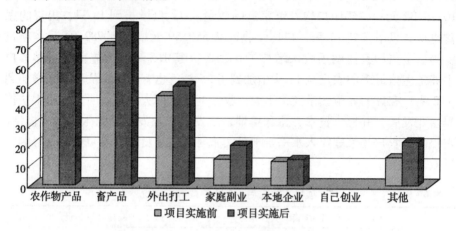

图6-16　项目实施前后家庭年收入来源情况

　　从图6-16可以看出上海—云南对口帮扶农户家庭年收入来源的变化情况，项目实施前后农户收入来源前三项均为出售农作物产品、出售畜产品和外出打工，项目实施前所占比率最大的是出售农作物产品，项目实施后畜产品收入增长较快，在农户家庭收入中比重最大，农作物产品收入也保持原有水平，外出打工的比重也有所增加。这表明，上海对口帮扶整村推进项目的实施对当地产业扶持力度加大，也促进了当地农户的非农就业，增加了项目村农户的收入来源渠道，提高了农户的家庭收入水平，这也就是项目村农民人均纯收入增加的主要原因，对项目村脱贫致富奔小康有很好的效果。

（7）家庭支出情况

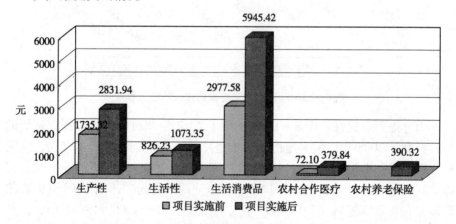

图6-17　项目实施前后户均家庭支出情况

从图 6 – 17 可以看出上海—云南对口帮扶项目实施前后农户户均家庭支出变化情况，项目实施前后支出最大的三项均为生活消费品支出、生产性支出和生活性支出，其中项目实施后增长最多的是生活消费支出，从 2977. 58 元增加到了 5945. 42 元，增长了 99. 67%；其次是生产性支出，从 1735. 32 元增加到了 2831. 94 元，增长了 63. 19%；最少的是生活性支出，从 826. 23 元增加到了 1073. 35 元，增长了 99. 67%。具体分析发现，生活消费支出的增长主要是衣着费、教育费用和烟酒糖茶等食品费用；生产性支出主要是由于生产物资上涨致使生产费用增加；生活性支出的增加主要是由于整村推进等扶贫项目实施后，交通便利、人民生活质量提高，造成了交通费和通信费的增加。与此同时，随着农村社会保障制度的扩充，农户参加农村新型合作医疗的比率达到了 90% 以上，国家对贫困地区农户的医疗补助不断增加，户均缴纳的参合费也大幅度增长；农村养老保险也逐步实施，参加农村养老保险的农户从 0% 增加到 5%。这表明，一方面是近年来物价涨幅较大，尤其是食品和生产物资的物价上涨较快，而教育费用对农户的家庭经济影响日益加大，主要是中学和大专以上的学费较高，已经成为贫困农户致贫的原因之一；另一方面也说明随着对口帮扶整村推进等项目的实施，贫困农户的生活条件得到了改善，生活水平也日益提高，各项支出的增加才有了保障。

（8）今后项目村农户需要获得扶持

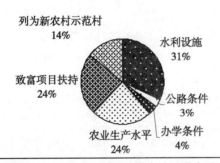

图 6 – 18　农户希望得到的扶持项目比例情况

从图 6 – 18 可以看出，样本村农民希望得到扶持项目的前几位分别是改善现有的水利设施、提高农业生产水平、政府给予致富项目支持和列为社会主义新农村，所占比率分别为 31%、24%、24%、14%。调查中我们了解到，项目村农户通过实施上海对口帮扶整村推进项目，交通、教育及其他生活条件和部分生产条件都得到了改善，所以样本村农户对公路条件和办学条件的需求比重非常小。但是，今后样本村要发展现代农业，进行规模化、集约化种植，农业水利条件是很大的限制，尤其是有的项目村水源较远，农田的有效灌溉面积较低，提高农业生产水平，必须改善现有的水利设施。同时，我们也看到，由于上海对口帮扶项目的实施提高了样本村农户建设社会主义新农村的积极性和愿望，他们对本村的发展目标有了较高的要求。

（三）结果分析

结合以上上海市对云南省无偿援助资金投入的绩效回归分析结果以及上海市对口帮扶云南省的扶贫项目受益人群的影响分析的分析结果，本研究就上海对口帮扶云南省扶贫开发效益的分析结果如下：

1. 从回归结果看，上海—云南对口帮扶的人均项目资金对农业总产值影响最为显著，农业总产值指标在 2001—2010 年呈逐年上升趋势，4 个州 26 个县的农业总产值从 2001 年的 216479 万元增长到 2010 年的 1039479 万元；根据项目实施前后农业生产情况分析（图 6 - 14），农业产量在项目实施前后，玉米和水稻都有大的增幅，另外其他作物有明显增长，主要为蔬菜。根据课题组设置的村委会和村民小组调查问卷，小麦、洋芋、油菜以及猪、牛羊、家禽的数值也有显著提高，可以看出项目实施对农业增产产生很好的效果。

2. 对农民人均纯收入影响显著性是仅次于农业总产值，4 个州 26 个县的农民人均纯收入从 2001 年的 1162 元增长到 2010 年的 3383 元；根据项目实施前后家庭年收入情况分析（图 6 - 15），家庭收入情况在项目实施前农民年收入主要集中在 1200—2300 元，在项目实施后收入主要集中在 3001—4000 元，可以说明农民收入有显著增长。另外，根据项目实施前后家庭年收入来源、支出情况分析（图 6 - 16、图 6 - 17），在收入来源方面，出售畜产品有明显增长，而出售农作物有了减少；在家庭支出方面，生活消费品支出在项目实施前后均为最大比例，其次是生产性支出和生活性支出。应该注意，农民参加农村养老保险从无到有的转变，可以看出项目实施对农民增收起到显著作用。

3. 随着农民收入的不断增长，4 个州 26 个县贫困发生率在 2001—2010 年呈逐年下降趋势，从 2001 年的 43.81% 降到 2010 年的 13.20%，从回归模型也可以看出，该指标是显著性影响第三的指标。十年来，上海—云南对口帮扶项目帮助四州市 40 余万贫困群众脱贫，促进四州市农民人均纯收入由 2001 年的 1162 元提高到 2010 年的 3383 元，对口帮扶地区逐步实现了脱贫的目标。

4. 作为贫困地区生产和生活条件的重要指标，境内公路里程和家庭居住面积是重要的参考依据。从回归模型可以看出，境内公路里程是回归结果中显著性影响第四的指标，该指标在 2001—2010 年呈逐年上升趋势，从 2001 年的 11934 公里上升到 2010 年的 14387 公里，根据农户希望得到的扶持项目比例情况分析（图 6 - 18），可以看出公路条件只占 3%，说明项目实施前后公路条件得到较大的改善，已经不是农户最希望的扶持项目。另外，根据项目实施前后家庭居住情况分析（图 6 - 13），房屋面积和院坝面积在实施前后均有增加，可以看出，对口帮扶地区的生产生活条件有了较大的改善。

5. 在教育方面，根据子女受教育程度比例情况分析（图 6 - 12），农户"子女受教育程度"相对较低，子女受教育程度普遍为小学、初中，而高中和大中专人数较少，从这个角度说明，子女普遍缺乏文化知识。但是根据课题组设置的村委会和村民小组调查问卷回答，学龄儿童入学率和义务教育入学情况在项目实施前后均有显著提高，可以说学校初等教育有进步，但高等教育还有进一步提升的空间。

6. 在今后的扶持项目选择方面，根据农户希望得到的扶持项目比例情况分析（图 6 - 18），农民首选改善水利设施，其次是农业生产水平和致富项目支持，之后是列为新农村示范村，说明农民对农业基础设施和农业现代化的迫切需求。

（四）结论与建议

2012 年 11 月，中国共产党第十八次全国代表大会提出"坚持把国家基础设施建设和社会事业发展重点放在农村，深入推进新农村建设和扶贫开发，全面改善农村生产生活条件"。上海—云南对口帮扶的协作项目作为国家和政府返贫减贫战略的一个重要组成部分，对落实国家区域发展总体战略和主体功能区战略，推进区域合作发挥了重要的作用。

本研究基于调查数据，根据上述分析结果，得出如下结论：上海—云南对口帮扶项目实施对对口帮扶地区增加农业产值、改善农户居住环境、增加农民收入方面起到了很好的作用，极大地改善了农民的生产生活条件。但是项目在实施后，农户在发展中还有些问题没有得到解决，比如灌溉条件差、缺乏资金（生产本）、缺乏耕地资源、缺乏生产技术等问题。

基于上述宏观和微观两方面的研究结论，本研究建议：

1. 加强基础设施建设，重视社会事业发展

在对口帮扶工作中，坚持可持续发展原则，紧紧围绕基础设施建设，着眼于道路、能源、水利、生态等环节的建设，切实改善交通道路、生态环境、文化教育、医疗卫生等基础条件。在重视基础设施建设等硬件方面的改造和开发的同时，也要强调教育、医疗等社会事业的发展，在教育和卫生的

硬件建成后要更多地关注贫困农户对于教育与医疗等社会服务的可及性和设施的有效利用。

2. 重视科技扶贫，开展经济技术合作

根据新时期扶贫工作和对口帮扶合作的新形势、新要求，对口帮扶合作部门深化培训合作，分阶段有步骤地推进云南省经济社会发展中急需、紧缺、高层次人才的培养。发展优质、高产、高效、生态、安全的农业生产知识培训和以产前引种、产中订单、产后销售为主的市场营销知识培训。充分发挥沪滇对口帮扶工作平台，围绕产业发展积极开展产业项目合作，通过各种形式开展经济技术合作，实现科研成果向生产力的转化，促进贫困地区新兴产业的培育和发展。

3. 加大政策支持，重视扶贫开发项目的可持续性

坚持"整乡规划、整村推进、连片开发、分步实施、资源整合、项目集聚、生活改善、生产发展"的推进思路，以帮助当地贫困群众加快脱贫致富为中心任务，加大在一些领域的无偿援助和经济合作力度，加大政策支持的深度和广度。建立健全扶贫项目管理机制，扶贫项目要充分考虑项目组织机构、管理人员、收益人及经费的可持续性，提高扶贫人口的可持续生产能力和增收能力，从而确保扶贫项目效益的持续发挥。

4. 引进市场机制和企业参与，带动扶贫工作

上海市和云南省的各级政府在对口帮扶工作中起到组织协调和推动作用的同时，最大限度发挥市场机制的作用，引进上海的大企业进行产业化扶贫，依托大企业技术先进、管理成熟、组织程度高、流通渠道畅通等优势，促进产业集约化发展和增强市场竞争优势。使上海各类企业（尤其是科技企业）参与贫困地区的产品开发和经济社会发展。另外，积极动员企业、募集社会资金对口帮扶，鼓励企业和社会各界开展各种爱心捐赠活动，募集大量资金和物资支援云南贫困地区。

第七章

发达地区对口帮扶西部民族地区
存在的主要困难和问题

一 西部民族地区贫困问题依然严峻

当前，制约西部民族地区发展和贫困人口脱贫的深层次矛盾依然存在。在发展阶段转换和结构调整加快的双重背景下，新旧矛盾相互交织，不平衡、不稳定、不协调的问题增多，增加了扶贫开发的工作难度。

（一）贫困人口规模较大，深度贫困问题凸显

目前，我国农村贫困人口随着贫困人口的减少，贫困发生率的下降，农村贫困人口和贫困发生率呈现出更集中向西部民族地区的趋势。西部民族地区贫困人口多、贫困程度深的状况还没有根本改变，且贫困人口大多数分布在生态环境恶劣、自然资源匮乏、地理位置偏远的地区，解决困难度越来越大。

根据我国的农村贫困监测报告显示，按照低收入贫困标准，2000 年，我国农村贫困人口是 9422 万人，贫困发生率 10.2%（其中：农村绝对贫困人口是 3209 万人，贫困发生率 3.5%），而西部民族地区农村贫困人口有 5731 万人，贫困发生率是 20.6%，农村贫困人口占全国农村贫困人口的 60.8%（其中：农村绝对贫困人口有 1944 万人，贫困发生率是 6.9%，绝对农村贫困人口占全国农村贫困人口的 60.6%）。与东部和中部地区相比，贫困人口分别多 4769 万人、3002 万人，贫困发生率分别高 17.7 个百分点和 11.8 个百分点，农村贫困人口占全国农村贫困人口比重分别高 50.6 个百分点和 31.8 个百分点（其中：绝对贫困人口分别多 1737 万人、1130 万人，贫困发生率分别高 6.2 个百分点和 4 个百分点，农村贫困人口占全国农村贫

困人口比重分别高 54.2 个百分点和 35.2 个百分点)①。到了 2010 年年末,
我国农村贫困人口有 2688 万, 贫困发生率 2.8%, 其中西部民族地区农村
贫困人口有 1751 万, 贫困发生率是 6.1%, 分别比全国、东部和中部的贫
困发生率高 3.3、5.7 和 3.6 个百分点; 农村贫困人口占全国农村贫困人口
的比重上升到了 65.1%。此外, 我国的贫困人口进一步向山区集中, 我国
的山区绝大多数集中在西部民族地区。2000—2010 年, 山区的农村贫困人
口占全国贫困人口的比重从 48.7% 上升到了 52.7%, 提高了 4 个百分点。

表 7 - 1　　　　　　　　　我国农村贫困人口分布变化

		2000 年	2005 年	2010 年
贫困人口规模 (万人)	全国	9422	6432	2688
	东部	962	545	124
	中部	2729	2081	813
	西部	5731	3805	1751
	民族自治地区	—	2534.7	1480.8
	山区	4589	3158	1416.6
贫困发生率 (%)	全国	10.2	6.8	2.8
	东部	2.9	1.6	0.4
	中部	8.8	6.6	2.5
	西部	20.6	13.3	6.1
	民族自治地区	—	18.9	12.2
	山区	23.2	14.2	4.9
占农村贫困人口 比重 (%)	东部	10.2	8.5	4.6
	中部	29	32.3	30.3
	西部	60.8	59.2	65.1
	民族自治地区	—	44.5	55.1
	山区	48.7	49.1	52.7

　　资料来源: 根据《中国农村 2011 贫困监测报告》整理。

　　注: 民族自治地区 2000 年没有数据, 2005 年的数据使用的是 2006 年的数据; 山区各年度贫困
人口是根据占农村贫困人口比重计算的。

――――――――――

　　①　采用的是新东中西部划分。东部包括 11 个省级行政区, 北京、天津、河北、辽宁、上海、
江苏、浙江、福建、山东、广东和海南; 中部地区包括 8 个省级行政区, 分别是山西、吉林、黑龙
江、安徽、江西、河南、湖北和湖南; 西部地区包括 12 个省级行政区, 分别是重庆、四川、贵州、
云南、西藏、陕西、甘肃、青海、宁夏、新疆、广西和内蒙古。其中东部比本研究中的东部发达地
区相比多了海南省和河北省, 西部比本研究中的西部民族地区多了西藏, 但数据上相差较小, 不会
影响比较结论。

　　2011 年，我国确定了片区开发为主的扶贫模式，在全国确定了 14 个片区，其中完全属于西部民族地区的有六盘山区、乌蒙山区、滇黔桂石漠化区、滇西边境山区、南疆三地州、四省藏区、西藏地区等 7 个片区，部分包括西部民族地区的有秦巴山区、武陵山片区、燕山—太行山区、吕梁山区等 4 个片区。2011 年国家的扶贫新标准提高到 2300 元，我国贫困人口增加到 1.23 亿万人，贫困发生率达到了 12.7%，截至 2012 年年末，减少了 2339 万人，还有 9899 万人，贫困发生率是 10.2%。2010 年年末，按照 1274 元的贫困标准，西部民族地区还有 1751 万人，占全国贫困人口的 65.1%，贫困发生率是 6.1%，比全国贫困发生率高 3.3 个百分点。按照新贫困标准，西部民族地区的贫困人口和贫困发生率也将大幅度增加，如果按照 2010 年西部民族地区农村贫困人口占全国农村贫困人口的比重计算，目前西部民族地区约有 6500 万农村贫困人口。其中西部民族地区农村中深度贫困区域和深度贫困群体数量较大，如云南省 2011 年贫困人口从 2010 年的 325 万增加到了 1014 万，贫困发生率从 8.6% 提高到 27.1%，2012 年年末还有贫困人口 804 万，贫困发生率 21.7%，居全国第二位，其中有 1.37 万个深度贫困村、160 万的深度贫困人口，占云南省贫困人口的 19%。这些深度贫困人口主要分布在边境县、革命老区县、生态环境恶化地区、少数民族聚居区、"直过"民族聚居区等地区，这些深度困难群体的贫困状况短期内难以得到根本性的改变，随着扶贫标准的提高，他们距离脱贫的差距将会进一步扩大，他们的贫困问题将更加凸显。

　　（二）西部民族地区边境、民族贫困更加凸显，民族团结、边疆稳定面临挑战

　　按国家民委对民族自治地方农村贫困监测结果分析，我国的农村贫困人口集中于西部民族自治地区的趋势更加明显[①]，西部民族地区贫困面大，贫困程度深的特点日益突出，民族贫困成为贫困问题中的重点和难点问题。2006—2010 年，民族自治地区的贫困发生率分别为 18.9%、18.6%、17.6%、16.4% 和 12.2%，与全国同期贫困发生率相比，分别高出 12.9、14、13.4、12.6 和 9.4 个百分点。与此同时，民族自治地区的农村贫困人口占全国农村贫困人口的比重却呈逐年上升的趋势，从 2006 年的 44.5% 提

---

　　① 民族自治地区包括 5 个自治区、30 个自治州、120 个自治县，在统计过程中，自治区内的自治州、自治县，自治州内的自治县不重复计算，实际范围包括 5 个自治区、25 个自治州和 85 个自治县。其中 5 个自治区、22 自治州、66 个自治县属于西部民族自治地区，因此，本研究中也用民族自治地区的数据反映西部民族地区的经济社会发展状况。下同，不再赘述。

高到了 2010 年 55.1%，提高了 10.2 个百分点（图 7 - 1）。与此同时，在西部民族贫困县中还有 32 个国境县，农村贫困人口主要聚集在少数民族聚居区，深度贫困人口较多，贫困程度深，贫困问题与民族问题、边境问题、宗教问题等相互交织，民族团结和边疆稳定面临挑战。

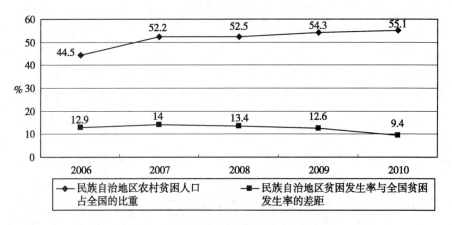

图 7 - 1　民族自治地区贫困程度变化趋势

资料来源：根据《中国农村 2011 贫困监测报告》整理。

（三）致贫因素复杂多样，返贫压力较大

在传统致贫因素的基础上，条件型、素质型贫困叠加凸显，市场风险和教育投资又成为致贫返贫的重要成因。一方面，西部民族地区因灾因病返贫较为突出。贫困地区往往是自然灾害多发地区，据统计，贫困地区遭受严重自然灾害的概率是其他地区的五倍。气候环境变化对地处生态脆弱区的贫困地区影响更加明显。贫困地区防灾抗灾能力明显不足，许多生态环境脆弱区经济社会发展滞后，农业生产受灾害威胁十分严重。据不完全统计，2010年年末，我国民族自治地区因灾因病返贫人口达到 226.4 万，返贫率是15.3%，且处于逐年上升的趋势。2009—2010 年的特大干旱，云南省有 125个县（市、区）2700 多万人受灾，因灾返贫人口高达 100 万，返贫率达到了 45.5%；2010 年西南五省的特大干旱，因灾返贫的人数更是数量惊人。另一方面，随着近几年物价上涨较快，国内国际市场波动较大，生产成本大幅度上升，市场风险与日俱增，贫困农户难以稳定脱贫。与此同时，教育费用也成为贫困家庭的一个很大的负担，在云南省的国家重点扶持县武定县调研时，该县每年有近 300 个家庭因孩子上大专、大学而致贫或返贫，目前已经成为该县致贫返贫的重要因素之一。

二　西部民族地区全面建成小康社会
的进程滞后，差距较大

　　根据国家统计局对中国全面建设小康社会进程统计监测报告，2010 年，中国全面建设小康社会的实现程度由 2000 年的 59.6% 提高到 2010 年的 80.1%。但是东、中、西部差距较大（表 7 - 2）。2000 年，西部地区全面建设小康社会的实现程度为 53.2%，低于全国平均水平 6.4 个百分点。到 2010 年，西部地区全面建设小康社会实现程度为 71.4%，低于全国平均水平 8.7 个百分点。从六大方面来看，西部地区均落后于全国平均水平，尤其是在经济发展、生活质量和社会和谐这三大方面，2010 年的实现程度分别比全国平均水平低了 13.7、11.2 和 8.4 个百分点。

表 7 - 2　　　2000—2010 年中国四大区域全面建设小康社会实现程度　　　单位:%

	2000	2001	2002	2003	2004	2005	2006	2007	2008	2009	2010
东部地区	64.3	66.5	69.0	70.5	72.4	75.1	78.1	81.4	83.5	86.0	88.0
中部地区	55.6	57.9	58.8	60.3	62.1	64.1	67.0	70.6	72.7	75.6	77.7
西部地区	53.2	54.2	55.1	56.1	56.9	59.2	61.0	64.4	66.2	68.9	71.4
东北地区	60.3	62.0	63.9	66.0	67.6	69.2	72.2	74.9	77.5	80.5	82.3

三　区域发展严重不平衡，收入差距仍然较大

　　我国东西部差距仍然较大。2010 年，我国西部民族地区的人均 GDP、城镇居民人均可支配收入、农民人均纯收入、人均财政收入分别仅相当于东部发达地区的 48.5%、67.9%、54.3%、48.1%。虽然与 1995 年相比，各项指标均有不同程度的提高，但是差距仍然较大。我国各省区市中，城镇居民人均可支配收入和农民人均纯收入最高都是上海市，分别是 31838 元和 13978 元，最低的都是甘肃省，分别是 13189 元和 3425 元，上海市和甘肃省的城镇居民人均可支配收入和农民人均纯收入分别相差 1.41 倍和 3.08 倍。

　　西部民族地区省区之间、省区内各县市区之间发展也存在发展不平衡问题，省区内各县市区之间的不平衡更加严重，且日益加剧。西部 11 个省市区（不含西藏）之间相比，城镇居民人均可支配收入和农民人均纯收入最

高的都是内蒙古，分别是 17698 元和 5530 元，分别比甘肃省高 34% 和
61.5%。在各省市区内部差距更大，如云南省的贫困人口居全国第二位，是
我国多民族聚居的省份，也是扶贫开发的主战场。2010 年，云南省 73 个国
家重点扶持县农民年人均纯收入为 3047 元，是全省农民年人均纯收入的
90.5%，仅相当于全国的 51.5%；全省 129 县市区中，农民年人均纯收入
最高的官渡区 8921 元，是最低的福贡县 1460 元的 6.11 倍，比 2009 年的
5.18 倍差距扩大了。

四　西部民族地区人力资本存量严重不足，自我发展能力较低

　　西部民族地区的广大农民受教育程度不高，文化素质低，思想、观念、
行为方式比较原始落后，自我发展能力非常弱。现在随着知识经济的到来，
不论发展什么产业都必须有一定的科技知识，而西部民族地区的农民普遍存
在文盲、半文盲率较高，在接受科技知识和外部信息时，相对而言比较困
难，因而造成贫困劳动力在发展农业生产、从事非农产业的经济活动包括外
出打工等方面，一般都存在产品质量不高、工作技能低、接受信息和新生事
物能力较差的问题，难以参与市场竞争。目前，帮助贫困农户增收、提高贫
困群众和贫困地区的自我发展能力是我国扶贫政策的重点，贫困劳动力素质
低是实现这一目标的关键性障碍。主要原因：一是西部民族地区经济落后导
致教育普遍投入不足，缺乏必要的教育设施、教学经费和较高质量的教师，
难以培养出较多、较好的人才；二是西部民族地区贫困农户较多，家庭经济
困难，难以支持孩子完成学业。在云南贫困地区，一个初中生和高中生的每
年人均学习费用最低分别在 5000—6000 元和 8000 元左右，主要是学校生活
费、住宿费和交通费，而 2010 年云南国家重点县农民人均纯收入仅有 3047
元，根本无力负担一个初中和高中生的学习费用；现在为了节约教育资源，
贫困乡村普遍存在小学撤师并校，在云南因地理环境造成农户居住分散，撤
师并校后，不少贫困孩子因无力支付住校的吃住费和来回差旅费，只好辍学
或推迟入学年龄，造成小学入学率和毕业率也处于下降的趋势；三是西部民
族地区劳动力缺乏必要的劳动技能培训机会，难以适应市场经济中经济发展
的需要。

五 西部民族地区资源环境强约束与扶贫开发、加快发展的矛盾更加凸显

对西部地区来说，资源环境强约束主要包含两个方面：一是按照国家主体功能区规划要求，西部大部分地区的发展将受到资源与环境的约束。西部地区普遍处于长江、黄河、珠江、澜沧江、怒江等大江大河的中上游，天然林保护区、生态公益林区和自然保护区的面积较大，承担着流域内生态保护的重任，禁止开发和限制开发区域较大。西部的发展要以维护国家的生态安全为前提，扶贫开发与加快发展都受到了较大的限制。

二是从发展条件看，人均资源拥有量越来越少，经济社会发展的资源环境承载能力较低，经济增长过多依靠物质资源消耗的模式使生产资料的供给与需求矛盾日趋尖锐，生态环境日趋脆弱，未来经济发展面临的资源环境约束日趋强化。我国西部各省（区、市）难以利用的土地多，气候普遍恶劣，地貌情况复杂，生态环境恶化，自然灾害频繁，水资源缺乏。90%的地区处于干旱半干旱区；水土流失面积达到104.5万平方公里，水土流失率高达15.5%，占全国水土流失总面积的58%；西北地区森林覆盖率仅有12%，土地沙漠化不断扩大，由20世纪50年代的1500平方公里扩大到了3300平方公里，仅内蒙古沙漠化面积就达到65万平方公里，占全国沙化面积的25%；西南地区水土流失严重，石漠化面积逐年扩大①。另外，森林生态系统呈现数量型增长和质量型下降并存的变化趋势，森林类型比例向不合理方向演化，导致森林生态系统调节能力减弱，病虫害加剧；水资源短缺和浪费现象严重，河流断流，湖泊萎缩，地下水位下降；灌区土壤盐渍化、水资源和环境污染、森林草原退化等也是西部各省（区、市）需要共同面对的难题。目前西部地区的旱灾和洪涝灾害发生频率大大增加，2010年西南五省区的大旱，2009年以来云南省的4年连旱都属于历史上罕见的旱灾。西部民族地区既是自然环境保护的重要区域，也是我国主要的贫困人口聚居区，在国家没有建立完善的生态效益补偿机制情况下，生态保护、环境治理与经济发展的矛盾异常突出。随着资源与环境对经济增长约束的强化，经济发展方式的转变更是一个迫切需要解决的理论与现实问题，今后东西对口帮扶的进一步深化必须以此为基础。

---

① 卢世宽：《我国西部地区农业生态环境存在的问题及对策》，《现代农业科技》2012年第23期，第255—256页。

六　现行对口帮扶政策措施还存在一些不足

（一）对口帮扶各省区投入不平衡，且缺乏稳定的投入增长机制

党的十八大报告提出了到 2020 年实现全面建成小康社会的宏伟目标。我国全面建成小康社会的重点和难点在西部民族地区，尤其是西部民族地区的贫困农村。只有西部民族地区的农村建成了小康社会，中国才能建成小康社会。党的十八大报告为西部民族地区的发展进一步指明了方向，也对东部发达地区实施西部对口帮扶提出了更高的要求。西部民族地区的贫困人口主要集中在经济落后、交通不便、信息不灵、资源匮乏、生态恶化、社会发育程度低的深山区、石山区和干热谷区，扶贫难度越来越大，成本越来越高。据专家计算，目前人均脱贫的成本需要 2 万元，加上生产资料、劳动力价格不断上涨，成本还在继续上升。东西对口帮扶的目标就是帮助西部民族地区加快解决贫困人口温饱问题的进程，改善贫困地区生产生活条件，不断缩小东西差距，实现共同富裕，为全面建成小康社会奠定坚实的基础。

目前，东西对口帮扶的资金，一方面是投入不平衡。1996—2006 年，从东部发达省市对西部各省市区的具体投入分析发现，东部各发达省市对西部省市区无偿援助资金和物资折款合计最多的累计达到 10 亿多元，无偿援助资金和物资折款合计最少的 1 亿多元，其中：年均投入对口帮扶资金和物资折款最多的省市是 1 亿元，最少的省市有 1300 万元；对口帮扶的西部国定贫困县县均投入对口帮扶资金和物资折款最多的有 4000 万元，最少的有 1000 万元。东部各发达省市对西部省市区累计投入的经济合作资金最多的省市区是 417 亿元，最少的是 11.9 亿元。投入严重不平衡，将会对缩小地区差距造成不良的影响（图 7-2、图 7-3）。

另一方面，东部发达省市无偿援助资金一直没有建立稳定的投入增长机制，随着东西对口帮扶不断深化和拓展，资金投入的不稳定或不足将会严重影响东西对口帮扶的效益。

（二）对口帮扶项目重建设轻管理

发达地区对口帮扶西部民族地区的对口帮扶项目一直都非常重视基础设施建设，尤其是安居工程、易地扶贫、重点村建设、温饱示范村建设等主要扶贫项目中，都投入了大量的资金进行基础设施建设，在教育、卫生、交通、水利等领域的投入也是以基础设施建设为主。但是，从以往的项目实施情况来看，普遍存在重建设轻管理的现象，造成不断重复建设，浪费有限的资源。主要原因：一是公共品难以管理。有的地方，部分群众对公共品缺乏

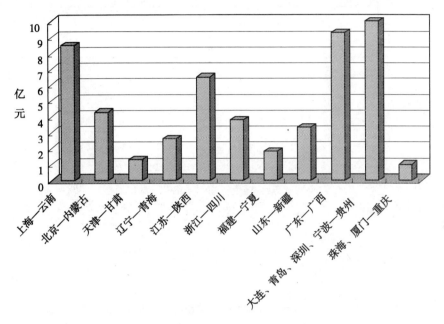

图7－2 1996—2006年东部省市对西部省市区无偿援助资金总数
资料来源：根据"全国东西扶贫协作十周年座谈会"各省市区交流材料整理。

主人翁意识，没有把建成的基础设施当作"自己的东西"来爱惜和管理，公共品的使用造成了只用不管的现象；二是部分项目建设的基础设施管理需要一定经费，贫困地区和贫困群众自身没有经济能力管理和维护，乡村的集体经济也非常薄弱，也无力承担。例如乡村道路、灌溉水渠等。

（三）对口帮扶重基础设施建设轻产业开发

对口帮扶的扶贫项目实施中，为了尽快解决贫困人口的安居温饱问题，基础建设一直是重中之重。相对而言，对产业开发重视不足，出现了有的贫困地区和贫困农户有房住、基本有饭吃，但是没有发展门路和资金，难以稳定脱贫。尤其是绝对贫困人口逐渐向低收入贫困人口转变，低收入人口逐渐成为扶贫的重点，产业开发必将成为扶贫工作的重心。但是现有的对口帮扶资金中，主要用于基础设施建设和贫困地区的公益事业建设，只有部分资金用于资助产业开发，投入产业开发的资金量不足。

（四）对口帮扶重投入轻效益

从1996年开始实施东西对口帮扶以来，各省区都投入了大量的资金、人力、物力，极大地缓解了西部民族地区的贫困状况，加快西部民族地区脱贫致富的集成和社会经济发展的步伐。但是至今对东西对口帮扶成效的评估

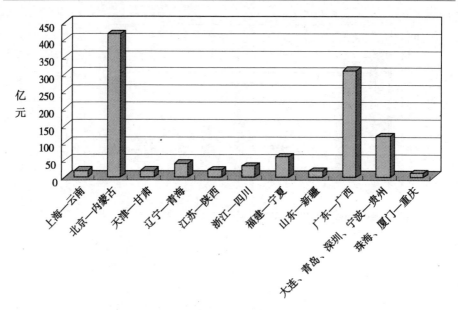

图7－3　1996—2006年东部省市对西部省市区经济合作投入资金总数

资料来源：根据"全国东西扶贫协作十周年座谈会"各省市区交流材料整理。

主要是投入了多少资金，实施了多少项目，覆盖了多少贫困地区和贫困人口，一直以来都没有一套完善而有效的评估体系对对口帮扶实施的效益进行合理的评估。由于长期以来对口帮扶工作重投入轻效益，造成了有的省市区缺乏积极性，资金投入不多，具体帮扶措施和项目少。主要原因，一方面是对口帮扶是一个系统工程，也是一个重社会效益的工程。系统工程决定了对口帮扶的复杂性，难以用一套指标系统完整地评估其效益；重社会效益决定了扶贫的效益难以用简单的经济指标进行衡量和评估。另一方面，是缺乏有效的监督机制和激励机制，滋生和助长了一些地区不够重视的思想，干多干少、干与不干、干好干坏一个样，严重影响了扶贫的效益。

（五）现行资金的使用和管理制度降低了对口帮扶资金的效益

对口帮扶资金多头管理、切块使用，降低了资金的使用效益。目前，各东部发达省区的对口帮扶资金主要有各级政府财政资金、各行业部门为西部民族地区发展投入的资金和社会各界、国际组织投入的资金三大块，其中各级政府财政资金是主要的资金来源。但是，目前对口帮扶资金的管理存在多头管理、切块分割的问题。各省区级、各县区级、各行业、各部门投入对口帮扶的资金都是各自用于对口协作的领域、地区、行业、部门，缺乏统一的规划、安排，资金和项目分散，没有形成合力效应，降低了对口帮扶资金的使用效益。

第 八 章

发达地区对口帮扶西部民族地区的
新形势和新时期定位

1996 年开始实施的东部发达省市对口帮扶西部贫困省区的东西扶贫协作，是国家制定的又一项具有战略意义的重大扶贫政策，是邓小平同志倡导的"鼓励一部分人、一部分地区先富起来，先富帮后富，最终达到共同富裕"理论的具体实践。对口帮扶实施 10 多年来，东部发达省区，通过培训人才，引进资金，促进物资交流；开展技术合作，带动和帮助贫困地区企业发展；组织贫困地区的剩余劳动力转移到东部发达地区就业；组织为贫困地区捐赠等丰富多样的形式，增加了西部贫困地区的扶贫投入，促进了西部地区人力资本积累和提升，加快了西部地区农村减缓贫困的进程，为西部贫困地区经济社会的发展做出了重要的贡献。

进入新的历史时期，在当前发展阶段转换和结构调整加快的双重背景下，尤其是在我国经济社会飞速发展、全面建成小康社会，全面落实经济建设、政治建设、文化建设、社会建设、生态文明建设五位一体总体布局，促进现代化建设各方面相协调的现在，国内形势的显著变化，对我国未来继续实施东西对口帮扶将产生重要影响。面对新形势，如何定位东西对口帮扶是现在需要解决的重要问题。

一　发达地区对口帮扶西部民族贫困地区的新形势

进入 21 世纪以来，中国的扶贫开发工作面临新的形势，突出表现为党中央、国务院对我国的发展提出了更高的目标，对我国农村扶贫提出了更高的要求。与此同时，我国农村扶贫的性质发生变化，扶贫工作的重点由解决绝对贫困向解决相对贫困转变；贫困标准随着中国经济社会的快速发展而一再调整，贫困人口迅速增加，等等。这一系列的变化给未来的东西对口帮扶工作带来了一些新的挑战，同时也增加了新的机遇。

（一）政治形势

影响我国新时期东西对口帮扶的政治和政策因素，主要包括党的十八大提出了全面建成小康社会的目标和对农村扶贫提出的新要求，新时期《中国农村扶贫开发纲要（2011—2020年）》及新时期我国农村扶贫政策的变化等宏观政策环境。

1. 党的十八大明确的目标以及对农村扶贫提出的新要求

党的十八报告强调指出，要在发展平衡性、协调性、可持续性明显增强的基础上，实现国内生产总值和城乡居民人均收入比2010年翻一番，收入分配差距缩小，扶贫对象大幅度减少，确保到2020年实现全面建成小康社会的宏伟目标。并进一步强调，必须更加自觉地把全面协调可持续作为深入贯彻落实科学发展观的基本要求，全面落实经济建设、政治建设、文化建设、社会建设、生态文明建设五位一体总体布局，促进现代化建设各方面相协调。必须更加自觉地把统筹兼顾作为深入贯彻落实科学发展观的根本方法，统筹城乡发展、区域发展、经济社会发展、人与自然和谐发展、国内外发展和对外开放，统筹各方面利益关系，充分调动各方面积极性。

党的十八大报告对扶贫开发做出了"三个一"的战略部署，即：一个"加大"："加大对革命老区、民族地区、边疆地区、贫困地区扶持力度"；一个"推进"："深入推进新农村建设和扶贫开发"；一个"减少"："扶贫对象大幅度减少"。同时，提出了多项综合性治贫的重大政策举措。这给打好新一轮扶贫开发攻坚战进一步指明了前进的方向，描绘了新的蓝图，提出了新的要求。

"五位一体"总布局提出了扶贫开发的新要求。深入推进扶贫开发是五位一体总布局的内在要求。五位一体是一个有机整体，其中经济建设是根本，政治建设是保证，文化建设是灵魂，社会建设是条件，生态文明建设是基础。只有坚持五位一体建设全面推进、协调发展，才能形成经济富裕、政治民主、文化繁荣、社会公平、生态良好的发展格局，把我国建设成为富强、民主、文明、和谐的社会主义现代化国家。五位一体的每"一位"都与扶贫开发紧密相连，从经济建设来看，扶贫开发本身是经济建设的范畴，且是"三农"工作的重中之重，而解决"三农"问题，必须大力缓解贫困问题。从政治建设来看，保证人民当家做主是政治建设的根本。扶贫开发的主体是贫困居民，只有认真贯彻落实党在现阶段的纲领、路线、方针和政策，才能确保扶贫开发的正确方向，充分调动扶贫对象的积极性并发挥其主体作用，推进扶贫开发事业的向前发展。从文化建设来看，扶贫文化是中国特色社会主义文化建设的重要内容，它既是物质扶贫的重要条件，也是提高扶贫对象思想觉悟和道德水平的重要条件。随着扶贫开发的不断深入，扶贫对象物质生活水平的逐步提高，他们的精神生活也显得越来越重要，因此要物质扶贫与精神扶贫一并抓，相互促进。从社会建设来看，改善民生是社会建设的两个重点之一，扶贫开发又是最大的民生。要以保障和改善民生为重点，多谋民生之利，多解民生之忧，加快健全基本公共服务体系，加强和创新社会管理，推动和谐社会建设。从生态文明建设来看，一般来说，扶贫开发地区都处于深山区、高原区，许多地方属于国家主体功能区规划的"限制开发区域和禁止开发区域"，因此扶贫开发在生态文明建设中也处于重要地位，意义更为重大。贫困地区要通过生态文明建设，在实现当代人利益的同时，给自然留下更多修复空间，给农业留下更多良田，给子孙后代留下天蓝、地绿、水净的美好家园，所以我们责任重大。

2. 新时期《中国农村扶贫开发纲要（2011—2020年）》

2012年年底，中共中央、国务院印发了《中国农村扶贫开发纲要（2011—2020年）》，在这份纲领性文件里，明确提出了新时期10年中我国农村扶贫的总体目标是：到2015年，贫困地区农民人均纯收入增长幅度高于全省平均水平，不低于当地经济发展速度，贫困人口大幅度减少，基本实现扶贫对象有饭吃、有水喝、有房住、有学上、有医疗、有产业。到2020年，基本解决深度贫困问题，基本解决连片特困地区贫困问题，稳定实现扶贫对象不愁吃、不愁穿，保障其义务教育、基本医疗和住房，贫困自然村村内通硬化道路、户户通电、通广播电视、通电信网络，贫困地区基本公共服务主要领域指标接近全省平均水平，城乡收入差距力争控制在3∶1，基尼系数控制在0.38以内，发展差距逐步缩小。

新纲要对新阶段扶贫战略的一个重大调整是突出了连片特困地区，把连片特困地区作为主战场，实施扶贫攻坚工程。从我国经济社会发展的历史可知，20世纪七八十年代，指导我国扶贫开发实践的是经济增长理论，认为只要经济发展，经济总量增加，贫困现象会自然消失。实践证明，经济总量增长，可以带动贫困地区的发展，但不能从根本上解决贫困问题。经济增长理论指导扶贫实践忽略了社会发展和生态环境保护建设，所以地区间、地区内部、穷人和富人的差距越来越大。90年代，指导我国扶贫开发实践的是梯度推进理论，东中西部产业承接转移，东部淘汰的产业转移到中西部，环境污染、资源成本压力过大，一些贫困地区只留下煤渣和矿坑，深度贫困越演越烈。厉以宁认为，"十二五"期间，要以联网辐射理论指导扶贫开发实践，就是在贫困地区开展集中连片的片区开发，培育中小城镇，加快特色产业发展，重点解决基础设施和水利建设，发挥中小城镇联网辐射作用，带动贫困人口增强自我发展能力，从而达到缓解贫困的目标。从这个意义上说，国家强调片区扶贫开发，是国家战略的重大转变。全国贫困地区划分 14 个片区，包括 505 个县，基本都是"地理上的高地，经济上的洼地"，片区开发强调以专项扶贫为重点，行业扶贫和社会扶贫为支撑，重点是四个方面内容：一是要充分发挥好行业部门规划优势，引导行业部门重点项目重点部署在片区。二是要充分调动片区内县级党委政府的积极主动性，积极开展招商引资，动员社会力量，引导民营资本参与扶贫开发，做大做强扶贫开发的盘子。三是要合理设定专项扶贫项目，围绕增收、增权、增智三个重点合理设置到户项目。四是要探索新机制，重点探索跨区域、跨行业、城乡一体化的跨越式发展模式。与此同时，国家还继续实施新时期西部大开发和新时期兴边富民工程，进一步加大对西部地区的扶持力度。

3. 新时期我国扶贫攻坚政策措施有五大变化

（1）扶贫标准的新变化。我国在 1985 年制定了第一个贫困标准，规定人均纯收入低于 206 元的为贫困人口，按当年的物价水平，那样的标准是可以维持生存的。1986 年 213 元，1987 年 227 元，到 2010 年提高到 1274 元，2011 国家采用新的扶贫标准 2300 元。云南省 2011 年还有贫困人口 1014 万，约占该省 3838 万农业人口的 26.4%。随着国力的增强，财力的提高，扶贫标准的调整，贫困人口规模不是越来越小，而是越来越大；扶贫对象不是越来越少，而是越来越多；扶贫任务不是越来越轻，而是越来越重；扶贫工作不是越来越弱，而是越来越强。

（2）目标任务的新变化。主要目标从解决温饱，到解决温饱、巩固温饱、缩小差距的转变，稳定实现扶贫对象不愁吃、不愁穿，保障其义务教育、基本医疗和住房。基本任务是打好基础设施改善攻坚战，改善贫困地区贫困群众生产生活条件。打好优势产业培育攻坚战，夯实贫困群众可持续脱贫基础。打好社会事业发展攻坚战，提高贫困群众综合素质，增强自我发展能力。打好生态修复攻坚战，增强贫困地区可持续发展能力。

（3）扶贫重点的新变化。一是扶持对象。将农民人均纯收入低于扶贫标准，具备劳动能力的农村人口作为扶贫开发工作的主要对象。继续把少数民族、妇女儿童、有劳动能力残疾人贫困人口帮扶纳入扶贫规划。二是重点区域。以乌蒙山区、石漠化地区、滇西边境山区、藏区 4 个连片特困地区为主战场。三是优先扶持群体。瞄准 160.2 万深度贫困群体，优先解决连片特困地区深度贫困群体的贫困问题，重点帮扶边远、少数民族、贫困地区深度贫困人口摆脱贫困。

（4）政策体系的新变化。完善有利于贫困地区、扶贫对象发展的财税政策、投资政策、金融政策、产业政策、土地政策、生态补偿政策、人才政策，建立各级财政扶贫资金投入稳定增长机制，建立资源税向贫困地区资源产地倾斜的分配制度，建立贫困地区资源开发带动贫困群众脱贫致富的联结机制，建立健全贫困地区生态补偿机制。

（5）主要措施的新变化。一是重点突出专项扶贫。整村整乡推进，产业扶贫，易地搬迁扶贫，贫困劳动力培训转移，以工代赈，兴边富民工程，革命老区扶贫开发，积极开展特困区域和群体扶贫试点。二是着力强化行业扶贫。实施特色优势产业扶贫工程，基础设施扶贫工程，教育文化扶贫工程。公共卫生与人口服务扶贫工程，民生保障扶贫工程，生态建设扶贫工程。三是巩固完善社会扶贫。定点扶贫，沪滇对口帮扶合作，企业参与扶贫，扶贫志愿者行动，驻滇部队参与驻地定点扶贫工作，有序开展与非政府组织的合作扶贫。

（二）经济形势

1. 经济社会持续发展为新阶段扶贫开发奠定了物质基础

经济发展方式加快转变，国民经济保持平稳较快发展，综合国力明显增强，农村社会保障体系逐步健全，为扶贫开发创造了有利环境和条件，也为缓解并消除贫困提供了强有力的物质前提。近年来，党中央、国务院对"三农"、欠发达地区的发展等问题十分重视，出台了一系列支农惠农和支持欠发达地区发展的政策措施，这些政策措施都覆盖到了贫困地区，特别是农村义务教育、农村新型合作医疗、农村最低生活保障制度等，这些政策措施对扶贫开发工作是一个有利促进，也是一个有利的补充，但不能替代扶贫开发。对基本公共服务均等化进一步推进，农村教育和医疗卫生事业的发展、城乡社会保障体系的建立，基础设施和生态建设的推进，对稳定解决温饱起到积极作用。农村低保制度的建立为消除贫困作了兜底性安排。2007年7月，在全国农村建立的最低生活保障制度使解决贫困群众温饱问题有了根本保证，形成了低保制度维持生存、扶贫开发促进发展的新格局。

2. 西部民族地区经济发展速度明显加快，东西部的差距得到有效遏制

2010年，我国西部民族地区的人均GDP、城镇居民人均可支配收入、农民人均纯收入、人均财政收入、劳动生产率与东部发达地区的相对差距分别是2.06倍、1.47倍、1.84倍、2.08倍和1倍，与1995年相比，分别缩小了1.68倍、0.14倍、0.89倍、2.05倍和2.26倍。我国西部民族地区的人均GDP、城镇居民人均可支配收入、农民人均纯收入、人均财政收入、劳动生产率分别相当于东部发达地区的48.5%、67.9%、54.3%、48.1%、99.6%。与1995年相比，各项指标均有不同程度的提高，分别提高了

21.79、5.85、17.72、23.86 和 68.88 个百分点。其中提高最多的是人均财政支出，提高了 69 个百分点，几乎与东部水平相当；提高最少的是城镇居民人均可支配收入，提高了 5.85 个百分点。目前，西部民族地区与东部发达地区的差距较大的主要是人均财政收入、人均 GDP 和农民人均纯收入。

表 8 - 1　　　　2010 年我国东部发达地区与西部民族地区的差距比较

指标	东部发达地区	西部民族地区	差距（倍）		西部相当于东部的%	
			1995	2010	1995	2010
人均国内生产总值（元/人）	46354	22476	3.74	2.06	26.71%	48.5%
城镇居民人均可支配收入（元/人）	23273	15806	1.61	1.47	62.07%	67.9%
农民人均纯收入（元）	8143	4418	2.73	1.84	36.58%	54.3%
人均财政收入（元）	4541	2183	4.13	2.08	24.24%	48.1%
人均财政支出（元）	5957	5934	3.26	1	30.72%	99.6%

资料来源：根据《2011 年中国统计年鉴》相关数据计算。

（三）新形势对东西对口帮扶的影响分析

1. 贫困性质发生变化，对口帮扶面临战略调整

贫困是一种社会现象，在人类历史上长期存在，而且随着人类经济和社会不同发展阶段的变化而呈现出不同的表现形式以及特点。

经过 30 多年的改革开放，中国不仅实现了世界上最快速的经济增长，也实现了世界上最大规模的减贫。都阳和蔡昉（2005 年）认为中国缓解贫困的过程可以分为"20 世纪 80 年代初期到 80 年代中期的自发性经济增长减贫—80 年代中期到 20 世纪末的政府专项扶贫计划减贫—新世纪伊始的农村减贫新阶段"。进入 21 世纪以来，经过前两个阶段的努力之后，通过改革开放获得发展经济机会而脱贫的人群以及受政府专项/区域性项目扶持而脱贫的人群已经有了稳定的自我发展能力，家庭经济进入良性循环阶段。而经过这两个阶段仍然未能摆脱贫困的人群则呈现出了一些新的特点：这些人群大多处于边际化的地理位置和社会阶层分布，即贫困人群趋向于集中在生产生活条件恶劣的边缘地区[①]，集中在受教育水平和健康水平双低的人群，而且抗（经济、生产、健康）风险能力差，没有足够生存能力。具体说来，这类人群的温饱问题已基本——不管是靠自己的生产还是通过其他手段（国家救济、购买）——解决，但是因为这样或那样的原因（家庭成员患有

---

① 这里所说的边缘地区不是指地理分布上的边疆或偏僻、偏远的地点，而是指任何处于被边缘化的地理空间，城市和中国的内陆地区也有这样的边缘地区，比如说城市里的城中村等。

慢性病、生活在自然条件恶劣的地区、曾经经受过较大的风险而至今无法恢复等）只能在温饱线上挣扎，时好时坏。这样的人群以其鲜明的特征区别于通过上两个阶段脱贫的人群，而且两类人群之间的差距随时间流逝越来越大。这类人群的贫困已经不是传统意义上的因发展相对滞后形成的普遍性、绝对性贫困，而是需要综合措施对其维持温饱的能力进行巩固，改善其所处的生态环境，提高其发展能力，缩小不同人群间的发展差距，进而帮助其脱贫。

过去的扶贫工作着力解决的由"绝对贫困""极端贫困"带来的低层次的基本衣食问题，未来要以"提高发展能力""缩小发展差距"等更高的标准来解决贫困问题。当前贫困性质发生改变的新形势下，东西对口帮扶应该根据贫困人口的新特点、国家对扶贫工作的新要求而进行调整，根据不同人群的特点采取针对性的扶贫措施将是未来东西对口扶贫战略调整的重要方向。

2. 贫困标准调整给东西对口帮扶工作带来新的压力

2011 年 11 月 29 日，中央扶贫开发工作会议在北京召开，会议决定将农民人均纯收入 2300 元（2010 年不变价）作为新的国家扶贫标准，这个标准比 2008 年提高了 92%。扶贫标准提高后，全国贫困人口的数量和覆盖面由 2010 年的 2688 万人扩大至 1.28 亿人，占农村总人口的 13.4% 和全国总人口（除港澳台地区外）的近 1/10。中国的贫困人口数在国际上排名第二，仅次于印度。贫困标准调整，成倍增长的新增贫困人口将给东西对口帮扶乃至我国的扶贫工作带来无法估计的压力和挑战。旧账未了，新债又来，下一步的扶贫工作该如何着手？这都是迫在眉睫需要解决的问题。

但是，扶贫标准提高也给中国的扶贫事业带来了新的机遇。贫困标准的提高是中国经济综合实力日益增强的具体表现，随着扶贫标准的提高，国家将出台更为有利的扶贫政策，投入更多的扶贫资金，使贫困地区的基础设施和教育、卫生、保障等社会事业加快发展；贫困标准的提高也是党中央深入贯彻落实科学发展观、推进发展成果由人民共享的重要举措，这样的举措必定得到贫困人口的拥护，在一开始就打下坚实的群众基础；贫困标准的提高，将大量的农村人口纳入扶持范围，从一定程度上为地方经济发展减负担、减包袱，地方政府可以把有限的资源更多地集中在经济发展上，与此同时，国家实施扩内需、保增长、保民生的一系列政策措施，为地方经济创造了更好的环境，负担减少，发展加快，必将更好地推动扶贫减贫的步伐。

二　发达地区对口帮扶西部民族贫困地区的新时期定位

进入 21 世纪，科学发展理念在扶贫开发工作中得到全面贯彻，扶贫开发进入前所未有的重要战略机遇期。新形势、新变化，新阶段扶贫开发也必然面临新挑战。抓住机遇，应对挑战，促进贫困地区科学发展，提高扶贫对象发展能力，开创新阶段扶贫开发工作新局面。

（一）主导思想的重新定位：由"对口帮扶"转向"对口合作"

对口帮扶政策的出台有其特殊的时代背景，改革开放距今已经有 30 多年的历程，社会经济很多层面都发生了巨大的变化，单纯依靠指令和计划能否使该项政策继续维持下去值得思考。

随着社会主义市场机制的逐步建立，市场这只无形的手在很多方面发挥着难以估计的作用。东部地区有自身发展的需要，西部地区也有自己的经济利益追求。诸多的不确定变化因素都在挑战对口帮扶的可持续性。

首先，对口帮扶是国家"八七"扶贫攻坚计划的主要组成部分，由中央政府出面组织实施，有很强的政治性在里面。这使东部援助地区在很大程度上更多是出于处于政治考虑而进行帮扶的，缺乏经济利益的驱使。政治命令和单向、一边倒的援助使援助地区很少从自身发展的角度考虑帮扶的重要性和必要性。扶贫的热情难以长期维持，缺乏可持续发展的动力。

其次，目前的对口帮扶机制是采用单一的行政和计划手段，一般来说存在效率低下的问题。一方面行政命令和计划指令主导会排斥市场的自发调节和调控，造成帮扶项目脱离贫困地区的实际需要，不可持续。另一方面，单一的行政和计划手段导致帮扶程序的官僚化，项目需要从村到省层层审批，既增加了时间成本，又增加了运作成本。而且层层审批过程中不可避免地带来监督管理上的难度和疏忽，极其容易导致各种贪污腐败和寻租行为的出现，导致项目效益降低。

再次，以政府为主导，以行政命令和计划性项目为特色的机制忽略了贫困人群自我发展能力的提升和建设，外在推动力难以内化。长此以往，贫困人群的依赖性不但没有消除，反而慢慢增加，扶贫成果基础薄弱，出现脆弱化。一旦政府资金或项目退出或减少投入的力度，原有的扶贫成果往往部分乃至全部消失，脱贫又返贫。

因此，我们建议将对口帮扶改为对口合作，名称变了，目的不变，仍然是通过东部帮助西部，减少贫困，实现共同富裕。但是实施的手段和方式有所不同。首先，通过社会化的运作，将扶贫的主体扩大到东部对口地区

（城市）里所有愿意参与投身到西部扶贫工作的企业、社会团体乃至个人，充分动员各种社会资源，拓宽筹资（资源，不仅限于资金）渠道，减轻东部对口地区（城市）的资金压力。其次，在平等互利的基础上，通过双方的紧密合作，以市场配置扶贫资源，鼓励除政府以外的各种力量，特别是企业到对口帮扶的地区/城市去投资创业，给予这些企业以当地招商的优惠条件，优先推荐到符合要求的贫困点去投资创业；如果贫困点的社会自然条件实在不适合企业投资开发，可以选择适合的地点投资创业，然后将企业的用工机会优先照顾来自贫困点的务工人员，等等。此外，将对口帮扶的资金优先投入能够产生经济效益的产业，减少对基础设施、科教文卫的投入（我的个人观点，我认为基础设施和科教文卫是当地政府的责任，也是社会保障制度建设的重点），通过发展经济，带动其他各项社会事业的发展。

对于东部地区的政府、企业来说，对口合作的核心就是在市场机制下配置扶贫资源，将经济利益作为双方合作的基础。促使东部地区、企业在经济利益的驱动下，把帮扶行为当做投资行为，借助于帮扶拓宽自己的原料基地和开拓新的产品市场，使东部地区在帮扶行为中也获得新的发展机会。其次是使东部地区认识到，帮扶行为不仅是弥补西部地区发展代价的一种责任，同时也是培训新的市场需求的需要。

对于西部地区接受援助的贫困人群来说，市场机制的引入有利于培养受援群体的自我发展能力和增强其积极脱贫的动力。市场的引入，丰富了贫困人群的见识，增加他们对外部世界的了解，资助寻找发展的机会，激发他们积极参与扶贫的动力，将外部推力内化为自身的需求，产生强烈的摆脱贫困的愿望。同时，市场机制的引入，实现了知识、信息、资源的双向交换，有助于贫困人群摆脱单纯依靠劳动力进行生产的困境，培养其市场竞争意识，增强其自主发展能力。

此外，市场机制的引入，有助于拓宽对口帮扶的内涵和外延。就内涵而言，市场机制的引入，变对口帮扶为对口合作，充分调动双方的合作领域和规模，在领域上突破扶贫的限制，广泛地开展多层次、多形式的合作，地方经济发展了，自然会带动贫困人群的发展，既实现了经济利益也达到了扶贫的目的。就外延看，市场机制的引入，扩大了参与扶贫的广度，通过合理合法合利地帮扶/合作活动，双方都可获得更大的发展空间。对对口帮扶内涵和外延的拓宽，是对口帮扶机制长期存在并且持续发展的活力所在。

（二）战略重点的新定位：转变职能、能力建设与壮大集体经济

新时期东西对口帮扶的战略重点除加强基础设施、产业发展、社会事业、环境保护等重点项目外，还要重点关注以下三个方面的工作：

一是加快乡村基层组织和政府的职能转变。随着西部农村和贫困地区的发展，乡村基层组织和政府与农民的关系，已经从"公域时代"转变为"自域时代"，也就是说乡村基层组织和政府与农民的关系不是很紧密，过去计划生育、征收农业税、摊派用工是乡村干部的主业，现在部分乡村干部的政绩观出现渺茫，不知道自己应该干什么，医疗保险、低保、义务教育等促进农村发展政策得不到很好贯彻，扶贫发展项目得不到很好落实，但是，乡村干部又是组织扶贫开发的重要力量。所以要转变乡村干部观念，转变乡村基层组织和政府的职能，要使乡村干部的政绩观转变到谋发展和贯彻落实社会保障制度上来。新时期东西对口帮扶也应该在这方面做一些尝试，创造新的扶贫模式。

二是要进一步大力加强贫困农户的能力建设。当前，农村和贫困地区的发展，已经从"动力时代"转变到"能力时代"，"动力时代"主要是生产关系的解放，农民获得巨大动力，种什么、养什么，自己可以说了算。但是，搞市场经济，政府说了不算，农民说了也不算，只有市场说了算，所以必须要有能人经济，把握市场，培养土专家、农产品经纪人、发展农业产业协会组织。90年来党的发展历程告诉我们，政治路线确定之后干部就是决定因素，联系扶贫开发实际，我们认为，"十二五"对口帮扶必须培养一批农村致富带头人，在有条件的地方，可以设立农民创业资金，鼓励农民创业，扩大农民就业。

三是要不断发展和壮大集体经济。集体经济的实质是合作经济，包括劳动联合和资本联合，集体经济体现着共同致富的原则，可以广泛吸收社会分散资金，缓解就业压力，增加公共财富和国家税收。发展集体经济，是建设社会主义新农村的内在要义，也是我国社会主义新农村的发展方向。党的十七大报告中指出："有条件的地方可以发展多种形式的适度规模经营。探索集体经济有效实现形式，发展农民专业合作组织。"党的十七届三中全会通过的《中共中央关于推进农村农业改革发展若干重大问题的决定》提出，"家庭经营要向采用先进技术和生产手段的方向转变，增加技术、资本等生产要素，着力提高集约化水平；统一经营要向发展农户联合与合作，形成多元化、多层次、多形式经营服务体系的方向转变，发展集体经济、增强集体组织服务功能，培育农民新型合作组织，发展各种农业社会化服务组织，鼓励龙头企业与农民建立紧密型利益联结机制，着力提高组织化程度"。据资料显示，全国72万个村中，约有20%的村有较强的集体经济实力，约有40%的村有一定的集体经济实力，而约有40%的村基本上没有集体经济实力。2005年云南省颁布了《关于发展壮大农村集体经济的意见》，但从目前的发展来看，该省大多数贫困村没有集体经济实力，"十二五"期间应当通过扶贫开发，支持一些集体经济发展项目，积极探索我省贫困地区集体经济的实现形式。

（三）对扶贫主体的定位：以双边政府为主导，进一步强化市场和社会组织在对口帮扶中的角色

对口帮扶的模式有政府之间的对口帮扶、企业对口帮扶以及部门对口帮扶。总的来说，与宏观的扶贫工作类似，依靠的大多是各级政府的赈济扶贫体系和相关部门的各级行政体系，企业对口帮扶虽然也可算是市场行为，但是其中也少不了政府的牵线搭桥和穿针引线，所以对口帮扶仍然"多数是政府行为而不是社会行为"。市场这只无形的手在其中发挥的作用有限，民间组织和各种 NGO 组织的身影更是难见到。

诚然，在现阶段的中国，类似东部对口帮扶西部这样大规模的扶贫行为，不管是资金安排、部门协调还是招商引资，都无法、也不可能离开政府的支持和指导，但是在新的形势下，我们应该以创新性的思维来考虑贫困问题。

首先，广开大门，欢迎各种来自合理合法渠道的社会资金投入对口帮扶，减轻东部对口帮扶省市的资金压力，也有助于优化资金组成结构。其次，在扶贫资金社会化筹集的基础上，对制定的扶贫项目进行社会化招标或社会化管理，欢迎各种社团组织，包括国际组织参与到扶贫项目的社会化实施中来，力求以最公开透明的方式实施扶贫项目，加强对扶贫资金的监督和管理，提高扶贫资金的使用效率；也可以将一些小的扶贫项目交给以村民为主的群体（比如说农民专业合作组织）管理使用，使扶贫项目的设置更符合农民的要求，通过参与扶贫项目实施提高农村基层组织和个人的能力与信心，扶贫项目使农民直接受益。

特别值得一提的是，在当前贫困人口分布较为分散、贫困原因以及贫困人群的需求呈现多样化和复杂化的背景下，NGO 的非政府属性使其可以较少顾忌全体民众普遍性的需求，而专注于特定人群的特殊需求，及时、灵活地反馈。在这方面 NGO 有丰富的经验和更好的敏感性和适应性。NGO 的这些特点，抵消了政府面对分散的小规模贫苦人群开展大规模扶贫运动运作成本较高的不足。

（四）对受益群体的新定位：区域瞄准和扶贫到户结合

贫困标准调整以后，贫困人口数量迅速上升。贫困的诱因是非常复杂的，有资源性的贫困，权利缺失导致的贫困，也有社会再分配失败导致的返贫，同时还存在着以生态环境恶劣造成的地区性贫困等诸多原因。但是迄今

为止的扶贫计划尚未包含除开地区性贫困以外的其他类型。反贫困政策基本都是围绕着缓解和消除地区性的乡村贫困这一目标所涉及的。由于我国现阶段农村的区域性贫困和阶层性贫困同时并存的情况，因此，扶贫工作应采用与之相适应的扶贫方式——区域性扶贫与扶贫到村、扶贫到户结合并存，正是农村扶贫特征的必然要求。

产业发展项目应该以区域为基础，从大处着眼，在分析本地区现有产业发展情况、未来发展趋势、本地区的消化能力、开拓外部市场可能性的基础上开展项目，这样考虑问题可以将本区域内的贫困人群和非贫困人群结合在一起考虑，让贫困人群不至于和社会主体脱节，也让贫困人群能够从已经脱贫或是实现小康生活的人群身上学到一些发展的思路，创业的技能；保障性项目应该瞄准到户，具体到村一级，保证有限的资金确实用在真正贫困的人群上，避免各种搭便车和寻租行为的出现，在社会保障项目上，要明确区分贫困人群和非贫困人群，一定要将两种人群分清。

（五）建立全面的对口帮扶评价体系：经济优先、兼顾社会效益和文化建设

从1986年中国政府开始推行大规模的扶贫计划以来，到2010年已累计投入大量的扶贫资金。现行的政策对经济、物质非常重视，而对社会效益和文化建设，特别是贫困人群的族群文化——就东西对口帮扶而言是民族文化方面，却关注甚少。既然贫困是这样一个集经济、社会、文化、资源等为一体的综合性概念，消除贫困、扶持贫困人群也要采取综合性的措施，可以在一定时期内突出重点，但是不可能长期忽略其他方面的需求。经济优先的重要性和采取的措施已经太多，无须在此赘言。笔者在这里想谈的是如何将社会效益和民族文化建设也结合到扶贫的工作中来。我们认为，有一些可行的措施，首先，在扶贫效益的监督和评估中，增加与社会效益、民族文化建设有关的指标，比如说村社和谐程度、精神文明建设（减少赌博、打架斗殴；家庭和谐、家庭暴力减少等）、民族活动的复兴（少数民族集体活动的开展，村社文化的复兴等）；其次，着眼于民族文化和民族特色产品，寻找开发机会，可以将（云南）温饱村建设和旅游小镇建设有机结合，拓宽资金渠道，复兴民族文化，增强民族自豪感和自信心；再次也可以扶持少数民族特色产品的市场化开发，利用东西对口合作的平台，到发达地区开展招商和推介活动，寻找商机。

（六）创新对口帮扶组织方式：利用农民专业合作社平台推进帮扶工作

首先，以农民专业合作社为载体，提高农民在扶贫项目中的参与程度。由农民经济合作社将分散的农户组织起来，以合作社为单位进行扶贫项目的

规划和实施，各级有关政府仅仅承担指导、仲裁和监督等职能，而不必直接进行项目的操作。合作社是农民自主治理的组织，由合作社内实施扶贫项目，农户的参与程度会随之提高，真正贫困的农户也会参与其中，摆脱"高门槛"的限制，从而改变目前扶贫工作高度依赖政府投入的局面，解决扶贫工作在实践中主要是由政府自上而下推进的问题，真正调动起广大贫困农户的参与积极性。此外，农民专业合作社会向产业链条的各个环节延伸，不但提供农业生产资料的购买和农产品的销售、加工、运输、贮藏，还提供与农业生产经营有关的技术、信息等服务，以农民合作社为载体实施扶贫项目，扶贫资金可以得到更有效的利用。

其次，用扶贫资金支持农民专业合作社发展，有效改善合作社资金来源单一的状况，解决贫困地区农民合作社启动和发展的最大障碍。用扶贫资金支持农民专业合作社发展可以避免扶贫资金"投放难，回收更难"的弊端。在扶贫项目完成后，受扶持的农民合作社会发展得比较成熟，并成为持续提高农民收入的有效途径。需要注意的是，"利用合作社平台推进扶贫工作"并不是由政府以行政力量将整个村庄变为一个农民合作社。政府在这个扶贫新模式中所要发挥的作用是引导农民成立合作社，并引入竞争机制，使各个合作社通过项目的规划和实施来竞争项目资金。

第九章

完善发达地区对口帮扶西部民族地区的
思路和政策建议

一 未来 10 年对口帮扶必须创新思维

（一）在对口帮扶思路上，应该重点推进西部民族地区发展实现"四大"转变

一是积极推进西部民族地区发展向"四化同步"转变。按照党的十八提出的实现工业化、信息化、城镇化、农业现代化同步发展的新要求。西部民族地区要大力倡导、支持和发展现代农业，逐步建立一、二、三产联动，上中下游一体，产供销加互促的完整产业体系，在一产的基础上融入了二产、三产，建构一条包含一、二、三产的完整产业链。通过现代农业的发展，推进西部民族地区农村向社区化、城镇化发展，推进农村基础设施、公共服务、社会管理等方面向城市化发展，建设具有现代意识的新农村，引导农民成为懂技术、会经营、善管理的现代新型农民，形成以工促农、以城带乡、工农互惠、城乡一体的新型工农、城乡关系。

二是积极推进西部民族地区对口帮扶范围向重点群体和重点区域转变。西部民族地区贫困的主要特征是区域贫困和群体贫困状态并存。今后一段时期，既要把连片特困地区作为主战场，也要坚持瞄准扶贫对象，大力推进对口帮扶工作，扩大扶持范围，把扶持重点转向片区开发的重点地区和贫困程度较深的重点群体。要不断完善和加强对口帮扶相关部门的机构建设，改善工作条件，强化各级相关管理部门的资金管理职能，进一步完善扶贫项目管理制度，加大对乡村一级扶贫项目资金监管力度，大力加强对口帮扶干部队伍建设，不断提高管理水平和执行能力，提高对口帮扶的针对性和有效性。

三是积极推进西部民族地区农业产业化发展向实现企业和农民"双赢"转变。在市场经济发展过程中，西部民族地区农民与企业之间的利益关系越来越紧密。但目前存在的普遍性问题是，企业与农民之间因利益联结机制缺

失，农民在很大程度上都是作为农产品基地这个"大生产车间"的"工人"，不能分享农产品的后续增值部分，而农产品的利润主要集中在后续增值部分，农民的利益被"合法"剥夺。企业处于强势地位，农民的话语权较小，二者的抗风险能力不同，农民的利益更容易受到损害。这种情况已经成为西部贫困地区农业产业化发展的重大障碍。针对当前存在的问题，西部贫困地区农业产业化发展应从以下几个方面加以改进和完善：一是建立合理公平的利益联结机制，努力使农民能够稳定分享整个产业链的平均利润，真正使企业与农民成为利益共享、风险共担、稳定合理的利益共同体。二是按照民办、民管、民受益的原则，大力培育和发展各种形式的中介合作组织和农民协会、农业合作社，充分发挥其在产业服务、监督管理等方面的作用，使之成为连接农民与企业、农民与市场的桥梁和纽带，使农户省心、企业省力。三是按照政府主导、企业参与的方式，积极探索建立规避风险的保障机制，提高农民抵御自然和市场风险的能力，确保农民收入稳定快速增长。

四是积极推进西部民族地区乡村基层组织和政府的职能向服务民生转变。乡村干部是组织扶贫开发的重要力量，所以要转变乡村干部观念，转变乡村基层组织和政府的职能，要使乡村干部的政绩观转变到谋发展和贯彻落实社会保障制度上来。今后的对口帮扶项目除了瞄准贫困户对其进行能力培养、瞄准贫困村对其进行硬件环境的建设外，也应更多地关注贫困乡村软环境即村组织的能力建设，提高基层组织的能力禀赋，或通过有效的机制让那些具有较高能力禀赋的人进入村基层组织，从而提高对口帮扶项目的效益、加强项目后期管理，以便带领更多的村民脱贫致富奔小康。

（二）在对口帮扶方式上，必须实现四个更加

一是更加注重开发式对口帮扶。要坚持自然资源开发与人力资源开发并重理念，在大力加强公共设施建设、促进基本公共服务均等化的同时，充分挖掘和发挥地区特色和优势，重点培育西部民族地区新兴产业，着力发展高科技的新兴产业，生物制药、民族文化旅游和休闲产业、特色农产品加工业、农村新能源等绿色产业，促进西部民族地区经济社会更好更快发展。

二是更加注重开放式对口帮扶。要突出对口帮扶的社会性、广泛性和参与性，以东部发达地区和西部民族地区的政府主导为主导，以企业合作为主体，以产业优化布局、资源合理配置为主线，聚集各方力量，整合各类资源，构建对口帮扶与专项扶贫、行业扶贫和其他社会扶贫齐头并进、优势互补的工作机制，形成东西部全社会共同关注、支持、参与对口帮扶工作的良好格局。

三是更加注重开拓式对口帮扶。要拓宽视野，更新观念，积极探索，大

胆试点，切实解决好对口帮扶中存在的突出问题，不断创新对口帮扶与合作的工作机制。努力在能力扶持、机会扶持、合作扶持等方面，寻求西部民族地区减贫脱贫和加快发展的新途径和新方法，不断增强西部民族地区及其贫困群众自我管理水平和自我发展能力，切实加快西部民族地区脱贫致富和全面发展的步伐，为西部民族地区全面建成小康社会做出贡献。

四是更加重视发挥西部民族地区贫困群众在对口帮扶中的主体作用。把西部民族地区群众作为对口帮扶的建设主体、受益主体和监督主体，每一个规划、项目，每一件实事都要有群众参加制订、实施和监督。采用一事一议、民办公助、以奖代补等方式，以群众为主体实施对口帮扶项目，依靠群众力量办成群众受益的事。对口帮扶资金要进一步加大对贫困群众发展优势特色产业、贫困农户培训、子女教育和民族文化传承和保护领域，让西部民族地区贫困群众自我发展能力得到明显提升。

（三）在推进对口帮扶的实践中要做到四个谨防

一是谨防将帮扶片区扶贫开发等同于帮扶片区经济社会发展，冲淡对口帮扶中扶贫开发的主题。在新一轮扶贫攻坚中，国家决定将集中连片特困地区作为新阶段扶贫攻坚的主战场，在全国范围内确定了14个连片特困地区，几乎都在西部民族地区。2012年我国全面启动了14个片区区域发展与扶贫攻坚，完成了片区分省规划的编制、上报工作，编制完成了14个片区省级实施规划和县级实施规划。编制片区扶贫开发规划无疑应该注重与国民经济和社会发展总体规划，与西部大开发、桥头堡建设、兴边富民工程等重大区域发展规划紧密结合，东部发达地区对口帮扶西部民族地区的实施过程中，也必须紧密结合当前的片区扶贫开发规划，以片区开发扶贫为重点。但片区扶贫开发规划毕竟不是片区经济社会发展规划，绝不能把片区扶贫开发规划等同于片区经济社会发展规划，冲淡扶贫开发的主题。现实的情况是，从现在一些县区的规划来看，这一问题已经突出地摆在我们面前了。对口帮扶作为目前"大扶贫"格局中重要的组成部分，也是我国一项重要的扶贫战略措施，在与片区开发相结合的过程中，也要防止过分强调经济合作，把帮扶片区开发扶贫等同于帮扶片区经济社会发展，冲淡对口帮扶项目的扶贫主题的问题。若不重视解决，在未来的对口帮扶实践中，把促进县域经济社会发展理解为就是推进西部民族地区扶贫开发，从而冲淡对口帮扶中扶贫开发主题的突出问题，将影响对口帮扶的目标的实现。

二是谨防对口帮扶中扶贫开发资金各自为政，没有真正形成合力。当前扶贫开发的特点决定了整合资源、整合力量集中攻坚的必然性。《中国农村扶贫开发纲要（2011—2020年)》首次明确提出要形成专项扶贫、行业扶贫、社会扶贫三位一体大扶贫工作格局，对口帮扶的地位和作用不断增强。扶贫开发涉及多个部门，尤其是片区扶贫开发，涉及面更多，只有创新体制机制，整合资金，才能形成合力。但现有的对口帮扶的体制机制明显不适应新时期扶贫工作的需要，内生动力不足，难以真正形成专项扶贫、行业扶贫、其他社会扶贫的大扶贫工作格局，尤其是资金整合方面，在一些地区更多还只是停留在统计学意义上，也就是说所谓的资金整合就是在总结时把各方投入的资金加起来统计，没有真正形成合力。怎么样创新体制机制，在对口帮扶扶贫开发项目实施过程中真正实现资金的整合还需要做出新的探索。

　　三是谨防将对口帮扶中扶贫开发的重点放到了做样板上，忽视了雪中送炭。西部民族地区贫困面大，贫困程度深，扶贫任务艰巨。按照2300元的国家扶贫标准，2010年西部农村贫困人口占全国的比重计算，西部民族地区贫困人口约有6500万。14个片区开发中，完全或部分属于西部民族地区的共有11个片区，按照实施规划的统计，"十二五"期间西部民族地区将投入大量的扶贫资金，但目前扶贫资金缺口又较大。例如云南省2012年年末还有贫困人口804万，居全国第二位，根据对云南省4个片区实施规划初步统计，"十二五"期间需投入资金10889亿元，其中需财政投入4160亿元，仅2012年4个片区就需要投入各类财政性资金586亿元，资金需要量大，扶贫资金缺口较大。在这种状况下，整合各种资金（包括对口帮扶资金）、突出资金使用重点本无可厚非，问题是一些地区在推进扶贫开发实践中，热衷于做样板工程项目，把资金主要集中在做一些发展条件相对较好的样板工程项目上，忘记那些更加贫困地区的贫困群众的需要，锦上添花做得多，雪中送炭做得少。

　　四是谨防帮扶特殊困难群体的任务艰巨而在精神上有懈怠。无论发展思路怎么变，帮扶西部民族地区特殊困难群体始终是对口帮扶的一个重点，必须因地制宜制定对口帮扶政策，整合各方面的资金，实施差别化扶持措施，最大限度提高对口帮扶项目的帮扶效益，加快西部地区边远、少数民族、贫困地区深度贫困群体脱贫进程。应该说，我国发达地区在推进西部民族地区特殊困难群体扶贫开发方面已经取得明显的进展，但推进这项工作的难度也是异常艰巨，因此，要谨防因为帮扶特殊困难群体的扶贫任务艰巨而在精神上有懈怠。采取特殊的、更有针对性的措施，着力加强对特困群体和特殊贫困区域的扶持，加快解决深度贫困人口和特困自然村的贫困问题。建议比照上海对口帮扶云南省怒江州独龙族的帮扶模式，对其他西部特困民族给予重点扶持，在资金安排上给予倾斜。

二　未来 10 年对口帮扶的思路

未来 10 年对口帮扶的思路是：深入贯彻落实科学发展观，坚持开发式扶贫与经济合作有机结合，以片区开发和区域协调发展为重点，以增加贫困人口收入为主线，优先帮扶边远少数民族贫困地区，着力实施五大战略，努力创新五大帮扶模式，不断完善五大机制，加快西部民族地区的脱贫致富进程和发展步伐。今后东西对口帮扶中要更加注重转变经济发展方式、增强贫困地区的自我发展能力，更加注重科技进步和人力资源开发、增强贫困人口内在发展动力和能力，更加注重促进基本公共服务均等化、改善贫困地区生产生活生态条件，更加注重集中连片特殊困难地区的开发攻坚、加快脱贫致富步伐，促进贫困地区经济、社会、文化、生态协调发展。

（一）着力实施五大战略

针对西部民族地区贫困现状和特点，未来 10 年发达地区对口帮扶民族地区应着力实施五大战略。

1. 统筹城乡战略

统筹城乡发展不仅是落实科学发展观、建设和谐社会的具体体现，也是新时期农业和农村经济工作的中心任务，对口帮扶应把统筹城乡发展作为重中之重，必须加深对统筹城乡发展战略进行全面的认识和理解。统筹城乡发展就是要把城市与农村、农业与工业、农民与市民作为一个整体，纳入经济社会发展统一规划中去通盘考虑，把城市和农村经济社会发展中存在的问题及其相互关系综合起来研究，统筹加以解决，建立有利于改变城乡二元结构的市场经济体制，要实现以城带乡、以工促农、城乡一体的协调发展。对口帮扶应充分发挥东部发达地区在发展理念、信息、资金、技术等方面的优势，把扶贫开发与经济合作有机结合，加快西部民族地区的城乡一体化协调发展。

2. 片区开发战略

针对国家提出的集中连片扶贫开发的要求，结合西部民族地区实际，划分界定集中连片困难地区，针对不同片区提出新时期对口帮扶的新思路、新方法及相应的政策措施，并结合片区开发规划制定科学合理的对口帮扶规划，加快区域性重要基础设施建设步伐，加强区域生态建设和环境保护，集中实施一批教育、卫生、文化、就业、社会保障等民生工程，培育壮大一批特色优势产业。逐个制定重点区域对口帮扶规划，按照跨越式发展和可持续发展要求，集中力量解决基础设施滞后、产业基础薄弱、人力资源匮乏、公共服务能力不足、组织领导能力不强等制约发展的瓶颈问题。

3. 扶贫到户战略

发达地区对口帮扶西部民族地区一直注重帮扶到村、扶持到人，提高对口帮扶的针对性。扶贫到户战略与片区开发战略是相辅相成的，缺一不可。扶贫到户战略重点关注贫困人口个体的特殊性，要求对口帮扶项目、资金到贫困户，主要采取产业开发、扶贫易地搬迁、雨露计划培训、危房改造、扶贫经济实体股份分红、小额信贷、互助资金、教育免费及补助、党员干部和社会各界帮扶等形式，加快西部民族地区扶贫开发进程。

4. 产业发展战略

按照五位一体的战略布局，充分发挥西部民族地区土地、气候和人力等资源优势，支持西部民族地区依靠科技进步发展特色优势产业，转变发展方式，加快构筑现代农业产业体系，逐步形成具有西部民族地区特色的主导产业带和产业集群。调整优化种养业结构，加大良种良法的推广力度，大力发展农产品加工业和特色乡村旅游业，扶持产品有市场、带动力强的加工业发展，提高农业附加值，大力实施产业化扶贫，发展公司、基地、园区、合作组织、优势产业和乡村旅游等带动型产业化扶贫模式。

5. 环境保护与建设战略

围绕建设"美丽中国"的战略目标，按照国家主体功能区规划和环境优先、生态第一和产业生态化、生态产业化的总要求，在实施对口帮扶项目的同时，要注重生物多样性重点地区的森林保护，注重岩溶地区石漠化综合治理和干热河谷生态恢复，注重水源涵养林建设和饮用水源地保护。对口帮扶项目也应用于培育商品林基地，增强森林碳汇能力，提高林业综合效益。加大退耕还林力度。采取陡坡耕地退耕，人工造林种草、封育治理、生态移民、农村能源建设、石漠化治理等多种方式，开展生态修复工作，改善生态环境，发展生态产业，实现人与自然和谐。

（二）努力创新五大主要模式

当前对口帮扶紧密结合西部民族地区的扶贫开发，逐渐形成了多种模式共同推进的局面，笔者认为未来10年要提高对口帮扶的效益，就必须努力创新五大主要帮扶模式。

1. 创新整村（乡）推进模式

整村推进是新时期对口帮扶的重要抓手和平台。要坚持突出重点、先难后易、集中力量的原则，以行政村内的中心自然村为重点，以产业发展、基础设施建设、住房改造、土地整治、公共服务设施、新能源建设、环境改善、基层组织建设为主要帮扶内容，统一规划，综合开发。整乡推进模式是以贫困乡为单元，以自然村为主战场，以贫困农户为工作对象，以增加贫困群众收入、基本消除贫困、构建和谐为目标，以资源大整合、社会大参与、群众大发动、连片大开发为主要方式，统筹规划、整体推进、集中力量、重点突破、综合开发。对口帮扶今后可不断加大对整乡推进模式的试点和实施力度。

2. 创新劳动力培训转移模式

对口帮扶应进一步加强对西部民族地区贫困家庭劳动力开展务工技能和农业实用技术培训，提高增收能力。通过改善边远少数民族贫困地区的教育条件和环境，促进当地教育事业的快速发展，着力提高西部民族地区人口素质。通过发达地区与西部民族地区的双向人员交流互换或相关职业教育机构对口帮扶的方式，强化西部民族地区的职业技能培训、提升职业技术教育水平和质量，增强西部民族地区劳动力转移就业能力。以先进的理念和技术扶持发展一批带动强、辐射广的科技扶贫示范户。加强基层农技推广服务体系建设，鼓励东部发达地区专业技术人员到西部民族地区基层农技推广机构进行技术指导、培养当地技术人才，促使西部民族地区做到户有科技明白人、村有农科员、乡有科技队伍。

3. 创新产业化对口帮扶模式

对口帮扶应将产业化扶贫与整村推进、连片开发、科技扶贫相结合，带动贫困农户增收。支持西部民族地区依靠科技进步发展特色优势产业，积极帮助西部民族地区承接东部地区劳动密集型、资源深加工型等产业转移，探索建设承接产业转移示范基地，稳步发展西部特色产业，发展高效节水灌溉技术，积极发展养殖小区、养殖专业村等多种形式的规模养殖。大力发展农产品加工业和特色乡村旅游业，扶持产品有市场、带动力强的加工业发展，提高农业附加值。

4. 创新连片开发扶贫模式

连片开发是统筹城乡发展、区域协调发展的有效途径，是积极探索对口帮扶资金与其他涉农资金、整村推进与连片开发、扶贫开发与区域经济发展、社会扶贫与群众参与相结合的新路子。抓住主要矛盾，整合各方资源，集中力量攻坚。积极探索特殊困难群体重点帮扶、边境山区兴边富民扶贫行动、藏区特殊扶持石漠化地区综合治理、其他片区扶贫开发与生态修复相结合等综合扶贫工程。

5. 创新扶贫和生态移民模式

对基本丧失生存条件、资源负载过重、发展空间狭小等难以可持续解决温饱的地区，在充分尊重贫困群众意愿和保障搬迁群众基本生产生活条件的前提下，采取小规模集中、插花安置方式就近安置一部分。对生态环境建设与保护任务重的地方，积极探索生态移民的路子。

（三）不断完善五大机制

1. 完善目标责任机制

有的发达地区对西部民族地区的扶贫开发工作认识不到位，工作力度不够，目标责任落实不到位，甚至出现虎头蛇尾的现象，有的部门觉得扶贫开发事不关己，投入贫困地区的资金、项目仍存在各自为战的现象，有的地方扶贫投入时多时少。要进一步完善目标责任机制，建立稳定的投入机制，制定科学合理的目标，细化分解任务，认真落实责任，凡是规划需要落实的资金必须坚决落实到位，项目管理实施建立明确的法人责任机制，对项目建设过程中出现的困难和问题，要及时加以研究解决。对目标责任落实不到位、造成不良后果的，要坚决追究责任。

2. 完善稳定投入机制

从对口帮扶的实际效果看，各个发达地区对口帮扶西部民族地区的资金投入方面存在随意性和不稳定性，严重影响对口帮扶的效果。因此，一是中央应出台相关政策或法规明确提出：建立对口帮扶资金的稳定增长机制，发达地区对口帮扶西部民族地区的资金投入应按照不低于当地地方财政一般预算收入的增长比例增加对口帮扶投入，以保障发达地区对口帮扶西部民族地区的帮扶措施落到实处。二是注重发挥市场机制作用，引导各类资源要素向贫困地区集聚。通过不断加大各级财政扶贫资金的投入力度，充分发挥专项扶贫产业资金、扶贫到户贷款财政专项贴息资金、扶贫信贷资金、互助资金等财政专项扶贫资金"四两拨千斤"的作用，进一步带动金融资金、社会资金、行业资金等对贫困地区加大投入。三是建立对口帮扶基金，引导行业部门和社会各界，加大对口帮扶力度。

3. 完善增收长效机制

有的地方规划的项目不够科学合理，关注民生、扶贫到户项目比较少，能够带动农民增收的产业项目规划不到位，要合理分析西部民族地区农民企业家、农业大户、农业产业化工人、一般农户和贫困农户的发展现状，采取有针对性的帮扶措施，真正使各阶层的农民都得到扶持，尤其要重点扶持贫困农户，使西部民族地区贫困农户通过对口帮扶真正得到发展，提高自我发展能力。

4. 完善考核评价机制

对口帮扶效果如何，要通过绩效考核来评价，中央和省一级都要认真研究制定规范、科学、合理、可行的考核评价办法，考核评价指标要量化，既要有定性规定，又要有定量规定，分年度分阶段对帮扶项目进行评估，由国务院扶贫办牵头，组织有关部门对各个东部发达地区对口帮扶西部民族地区的工作情况进行考核评价。要建立有效的激励机制，各级组织部门要把扶贫工作纳入党政领导政绩考核范围，对工作成绩突出的，提拔干部要优先考虑。

5. 完善群众参与机制

有的地方在对口帮扶的扶贫开发工作中，宣传发动力度不够，群众积极性不高，主体发挥不够。要进一步完善群众参与机制，充分发挥贫困群体在扶贫开发中的积极性、主动性，把群众作为扶贫开发的决策主体、建设主体、受益主体和监督主体，认真落实群众的知情权、选择权、监督权、参与权，在扶贫开发工作中掀起自己的家园自己建、自己家业自己创的热潮。

三　未来10年对口帮扶的政策措施建议

（一）东部发达地区对口帮扶的政策建议

1. 以规划为龙头，切实加大资金投入力度

科学合理的规划，是实施对口帮扶的基础性工作。各个地区要在充分征求群众意见，尊重群众意愿的基础上，编制科学合理的对口帮扶规划，规划目标要明确，全面完整，特色显现。规划一旦制定，要严格按照规划，组织落实资金项目。科学的规划，足够的资金投入保证，将为顺利推进对口帮扶奠定坚实的基础。

2. 以专项扶贫为导向，积极开展对口帮扶

当前，专项扶贫的重点是解决与贫困群众温饱相关的难点问题，开展了整村推进、安居工程、村内道路硬化、一村一品小产业开发、劳动力转移培训、科技成果推广转化等项目。发达地区对口帮扶相关部门要积极与西部民族地区的相关部门沟通、联系，整合对口协作的部门、企业、社会各界等，形成资源整合、力量集成的扶贫合力，各部门、各行业按照职责分工，各司其职，能力协作，密切配合，在扶贫开发中把改善贫困地区发展环境和条件作为各部门和各行业发展规划的重要内容，在资金项目等方面向西部贫困地区倾斜，开展推进现代农业产业化开发，加强基础设施建设，大力发展社会事业，深入开展科技扶贫，努力提高社会保障水平，重视生态环境和能源建设等一系列系统工程。

3. 以贫困农户为首扶对象，实施综合对口帮扶

紧密结合西部民族地区最急需解决的问题，坚持把西部民族地区贫困农

户作为对口帮扶的首扶对象，逐步把扶贫项目向最边远、最偏僻、最困难的地方延伸，加大安居温饱、产业发展、基础设施、社会事业、素质提高、服务体系、社会保障、生态环境保护与建设等各项工程建设力度。使西部民族地区贫困群众生产与生活条件得到同步改善、建设与管理得到同步加强，完善村规民约与倡导现代文明生活方式得到同步推进，农民群众的民主法制意识与科技文化素质和思想道德素质得到同步提高。

4. 以产业发展为重点，增强可持续发展能力

以产业发展为重点，不断增强西部民族地区可持续发展能力，充分发挥土地、气候等资源优势，支持西部民族贫困地区依靠科技进步发展特色优势产业，转变发展方式转变进程，大力实施产业化扶贫，发展公司、基地、园区、合作组织、优势产业和乡村旅游等带动型产业化扶贫模式。加大优化农业产业布局力度，推进集中连片开发，培植区域主导产业，实现农产品向最适宜区集中，逐步形成具有西部民族贫困地区特色的主导产业带和产业集群。

5. 以组织建设为保证，切实加强领导

按照"省级统筹指导、州（市）负总责、县乡抓落实、项目到村、帮扶到户"的要求，认真落实对口帮扶工作，切实加强组织领导。省州市县定期组织力量对资金到位情况、项目实施的绩效、廉政情况和乡（镇）组织实施情况，进行专项督查。县级依据总体规划和年度工作任务，细化规划、明确任务、落实责任、筹措资金，协调属地社会资源参与扶贫开发，发动群众，组织实施对口帮扶项目和活动。

（二）对口帮扶中对西部民族地区应强化的扶持政策

1. 积极强化财税支持政策

积极争取中央财政对西部民族省区贫困地区均衡性转移支付力度，逐步缩小贫困地区地方标准财政收支缺口，推进基本公共服务均等化。加大各级财政对西部民族地区扶贫开发的投入，建立财政扶贫资金稳定增长机制。重大基础设施、生态环境投资项目向贫困地区倾斜。在西部民族地区新办的劳动密集型企业和农产品加工企业，三年内免征所得税。对贫困地区内资和外商投资鼓励类产业及优势产业的项目在投资总额内进口的自用设备，享受政策规定范围内的免征关税优惠。中央及地方预算内投资安排资金支持西部贫困地区开发重点项目前期工作。国际金融组织和外国政府优惠贷款继续向西部贫困地区倾斜。

2. 努力提高西部贫困地区金融服务

深化农村信用改革，培育农村资金互助社等新型农村金融机构。鼓励政

策性金融机构加大对贫困地区金融服务力度。扩大贷款规模，拓宽融资渠道，落实和完善涉农贷款税收优惠、定向费用补贴、增量奖励等政策。鼓励西部贫困地区县域内银行业金融机构新吸收存款主要用于当地发放贷款。延长扶贫贴息期，设立基础设施长期低息贷款。支持融资性担保机构从事中小企业担保业务，试行对农户的担保。鼓励保险机构在贫困地区设立服务网点，增加农业生产性险种。

3. 不断完善土地使用政策

加强西部贫困地区土地资源管理，完善土地利用规划，着力提高西部贫困地区土地综合利用率，推进土地流转制度改革，保障西部贫困地区农民的土地流转收益。增加西部贫困地区中低产田地改造投入，实施基本农田地生态环境保护建设工程，建立耕地保护补偿机制，确保粮食安全基本用地需要。结合农村土地流转制度、集林权制等改革，采取承包租赁、转包、参股等方式，加大土地集约化经营力度。

4. 建立和完善人才培养政策

组织发达地区教育、科技、卫生人员定期到西部民族地区服务。全面落实基础教育优惠政策，对西部特殊困难群体学生实行特殊扶持政策。多渠道加大西部贫困地区人才培养，在继续教育方面给予特殊政策支持。鼓励大专院校、科研院所、医疗机构为西部民族地区培养人才。鼓励大、中专毕业生到西部民族地区就业和创业。对长期为西部民族地区服务的教师、医生、工农业技术人员在职称晋升等待遇上给予照顾。

5. 积极推行生态建设和补偿政策

按照国家主体功能区的划分，在西部民族地区继续实施退耕还林、退牧还草、水土保持、天然林保护等重点生态修复工程建设，并长期坚持。国家资源、生态补偿机制优先在西部民族地区试点，对确定为自然保护区和因执行环境保护政策而造成财政减收、增支以及影响到群众生产生活的，由中央财政或下游省市区通过转移支付、项目支持和专项补助等方式给予补偿，并提高补偿标准。资源补偿资金优先用于西部民族地区环境综合治理和解决因资源开发带来的民生问题。

（三）进一步推进对口帮扶的新举措

1. 继续做好东部发达地区对口帮扶西部贫困地区的东西扶贫协作工作

一是要认真总结经验，根据扶贫开发规划，进一步扩大协作规模，提高工作水平，增强帮扶力度。对口帮扶双方的政府要积极倡导和组织学校结对帮扶工作；鼓励和引导各种层次、不同形式的民间交流与合作。特别是要注意在互利互惠的基础上，推进企业间的相互合作和共同发展。

二是进一步强化北京、天津、上海等大城市，广东、江苏、浙江、山东、辽宁、福建等沿海较为发达的省市各级政府对口帮助西部民族地区的省市区的帮扶责任，积极鼓励和倡导发达地区的大中型企业，利用其技术、人才、市场、信息、物资等方面的优势，通过经济合作、技术服务、吸收劳务、产品扩散、交流干部等多种途径，发展与西部民族地区在互惠互利的基础上的合作。凡到贫困地区兴办开发性企业，当地扶贫资金可通过适当形式与之配套，联合开发。

三是继续组织发达地区和城市对老、少、边、穷地区的对口支援工作。动员全社会的力量，采取多种形式，在智力开发和技术咨询等方面给以支援。

2. 突出重点，提高东西对口帮扶的针对性和有效性

一是以深度贫困人口为重点，实行"规划到村，扶持到户，帮扶到人"的帮扶模式，采取特殊的、更有针对性的措施，集中力量打歼灭战，着力加强对特困群体和特殊贫困区域的扶持，加快解决重点帮扶地区的深度贫困人口和特困自然村的贫困问题。在东西对口帮扶规划和实施中，要摸清底数，找准帮扶对象，逐村逐户制定帮扶措施。开展对口帮扶行动计划，发展特色种养业和旅游业，加强职业教育培训和劳动力转移就业服务，推进村组道路硬化、饮水安全、危房改造、贫困村信息化工程建设，增强贫困群众自我发展能力。

二是以改善生产生活条件为根本，以产业扶贫为抓手，有效拉动贫困人口收入增长。不断加大发达地区对西部民族贫困地区农村交通、通信、信息、能源、水利、基本农田等基础设施建设，把重大项目投资与贫困人口的生产生活需要相结合，尽快改变贫困地区基础设施薄弱对吸引投资、经济发展的瓶颈制约，这是稳定脱贫的根本。与此同时，围绕西部各省区产业建设的部署，按照国家连片特困地区产业扶贫规划要求，科学规划和实施对口帮扶的西部民族地区的特困片区产业扶贫。要树立全局意识，以市场为导向，以科技为依托，综合考虑贫困片区所处的周边环境特点和当地资源优势，考虑整个贫困片区经济发展的路径依赖性，从发展名特优产品入手，以县乡为主，因地制宜培育发展优势扶贫支柱产业，实行区域化、科学化、规模化生产，增强造血功能，重点培育扶强带动贫困群众自我发展能力和稳定增收的扶贫龙头企业或增收大户，发展"企业＋农民协会（合作社）＋基地＋农民"的产业扶贫模式，有效带动贫困群众脱贫致富。

三是以教育、卫生和社会保障扶贫为基础，不断提高西部民族地区贫困人口自我发展能力。要加大对贫困地区教育、卫生和社会保障等方面的投入

力度，不断提高贫困乡村的教育水平、医疗卫生水平和社会保障水平，更加注重贫困群体享有义务教育、职技教育、高等教育、公共卫生服务、养老保障、医疗保障、工伤保障、基本生活保障等基本权利，努力实现贫困地区与发达地区能享有大致均等的社会公共服务，不断提高贫困地区贫困人口的智力水平、科技水平、健康水平，进而提升贫困人口自我发展能力。

3. 完善组织管理体系，提高运行效能

在当前的组织体系下，每一个国际和双边援助机构都有一个中央政府的对口部门，如世界银行和亚洲开发银行对口财政部，联合国开发计划署对口商务部，联合国粮食与农业组织对口农业部。尽管扶贫项目并不一定由对口部门来执行和实施，但对口部门在项目的形成过程中起着重要的作用。项目的类型、项目地点的选择和项目执行的方式等都是由对口部门和国际或双边发展机构共同商定的，很多情况下，政府的对口部门甚至起到主导作用。多数情况下，国际和双边机构的扶贫项目都是由政府的业务部门来实施的。根据项目规模的大小，会分别在中央、省和县一级设立项目办公室。项目办可以完全由中方的政府工作人员组成，也可能包括外方的管理和咨询人员。对于大的工程类项目，有严格的采购和招标程序，并由专业性的公司来实施；而对于非工程项目或小型项目，主要由地方政府和村民委员会按计划组织实施。

相对于国际多边和双边机构而言，国际民间机构在中国的扶贫活动的规模都很小，但也更具有创造性和灵活性。国际民间机构在扶贫中既有与地方政府部门的合作模式，也有与国内民间机构（特别是草根性的民间机构）的合作模式，但都是独立的寻找合作伙伴和确定扶贫方式。国际民间机构的扶贫活动一般都深入到基层社区，并且特别关注农民的组织与参与，很多项目都由农民自己成立的组织来管理。

发达地区对口帮扶西部民族地区的组织形式和运行机制也可以借鉴上述经验，进一步提高管理效能。

4. 进一步建立健全信息反馈制度，完善对口帮扶双方的沟通渠道

上海与云南的对口帮扶中建立和完善了四项反馈制度。一是两省市对口帮扶协作领导小组联席会议制度，旨在总结本年度的经验和问题，部署下年度的项目安排，并形成联席会议纪要；二是各自的协调会议制度，即根据需要不定期地召集有关部门研究、协调有关问题，以推进扶贫工作；三是专题工作小组联席会议制度，制订对口合作计划，确定并组织实施重点项目；四是项目跟踪制度，采取报表和调研相结合的方法，跟踪各类项目实施情况，督促和协调各类项目按计划要求实施。这个信息反馈制度的建立和完善极大

的提高了上海对口帮扶云南的工作效率，建议其他发达地区对口帮扶西部民族地区也应该尽快建立健全信息反馈制度。

5. 建立扶贫基金，创新帮扶模式

政府非专职机构通常采用边筹措资金边帮扶的做法。由于能筹措到的资金具有不确定性，所以究竟上多少扶贫项目也有不确定性。鉴于扶贫基金对于消除这种不确定性具有特别重要的意义，所以政府非专职机构在扶贫实践中进行了各种各样的尝试，并获得了成功。这是非专职机构做出的最有价值的创新之一。

为了确保扶贫活动具有可持续性，深圳市与贵州省对口帮扶采取了建立省、地、县扶贫基金的办法。扶贫资金来源于财政拨款和社会捐资，用于教育扶贫。此外，每年还从市、区两级财政中拿出 2% 建立经济合作发展基金，用于支持贫困地区发展。设立经济合作发展资金的目的是诱导贫困地区的居民参与市场竞争，从而提高扶贫项目的效果和效益。

6. 继续加强基础设施建设，重视社会事业发展

在对口帮扶工作中，坚持可持续发展原则，紧紧围绕基础设施建设，着眼于道路、能源、水利、生态等环节的建设，切实改善交通道路、生态环境、文化教育、医疗卫生等基础条件。在重视基础设施建设等硬件方面的改造和开发的同时，也要强调教育、医疗等社会事业的发展，在教育和卫生的硬件建成后要更多地关注贫困农户对于教育与医疗等社会服务的可及性和设施的有效利用。

7. 重视科技扶贫，更加深入地开展经济技术合作

根据新时期扶贫工作和对口帮扶合作的新形势、新要求，对口帮扶合作部门深化培训合作，分阶段有步骤地推进云南省经济社会发展中急需、紧缺、高层次人才的培养。发展优质、高产、高效、生态、安全的农业生产知识培训和以产前引种、产中订单、产后销售为主的市场营销知识培训。充分发挥沪滇对口帮扶工作平台，围绕产业发展积极开展产业项目合作，通过各种形式开展经济技术合作，实现科研成果向生产力的转化，促进贫困地区新兴产业的培育和发展。

8. 加大政策支持，重视扶贫开发项目的可持续性

坚持"整乡规划、整村推进、连片开发、分步实施、资源整合、项目集聚、生活改善、生产发展"的推进思路，以帮助当地贫困群众加快脱贫致富为中心任务，加大在一些领域的无偿援助和经济合作力度，加大政策支持的深度和广度。建立健全扶贫项目管理机制，扶贫项目要充分考虑项目组织机构、管理人员、收益人及经费的可持续性，提高扶贫人口的可持续生产

能力和增收能力，从而确保扶贫项目效益的持续发挥。

9. 引进市场机制和企业参与，带动扶贫工作

上海市和云南省的各级政府在对口帮扶工作中起到组织协调和推动作用的同时，最大限度发挥了市场机制的作用，引进上海的大企业进行产业化扶贫，依托大企业技术先进、管理成熟、组织程度高、流通渠道畅通等优势，促进产业集约化发展和增强市场竞争优势。使上海各类企业（尤其是科技企业）参与贫困地区的产品开发和经济社会发展。另外，积极动员企业、募集社会资金对口帮扶，鼓励企业和社会各界开展各种爱心捐赠活动，募集大量资金和物资支援云南贫困地区。

第十章

改革开放 30 年对口帮扶综述

1996 年，为了落实"国家八七扶贫攻坚计划"，党中央、国务院联合召开了中央扶贫开发工作会议，并做出了《关于尽快解决农村贫困人口温饱问题的决定》。为了继续加大扶贫投入的力度，中央政府在这次会议上号召较为发达的沿海地区要从大局出发，按照"优势互补、互惠互利、共同发展"的原则，开展对口帮扶西部贫困省区的"东西扶贫协作"；并确立了新的"扶贫责任制"，即西部省区的领导以及下属的地、县领导要直接对他们管辖范围内的扶贫成效负责。

一　对口帮扶起源

改革开放以后，广大沿海地区充分利用其自身较好的经济基础、优越的地理位置，在全国各地包括西部地区的帮助和支持下，经济、社会有了突飞猛进的发展。西部地区在这一时期也有很大的发展，但东部沿海地区发展得更快一些，加上原来的基础不同，东西部地区差距进一步拉大了。对此，党中央、国务院始终非常关注，高度重视。江泽民同志曾指出："对于东部地区与中西部地区经济发展中出现的差距扩大问题，必须认真对待，正确处理。"

早在 1991 年，江苏省与陕西省之间就开始了相互合作，在全国率先进行大跨度的干部交流。1994 年国务院颁布的《国家八七扶贫攻坚计划》中明确要求：北京、天津、上海等大城市和广东、江苏、浙江、山东、辽宁、福建等沿海较发达的省，都要对口帮扶西部的一两个省、区发展经济。随着国家扶贫攻坚力度的空前加大，发达地区支援贫困地区的活动的深度和广度与日俱增。1996 年 5 月，在广泛征求有关部门和省市意见的基础上，国务院扶贫开发领导小组在京召开了"全国扶贫协作工作会议"，做出了京、津、沪三个直辖市、沿海六个经济比较发达的省、四个计划单列市分别对口帮扶西部十个省、自治区的帮扶安排，具体如下：北京帮内蒙古，天津帮甘肃，上海帮云南，广东帮广西，江苏帮陕西，浙江帮四川，山东帮新疆，辽宁帮青海，福建帮宁夏，深圳、青岛、大连、宁波帮贵州。1996 年 7 月，国务院办公厅转发了《关于组织经济比较发达地区与经济欠发达地区开展扶贫协作的报告》，对扶贫协作的意义、形式、任务、要求等都作了具体部署。1996 年 10 月在《中共中央、国务院关于尽快解决农村贫困人口温饱问题的决定》中，进一步强调和部署了此项工作。至此，扶贫协作在全国 23 个省、市、区正式启动并蓬勃开展。从此，对口扶贫不再是自发的"民间活动"，而是政府行为，成为对口双方都需认真完成的政治任务。

东部发达省市与西部贫困省区的东西扶贫协作，是国家制定的又一项具有战略意义的重大扶贫政策，是邓小平同志倡导的"鼓励一部分人、一部分地区先富起来，先富帮后富，最终达到共同富裕"理论的具体实践。扩大东西扶贫协作，当前面临着新的机遇：一是扩大内需，创造新的需求，就要求把各地的比较优势充分发挥出来，这有利于开拓新的市场；二是东部沿海一些率先对外开放的地区，这些年来急需化解劳动力成本、土地价格上涨的压力，一些产品、产业逐步向中西部梯次转移是一个客观趋势。这也说明把东西扶贫协作推向一个新阶段，加快从政府行为、从一般性的无偿捐助向动员社会各方面、向各个领域尤其是经济技术领域的合作扩展，不仅是必要的，也是可能的。对口帮扶协作的实践表明：这是一条逐步缩小东西部差距，达到优势互补、共同发展的重要途径，是我国实现扶贫攻坚计划的一项重要战略举措。

由表 10 - 1 可以看出，在东西对口帮扶中，共有 235 个区县和单位参加了扶贫工作，其中参加区县和单位数最多的是四个计划单列市，有 53 个区县和单位对口帮扶贵州省的 48 个国定贫困县；其次是江苏省，有 45 个区县和单位，对口帮扶陕西省的 48 个国定贫困县；然后是浙江省，有 37 个区县和单位，帮扶四川的 12 个国定贫困县；参加扶贫区县最少的省份是福建省，只有 8 个，采取一对一的方式帮扶宁夏回族自治区的 8 个国定贫困县。

表 10 - 1　　　　　　东西扶贫协作的单位数和扶持国定贫困县数　　　　　　单位：个

	参加扶贫的区县和单位数	对口帮扶的国定贫困县数
上海—云南	12	22
北京—内蒙古	18	18
天津—甘肃	14	15
辽宁—青海	13	14
江苏—陕西	45	48

续表

	参加扶贫的区县和单位数	对口帮扶的国定贫困县数
浙江—四川	37	12
福建—宁夏	8	8
山东—新疆	26	26
广东—广西	9	28
大连、青岛、深圳、宁波—贵州	53	48
总计	235	239

通过上面的分析不难发现：在对口帮扶中，有的区县是帮扶多个国定贫困县，有的国定贫困县是由多个区县和单位帮扶。这就存在一个问题：几个区县和单位同时帮扶一个国定贫困县，无论是投入资金力度还是帮扶措施都应该较其他方式集中，效果也应该不错。一个区县和单位帮扶多个国定贫困县，往往造成扶贫资源的分散，但并不是说不能达到扶贫目的，相反，有的扶贫投资力度非常大，效果也非常好。如广东省的广州市、东莞市对口帮扶广西壮族自治区的百色地区和河池地区，在异地安置、劳务输出、经贸合作和干部培训等扶贫项目上都取得了比较好的效果。

目前，东部较发达的 15 个省（市）对口帮助西部 11 个贫困人口比较集中的省（市）。近年来，东部 15 个省市政府和社会各界累计捐款、捐物近 21.4 亿元，对西部贫困地区人才培训、校舍改造、建设基本农田、修筑公路、解决人畜饮水困难等方面进行了援助。这项工作还依据"优势互补、互惠互利、长期合作、共同发展"的原则，发挥东部在资金、技术、信息、人才等方面的优势，西部在自然资源、劳动力和土地成本较低的优势，进行了广泛的经济合作。迄今为止，双方已签订合作项目 5745 个，协议投资 280 多亿元，已实现投资 40 多亿元，从贫困地区输出劳动力 51.7 万人。

二 对口帮扶的政策演进

除设立专门机构来规划实施扶贫工作外，中国政府为更好地实现扶贫目标，还动员中央和地方机关开展定点扶贫并组织发达省份利用自身优势搞对口扶贫工作，以期实现更好的扶贫效果。

改革开放以来，中国实施差别发展战略，鼓励一部分区域条件好的地区先发展起来。实践证明，这一战略推动了中国经济的快速增长，特别是东部沿海地区发展更快。但差别发展不是目的，为实现国民经济的均衡、健康发展，加大扶贫开发力度，中国政府组织沿海先发展起来的地区对口支援内地贫困省、区。自 1979 年中央决定开展对口支援工作以来，一个多层次、多形式、多内容的对口支援活动全面展开。

（一）对口扶贫的开端

1979 年为了增强民族团结、巩固边防、加速少数民族地区的经济文化建设，中央确定：北京支援内蒙古，河北支援贵州，江苏支援广西、新疆，山东支援青海，天津支援甘肃，上海支援云南、宁夏，全国支援西藏。对口支援的主要任务是，开展经济技术协作，帮助受援地区培训技术人才，在物资上互通有无，共同开发矿产资源，发展农、林、畜产品加工工业，推动少数民族地区的经济建设，这是我国对口支援的开端。

从对口扶贫的开端我们可以看出，我国在改革开放之初就存在着地区经济发展的不平衡现象，但国家当时对口支援的扶贫目标还不是特别明确。另外，受援地区也都是少数民族聚居区。当然，物资上互通有无以及经济技术合作必然对少数民族地区的经济发展产生推动作用，从而缓解少数民族地区的贫困问题。

（二）对口扶贫工作责任的明确

1982 年国家进一步明确：对口扶贫工作由国家经济委员会、国家计划委员会、国家民族事务委员会共同负责，由国家经济委员会牵头。对口扶贫工作，是一项复杂的系统工程，扶贫责任的明确，有利于协调各方力量、调动各种资源进行扶贫，也有利于对口扶贫工作的整体规划。

（三）对口扶贫的重点的确定

1991 年 4 月《国务院贫困地区经济开发领导小组关于"八五"期间扶贫开发工作部署的报告》强调：要继续组织经济发达地区对口帮助贫困落后的地区。①对口扶贫的重点。要求发达地区帮助落后地区解决支柱产业系列开发各环节上的难点，提高产业开发水平；帮助企业提高管理水平、技术水平、产品质量和经济效益；②对口扶贫形式。采取县乡干部挂职交流、劳务输出、以劳助学等多种形式，帮助贫困地区培训人才。经济比较发达的沿海省、市帮助经济比较落后的内地省、区，富县帮穷县，富乡帮穷乡，富村帮穷村，富户帮穷户，先进企业帮落后企业。③对口扶贫工作的组织。省际之间的对口帮助由国家计划委员会负责组织，其他各层次的对口帮助由各地政府负责组织。

"八五"期间，对口扶贫政策明确了对口扶贫的重点、形式以及组织工作的落实责任，使得对口扶贫工作的操作性更强，同时我们可以看出，发达地区与贫困地区在人、财、物力的交流上更加密切了。

（四）"对口帮扶"的省、区、市的确定

引导区域经济协调发展，加强东西部地区互助合作，帮助贫困地区尽快解决群众温饱问题，逐步缩小地区之间的差距，是改革和发展的一项战略任务。经济较发达地区与经济欠发达地区开展扶贫协作，对于推动地区间的优势互补，推进社会生产力的解放和发展，加快贫困地区脱贫致富步伐，实现共同富裕，增强民族团结，维护国家的长治久安，都具有重要的意义。

1996 年，为如期实现《国家八七扶贫攻坚计划》确定的目标，国家对开展扶贫协作的安排意见是：

①对口省（区、市）的安排。确定由北京市与内蒙古自治区，天津市与甘肃省，上海市与云南省，广东省与广西壮族自治区，江苏省与陕西省，浙江省与四川省，山东省与新疆维吾尔自治区，辽宁省与青海省，福建省与宁夏回族自治区，大连、青岛、深圳、宁波市与贵州省，开展扶贫协作。②开展扶贫协作的主要内容。帮助贫困地区培训和引进人才，引进技术和资金，传递信息，沟通商品流通渠道，促进物资交流；开展经济技术合作，效益较好的企业，带动和帮助贫困地区生产同类产品的经济效益较差的企业发展生产；合理、有序地组织贫困地区的剩余劳动力到经济较发达地区就业；开展为贫困地区捐赠衣被、资金、药品、医疗器械、文化教育用品和其他生活用品的活动。③对口扶贫的产业支持政策。国家产业政策的制定和实施，对贫困地区给予支持；优先在中西部地区安排资源开发和基础设施建设项目，在资金上给予倾斜；到贫困地区兴办开发性企业，可使用当地的扶贫资金，进行联合开发；在"老、少、边、穷"地区新办的企业，可在前 3 年免征所得税；在利用外资、开展对外贸易和经济合作等方面，实行同等优先，重点支持，并适当放宽外商投资的领域；对协作物资和补偿产品放宽流向限制，对贫困地区大宗的货物运输要优先列入计划；贫困地区也应制定吸引外地投资的优惠政策，加快本地资源开发。④扶贫工作的组织协调政策。各级人民政府要切实加强对扶贫协作工作的领导，要确定一位领导同志负责这项工作，并明确具体承办部门。协作双方应每年召开一次联席会议，总结经验，协商解决有关问题。跨省、自治区、直辖市的扶贫协作工作，由国务院扶贫开发领导小组负责组织和协调。

国家把经济发达的省（区、市）力量动员起来，投入到扶贫工作中，在资金、人才、技术方面加强扶持力度，强调既要解决贫困地区基本需要问题，又要帮助贫困地区发展生产。值得关注的是国家在产业发展、税收减免、利用外资等方面给予贫困地区优惠政策，以促进贫困地区经济发展，并提倡对口双方建立起必要的沟通机制，这些都是对以往的对口扶贫政策的完善和重要补充。

(五) 扶贫政策体系化

在对口扶贫方面：继续组织沿海发达省、直辖市对口帮扶西部贫困省、自治区。对口帮扶的任务要落实到县，协作要落实到企业和项目。组织富裕县和贫困县结成对子，进行经济合作，开展干部交流。动员富裕县的企业到西部贫困县去，利用人才、技术、信息、市场、管理、奖金等各种优势，在互利互惠的基础上与贫困县共同开发当地资源。

为确保"八七"扶贫目标顺利实现的一系列政策，我国政府在资金上加大了投入，并进一步制定政策，确保扶贫资金的使用效率；除增加资金的投入外，中国政府对广大贫困地区采取了多予少取的财政税收政策，给予贫困户和贫困地区的企业在税收上的减免；改变贫困地区的面貌，利用自身优势资源发展经济很重要，但政府部门和先富地区的支持同样必不可少，因而中国政府调动各方力量，大力发展定点扶贫和对口扶贫。上述这些扶贫政策完善了我国的扶贫政策体系，同时也取得了非常好的政策效果。

三　改革开放30年对口帮扶绩效

中央国家机关的扶贫资金最初是无偿使用的，实施"八七扶贫攻坚计划"后改无偿投入为部分有偿投入，通过回收周转，滚动开发，以提高扶贫资金使用的可持续性。扶贫项目的实施共有四种途径，第一种方式是责成其下属机构负责项目的实施和管理，这是具有垂直系统的部门的一般做法，如国家林业局、农业部和卫生部等；第二种方式是委托当地扶贫办组织有关部门实施，这是下面没有可借用的力量的部门的一般做法，如中央办公厅等；第三种方式是交由其培育出来的扶贫实体实施，如国土资源部在江西赣南的"扶贫开发中心"；第四种方式是通过签订具有法律效率的协议，委托非政府组织实施，如华夏银行委托中国扶贫基金会实施贵州小额信贷项目。

东部发达地区的扶贫资金主要来源于自己的财政收入，这是其不同于部门扶贫的显著特点。发达地区对口帮扶的目标是解决贫困人口的温饱问题。鉴于对口帮扶省区的情况不同，具体的做法和项目的构成有一定的差异。从目标瞄准看，第一阶段是区域性的公益项目，第二阶段是社区公益项目，第三阶段是贫困村的生产项目，即实现了从区域扶贫到社区扶贫，再到村到户的转变。国际机构参与中国扶贫的目标瞄准经过了贫困地区、人力资源到贫困社区的变化，在项目确定上，经历了从理念倡导需求、模式示范需求和社区发展需求三个阶段 (表10-2)。

表 10 – 2　　　　　　　　各类扶贫机构的扶贫特性的比较研究

扶贫机构类别	目标	方式	特征
中央各部门扶贫	出成效、出政绩	自上而下	系统垂直
东西部政府互助	树形象、拓市场	互动式	帮扶与协作
贫困区内部扶贫	完成省内的扶贫任务	集团式、分层式	优势互补、分层制
国际性政府扶贫	推广理念、影响中国扶贫政策	参与式	综合性、持续性

　　东西协作对口扶贫，具体涉及东部的 9 个省和 4 个市的 235 个区县，对口帮扶西部的 10 个省区的 239 个国定贫困县，占西部国定贫困县数量的 63.7%。

　　东西对口扶贫的内容广泛，包括培训人才，引进资金，促进物资交流；开展技术合作，带动和帮助贫困地区企业发展；组织贫困地区的剩余劳动力转移到东部发达地区就业；开展为贫困地区捐赠活动。据统计，东部向西部无偿捐资 44.4 亿元，援建学校 2462 所，安排劳务输出 150 万人，人才培训 34 万人次；西部获得劳务收入 82.7 亿元，引进科技实用技术 1351 项[①]。东西对口扶贫，增加了西部贫困地区的扶贫投入，促进了西部地区人力资本积累和提升，加快了西部地区农村减缓贫困的进程。

表 10 – 3　　　　　东西扶贫的参与单位数与扶持的国定县数　　　　　单位：个

对口关系	参与区县数	扶持县数	对口关系	参与区县数	扶持县数
上海—云南	12	22	浙江—四川	37	12
北京—内蒙古	18	18	福建—宁夏	8	8
天津—甘肃	14	15	山东—新疆	26	26
辽宁—青海	13	14	广东—广西	9	28
江苏—陕西	45	48	大连、青岛、深圳、宁波—贵州	53	48
总计				235	239

　　资料来源：李周：《中国反贫困与可持续发展》，科学出版社 2007 年版。

　　此外，西部农村平均每年可通过定点扶贫获得近 40 亿元的扶贫资金，通过东西对口扶贫，获得 15 亿元的扶贫资金。扶贫资金向西部倾斜的政策，有力地促进了西部农村贫困地区的发展，加快了西部农村贫困人口的脱贫步伐。

---

　　① 陕西省发改委工业处：《国务院扶贫办在杭州召开全国东西扶贫协作十周年纪念座谈会》，中国政府网，2007 年 3 月。

表10－4　　　　　　　西部地区的中央财政扶贫资金投入情况　　　　单位：亿元、%

时间	财政扶贫资金	西部财政扶贫资金	中部扶贫资金	西部比例	中部比例
2001	100	62.6	37.4	62.6	37.4
2002	106	66.4	39.6	62.6	37.4
2003	114	66.0	48.0	57.9	42.1
2004	122	70.4	51.6	57.7	42.3
2005	130	76.0	54.0	58.5	41.5
2006	137	85.0	52.0	62.0	38.0

数据来源：根据《国家西部开发报告》、《扶贫监测报告》和《扶贫开发基础资料简明手册（1978—2006）》等数据整理所得。

注：财政扶贫资金（未含扶贫贷款）指发展资金、以工代赈资金、少数民族发展资金、三西资金、扶贫贷款贴息资金和其他。

表10－5　　　　　　　"十五"期间西部定点扶贫的投入　　　　　　单位：亿元

	内蒙古	广西	重庆	四川	贵州	云南	陕西	甘肃	青海	宁夏	新疆	合计
中央	—	5.9	7.2	2.8	13.5	13.5	11.8	2.3	2.5	2.76	4.36	115.7
地方	1.1	10.8	10.2	6.7	8	15.5	20	3.8	2.3	0.9	2	194.4

资料来源：各省的"十五"扶贫总结、东西帮扶总结等材料，个别数据根据省份的相近性估算。

表10－6　　　　　　　"十五"期间东西对口扶贫的投入　　　　　　单位：亿元

	无偿帮扶资金	捐赠物资折合	协作资金	劳务收入
北京—内蒙古	2.09	2.16	356.85	—
天津—甘肃	1.30	0.21	4.30	1.20
辽宁—青海	1.10	1.30	30.00	—
上海—云南	3.70	0.50	94.00	—
江苏—陕西	3.30	3.90	11.21	3.00
浙江—四川	2.45	1.13	138.80	1.00
福建—宁夏	3.47	0.67	58.00	1.00
山东—新疆	2.38	0.54	26.70	—
广东—广西	7.73	1.88	88.23	24.00
深圳、青岛、大连、宁波—贵州	7.40	2.25	73.00	6.00
合计	34.92	14.54	881.09	36.20

资料来源：各省的"十五"扶贫总结、东西帮扶总结等材料。

四　对口帮扶的新举措

（一）加强东部地区对西部区域支持力度

北京、天津、上海等大城市，广东、江苏、浙江、山东、辽宁、福建等沿海较为发达的省，都要对口帮助西部的一两个贫困省、区发展经济。动员大中型企业，利用其技术、人才、市场、信息、物资等方面的优势，通过经济合作、技术服务、吸收劳务、产品扩散、交流干部等多种途径，发展与贫困地区在互惠互利的基础上的合作。凡到贫困地区兴办开发性企业，当地扶贫资金可通过适当形式与之配套，联合开发。

（二）继续做好沿海发达地区对口帮扶西部贫困地区的东西扶贫协作工作

要认真总结经验，根据扶贫开发规划，进一步扩大协作规模，提高工作水平，增强帮扶力度。对口帮扶双方的政府要积极倡导和组织学校结对帮扶工作；鼓励和引导各种层次、不同形式的民间交流与合作。特别是要注意在互利互惠的基础上，推进企业间的相互合作和共同发展。

对口支援方面：继续组织发达地区和城市对老、少、边、穷地区的对口支援工作。动员全社会的力量，采取多种形式，在智力开发和技术咨询等方面给予支援。

（三）继续动员国家机关开展对口扶贫

1991 年，《国务院贫困地区扶贫开发领导小组关于"八五"期间扶贫工作部署的报告》要求：继续动员国家机关和社会各界帮助、支持贫困地区的开发建设。国务院各部门和省直各厅局，凡是有条件的部门，都要派出扶贫开发工作队，深入基层，定点挂钩，直接参加扶贫开发工作。各部门、各系统都要充分发挥各自的业务优势，加强在贫困地区的行业建设和工作指导。要把扶贫开发纳入本部门、本系统的"八五"计划，帮助贫困地区解决社会经济发展过程中与本部门、本系统业务相关的问题。

（四）做好协调、支持部门政策

在当前的组织体系下，每一个国际和双边援助机构都有一个中央政府的对口部门，如世界银行和亚洲开发银行对口财政部，联合国开发计划署对口商务部，联合国粮食与农业组织对口农业部。尽管扶贫项目并不一定由对口部门来执行和实施，但对口部门在项目的形成过程中起着重要的作用。项目的类型、项目地点的选择和项目执行的方式等都是由对口部门和国际或双边发展机构共同商定的，很多情况下，政府的对口部门甚至起着主导作用。多数情况下，国际和双边机构的扶贫项目都是由政府的业务部门来实施的。根据项目规模的大小，会分别在中央、省和县一级设立项目办公室。项目办可以完全由中方的政府工作人员组成，也可能包括外方的管理和咨询人员。对于大的工程类项目，有严格的采购和招标程序，并由专业性的公司来实施；而对于非工程项目或小型项目，主要由地方政府和村民委员会按计划组织实施。

相对于国际多边和双边机构而言，国际民间机构在中国的扶贫活动的规模都很小，但也更具有创造性和灵活性。国际民间机构在扶贫中既有与地方政府部门的合作模式，也有与国内民间机构（特别是草根性的民间机构）的合作模式，但都是独立的寻找合作伙伴和确定扶贫方式。国际民间机构的扶贫活动一般都深入到基层社区，并且特别关注农民的组织与参与，很多项目都由农民自己成立的组织来管理。

（五）信息反馈模块创新

上海与云南的对口帮扶中建立和完善了四项反馈制度。一是两省市对口帮扶协作领导小组联席会议制度，旨在总结本年度的经验和问题，部署下年度的项目安排，并形成联席会议纪要；二是各自的协调会议制度，即根据需要不定期地召集有关部门研究、协调有关问题，以推进扶贫工作；三是专题工作小组联席会议制度，制订对口合作计划，确定并组织实施重点项目；四是项目跟踪制度，采取报表和调研相结合的方法，跟踪各类项目实施情况，督促和协调各类项目按计划要求实施。

（六）建立扶贫基金的创新

政府非专职机构通常采用边筹措资金边帮扶的做法。由于能筹措到的资金具有不确定性，所以究竟上多少扶贫项目也有不确定性。鉴于扶贫基金对于消除这种不确定性具有特别重要的意义，所以政府非专职机构在扶贫实践中进行了各种各样的尝试，并获得了成功。这是非专职机构做出的最有价值的创新之一。

为了确保扶贫活动具有可持续性，深圳市与贵州省对口帮扶采取了建立省、地、县扶贫基金的办法。扶贫资金来源于财政拨款和社会捐资，用于教育扶贫。此外，每年还从市、区两级财政中拿出2%建立经济合作发展基金，用于支持贫困地区发展。设立经济合作发展资金的目的是引导贫困地区的居民参与市场竞争，从而提高扶贫项目的效果和效益。

（七）非专职政府机构扶贫

非专职政府机构扶贫是动员所有副部级以上的中央机构和地方政府支持帮助贫困地区的开发建设。具体方式有：东西互助，组织沿海经济较发达的

9 个省、直辖市和 4 个计划单列市对口帮扶经济欠发达的 10 个省、自治区的贫困地区发展经济；国家机关定点挂钩扶贫，国家机关、大专院校、科研院所向贫困地区选派科技副县长，国家有关部委根据自己的职责帮助贫困地区进行经济开发；动员全国大中城市募集衣被、钱物等支援贫困地区及灾区。

第十一章

红河州石屏县对口帮扶调研报告

一 背景

2008 年 7 月底，云南省社科院经济研究所的发达地区对口帮扶西部民族地区的效益评价及政策建议课题组对红河石屏县的对口帮扶情况，进行了为期五天的考察。对于考察点石屏的选择，主要考虑：（1）石屏从 1994 年起就被列入"国家八七扶贫计划"贫困县开始实行各项扶贫政策。当地政府有相当的工作经验并总结出一套切实可行的工作方式，能给我们的考察提供有益的建议。（2）上海市的对口帮扶从 1997 年起，已持续了 11 年，这样就易于看出发达地区对口帮扶项目的实施效果及存在的问题。同时，也可以较好地考察扶贫项目结束后当地的后续发展。对具体进村入户考察，主要考虑：（1）选择扶贫项目不同的村落，以便不同项目间的对比。（2）选择考察一个没有进行对口扶贫项目的村落，以便考察项目的成效。

考察期间我们主要采用了与有关人员座谈、问卷调查和实地考察的方式。主要完成考察内容有：

（1）与红河州扶贫办、石屏县扶贫办的主管人员进行座谈。主要了解了：红河州的总体扶贫项目和项目发展情况；上海对口帮扶项目"九五"、"十五"规划和总结"十一五"规划、2007 年工作总结。

（2）村长、村民组长座谈。了解此村的基本情况，扶贫情况，经济统计数据以及对扶贫工作的意见和建议。

（3）入户问卷调查。每个已选自然村进行 20—40 户农户的生产结构、消费结构等的抽样问卷调查，被调查人要覆盖不同性别、年龄、民族和文化程度。

二 红河州对口扶贫基本情况

（一）2007 年红河州对口扶贫基本情况

2007 年，按照《上海—云南对口帮扶与全面合作"十一五"计划纲要》的要求，上海市及四区（长宁区、奉贤区、青浦区、徐汇区）继续对口帮扶红河州6个国家扶贫开发工作重点县和1个省级扶贫开发工作重点县。2007年，上海市合作交流与对口支援工作领导小组批复红河州的帮扶资金为2840万元（红河州50年州庆期间，上海市和徐汇、长宁、青浦、奉贤、静安5个区政府捐赠690万元，此690万元不在2840万元之内），援建帮扶项目80个。其中实施白玉兰扶贫开发重点村40个，投资1735万元；希望小学16所，投资350万元；白玉兰卫生室15所，投资75万元；产业与社会事业发展项目9个，投资680万元。

1. 白玉兰扶贫开发重点村实施情况

2007年计划实施白玉兰扶贫开发重点村40个（含州级整村推进示范项目一个），投资1735万元，在7个对口县的40个自然村实施。到目前，已全面完成。项目区受益人口2135户10234人。项目完成情况是：建设文明卫生道路167717.9平方米；安居改造534户，房屋外墙立面改造140户；人畜饮水：自来水工程主管安装35256米，建三面光水沟1.5公里，修沟渠4条5640米，水池16个，人畜饮水工程蓄水池6个；三配套工程：建猪厩、厕所、沼气"三配套"483套，改厕、改厩配套建设沼气池164户、新建猪厩120个；产业培植：种植橡胶430亩、发展烤烟、灯盏花、万寿菊等特色产业2183亩，种植优质稻150亩，新植竹子1700亩，发展经济林果150亩，发展经济作物226亩，发展养猪1314头，新开垦农田128亩；社会事业：建入村公路4.2公里，输电线路1900米，建设科技文化活动室25个、室外活动场2个，建垃圾池7个31平方米，建设公共卫生厕所21座578.46平方米，建拦沙坝埂1座，村内路灯亮化工程1个，建有线电视网络一座，保护古树、大树工程1个，绿化村内环境200平方米，贫困生补助13万元，资助学生285人；能源推广：推广节能灶160台；农用技术培训：开展各种技术培训70期5050人（次）。改善了贫困地区生产生活条件，促进贫困地区经济社会全面发展。

2. 教育项目实施情况

2007年计划在7个县新建希望小学16所，投资350万元，总面积为7610平方米。到目前已全部完成，有5000多学生搬进宽敞明亮的教室上课。

3. 卫生项目实施情况

2007年计划在7个对口县建白玉兰卫生室15所及购置医疗设备等，投资75万元。每个白玉兰卫生室80平方米。已全面完成，占100%。贫困山区6000多群众受益，促进了农村医疗卫生事业的发展，缓解了贫困山区群众看病难的问题。

　　4. 产业与社会事业发展项目实施情况

　　2007 年计划在 6 个对口县及蒙自（州畜牧局）实施产业与社会事业发展项目 9 个，投资 680 万元。其中：产业与增收项目 7 个，投资 370 万元；社会事业发展项目两个：红河上海动物疾病预防控制中心一个，投资 250 万元；石屏县劳务输出培训中心一个，投资 60 万元。

　　7 个产业增收项目已全面完成，其中石屏县在异龙镇、宝秀镇、坝心镇投资 200 万元（其中：上海市援助资金 50 万元，当地自筹 150 万元）推广发展的 1000 亩河蟹养殖；金平县在勐拉乡陆官寨建立产业扶贫培训基地，建设优质香蕉示范基地 100 亩，培育种苗 50 万株，开展技术培训 30 期 3000 人次；绿春县在大兴镇岔弄村委会岔弄下寨培植产业 900 亩，平河乡咪霞村委会咪霞村民小组培植产业 200 亩，戈奎乡戈奎村委会牛洞村民小组培植产业 500 亩，规东村民小组培植产业 500 亩，新寨村民小组培植产业 600 亩。元阳县圈养黄牛 100 头、种植返季蔬菜 200 亩、种植脱毒红薯 500 亩，建设旅游观景台 7 个 475 平方米、停车场 1 座 500 平方米、厕所 2 座 180 平方米、旅游服务中心一幢 150 平方米。红河县稻田养鱼项目已在阿扎河、洛恩、甲寅、宝华、乐育五个乡实施，发展到 1.5 万亩。屏边县在玉屏镇三个村委会实施中华猕猴桃种植 115 亩。通过项目的实施，项目区贫困人口人均增收 100 多元。增强了贫困农户的"造血"功能，活跃了农村经济，促进了贫困地区社会经济的发展。

　　社会事业项目两个。一是计划新建红河上海动物疾病预防控制中心一个，投资 250 万元；二是石屏县劳务输出培训中心一个，投资 60 万元。红河上海动物疾病预防控制中心，项目建设分为疫病诊断、畜产品安全检测实验、疫情信息和技术培训 3 个功能区，总建筑面积 3733 平方米，2014 年 3 月动工，到目前主体工程已完成，装修基本完毕，预计下个月就可投入使用，石屏县贫困地区劳动力转移培训中心投入资金 110 万元，工程全部完成已投入使用。受益人数达 6.8 万人，全面提升贫困地区劳动力的人口素质。

　　（二）石屏县对口扶贫项目的基本情况

　　1994 年，石屏县被国务院扶贫开发领导小组列入"国家八七扶贫攻坚计划"贫困县。1995 年石屏县的龙武镇、大桥乡、牛街镇、新城乡被云南省人民政府确定为省 506 个扶贫攻坚乡行列。2001 年，石屏县退出原定贫困县，作为省扶贫开发重点县。

　　上海市及奉贤区自 1997 年对红河州石屏县开展对口帮扶。先后组织 51 批 446 人次到石屏红河实地考察、调研，确定帮扶项目，红河州代表团有

28 批 356 人次到奉贤区互访,下派干部 6 批 6 人次到红河州挂职抓对口帮扶工作。11 年来,围绕教育扶贫、医疗卫生、科技培训、提高劳动者素质和改善贫困地区生产、生活条件等方面开展了扎实有效的帮扶工作,取得了显著的成效。共建成温饱试点村 5 个、白玉兰整村推进项目 17 个、"7 + 8" 温饱试点村 24 个、白玉兰扶贫开发重点村 5 个、脱贫奔小康试点村 5 个、新农村建设项目 6 个、白玉兰卫生室 27 个、新建希望小学 13 所,修缮 4 所,共投入资金和物资折价 7882.454 万元。其中:上海市援助资金和物资折价 2873.834 万元,当地自筹 4694.62 万元,整合国债资金 314 万元。捐赠衣被 120 吨。

1. 教育扶贫。1997—2008 年,援建学校 17 所(新建学校 13 所,修缮 4 所),总投资 1053.74 万元(其中:上海市援助 372 万元,县、乡群众自筹 681.74 万元),受益人数 4052 人。

2. 卫生帮扶。1997—2008 年,援建白玉兰卫生室 27 个,项目总投资 124.1 万元(其中:上海市援助 95 万元,县、乡、群众自筹 29.1 万元),受益人数 43384 人。

3. 重点村建设。1997—2008 年,援建重点村 63 个,共投入资金 4075.58 万元(其中:上海市援助 1796 万元,整合国债资金 314 万元,县、乡群众自筹 1965.58 万元),受益人数 15410 人(详见表 11 – 1)。

表 11 – 1　　　1996—2008 年上海对口帮扶红河州重点村建设情况

时间	项目	受益村落数	受益人数	总投资(万元)	投资来源(万元)		
					上海援助	整合国债资金	群众自筹
1998—1999 年	温饱试点村	6	1046 人	142.7	90		52.7
1999—2002 年	"7 + 8" 温饱试点村	24	1429 户 5819 人	486	360		126
2001—2004 年	"白玉兰" 脱贫奔小康试点村	5	459 户 1874 人	5614.1	182	139	243.1
2005 年	"白玉兰" 整村推进	8	330 户 1291 人	1321.01	410	175	736.01
2006 年	"白玉兰" 整村推进	9	1165 户 4381 人	897.55	314		583.55
2007 年	"白玉兰" 扶贫开发重点村	5	751 户 2878 人	317.58	200		117.58
2008 年	新农村建设	6	626 户 2511 人	346.64	240		106.64

资料来源:红河州扶贫办提供。

4. 产业扶持。2006—2008 年，援建产业扶持项目 4 个，项目总投资 2138 万元（其中：上海援助 185 万元，县、乡群众自筹 1953 万元），受益人数 43384 人（详见表 12 - 2）。

表 12 - 2　　　　　2006—2008 年上海对口帮扶红河州产业扶持情况

时间	项目	项目覆盖	项目总投资（万元）	资金来源（万元）	
				上海帮扶	当地自筹
2006 年	水产养殖	异龙镇松村村委会冲门口村 130 户 561 人	28	15	13
2007 年	1000 亩河蟹养殖	异龙镇、宝秀镇、坝心镇	200	50	150
2008 年	经济发展项目 2 个		1910（计划）	120	1790

资料来源：红河州扶贫办提供。

5. 科技培训。1997—2008 年，共培训 34 期 2690 人次。总投资 46.2 万元，其中：上海援助 41 万元，自筹 5.2 万元。投资 8 万元建种羊基地场 1 个，引进种公羊 260 头；投资 2 万元在石屏亚房子乡建 60 亩杨梅种植基地。为贫困地区发展优势产业注入活力。

6. 上海援助其他项目，1997—2008 年，援建其他项目 2 个，项目总投资 260 万元（其中：上海援助 200 万元，县、乡群众自筹 60 万元），受益人数 68256 人。（1）2007 年，上海市在 2005 年援建六家山村委会整村推进项目的基础上，继续援建六家山村委会多依树村易地搬迁项目缺口资金 100 万元。（2）2007 年，援建石屏县贫困地区劳动力转移培训中心，项目总投资 160 万元（其中：上海帮扶资金 100 万元，当地自筹资金 60 万元），受益人数 6.8 万。

7. 社会事业方面。上海奉贤区卫生局扶持石屏县卫生局 7 万元，用于购置设备；区广电局扶持石屏县广电局广播调频台一台，价值 6 万元；区教育局捐赠石屏县教委 DX - 300 摄像机及背包机、摄像机一套；投资 7 万元，为石屏 1 个小学和 1 个村解决了人畜饮水困难；向石屏县援助衣物 120 吨，1997—2008 年，其他捐款捐物折资合计 184.834 万元。在石屏、红河县援助 18 万元建立助学基金 2 个，投资 2 万元创建生态示范村 1 个，百事可乐公司还在石屏开展原料基地协作项目，在 4 个乡种植了 300 多亩脱毒马铃薯；吸纳红河州干部 10 批 40 多人到奉贤区挂职锻炼。

（三）调研点对口帮扶基本情况

1. 石屏县异龙镇六家山村基本情况

六家山村位于石屏县异龙镇南部，离县城 13 公里，辖大寨、中寨、双箐、麻栗树、沙坡脚、白龙潭、多依树 7 个自然村，聚集着傣族、彝族、汉族三个民族。2004 年年末有农户 296 户，总人口 1169 人，人均耕地 1.1 亩，主要种植优质稻、玉米、小麦等粮食作物。2004 年人均有粮 200 公斤，人均纯收入 723 元，该地区虽处热带河谷，但由于基础设施滞后，产业结构单一，群众科技意识淡薄，热带资源开发不足。

2005 年，六家山村被列为白玉兰扶贫开发整村推进重点村后，围绕基础设施、经济发展、生态建设和社会公益事业四个方面高起点规划、高标准建设。共整合各类资金 1292 万元用于整村推进，其中上海帮扶资金 390 万元，易地搬迁项目资金 130 万元，省级整村推进资金 15 万元，州级整村推进资金 30 万元，县、镇、村及群众投资 727 万元。

2. 石屏县异龙镇陶村村委会许家营村基本情况

陶村村委会许家营村位于石屏县中部，距离石屏县城约 1 公里，属于城乡结合部，有农户 156 户，人口 593 人。2006 年，人均有粮 300 公斤，人均纯收入 910 元，民族主要是汉族。耕地面积 419 亩，其中水田 261 亩，旱地 158 亩；平均海拔 1400 米，最高气温 33℃，最低气温 8℃；适合种植水稻、玉米、小麦等粮食作物和柑橘、杨梅、石榴等经济果木，加工业主要有豆制品加工。由于农业基础设施薄弱，水利建设发展缓慢，各项产业没有形成规模，且品种老化严重，制约了农村经济的快速发展。目前，尚有 15 户，45 人处于低收入贫困状态。

3. 无项目村基本情况

三 对口帮扶成效

以石屏县异龙镇六家山村白玉兰重点村为例，上海对口帮扶项目实施成效主要有以下七个方面。

1. 改善了项目村教育条件，为提高教学质量提供了坚实的物质基础

2005 年帮扶项目出资建立了一所希望小学，建有一个 1224 平方米的计算机室，三台计算机，完善了球场、花区、围墙及校门。在我们做的问卷调查——农户自我评价表中，农户普遍反映该学校大大缩短了学生上学的路程，方便了学生上学。软硬设施的加强提高了学校的教学质量。

2. 开展了产业扶贫，提高了当地村民的收入水平

帮扶项目提供资金和牲畜，帮助发展优质母猪的养殖。项目向村民提供母猪，据我们入户调查，该村农户的主要收入来源就是这些母猪所下仔猪的出售或通过这些母猪的扩大养殖。上海对口帮扶项目大力扶持种养殖业，把生猪养

殖和种植优质稻、冬早蔬菜、花椒作为六家山的特色产业来培植，现在已初见成效，已形成不小的规模。目前，六家山7个自然村共饲养生猪1480头，户均5头，每头按600元价格出售，每户可增加收入3000元。在种植业发展上，优质稻、冬辣椒和冬黄瓜已经发展成为订单农业。采取"水稻—蔬菜—蔬菜"的种植模式，提高了土地复种指数，拓宽了群众的增收渠道。

3. 实施村内道路硬化，改善项目村的交通条件

硬化入村公路，铺设村内文明卫生路。共硬化6条4公里入村公路，提高了通行能力。使六家山人民告别了晴通雨阻的历史。七个自然村共铺设文明卫生路10.3公里，彻底改变了过去"脏、乱、差"的现象。

4. 实施安居和易地搬迁工程，改善了项目村的生活环境

一是翻修改造民房，改善人居环境。翻修改造民房242间。翻修后的安居房整齐有致，宽敞明亮。建村民活动室7间及户外活动场地7块。活动室内配置了电视、音响设备，做到了规章制度装框上墙。

二是对饮水困难，交通不便，住房简陋，生存环境恶劣的多依树村进行整体搬迁。完成建筑面积180平方米的砖木结构搬迁房54幢，彻底改善了多依树村的生产生活条件。

5. 实施人畜饮水工程，解决了项目村饮水困难的问题

建蓄水池7个，安装自来水主管网8529米，分管网16380米。实现了六家山村委会7个自然村村民梦寐以求饮用自来水的愿望，确保了人民群众的身体健康。

6. 建沼气池，把解决能源问题与生态环境建设相结合

实施以沼气池为主的"三配套"工程，有效保护森林植被。完成"三配套"工程268件，即每户拥有一个8立方米的沼气池，一个10平方米以上的猪厩，一个卫生厕所。"三配套"工程的建成，既节省了能源，解决了群众的生活燃料问题，又大量减少了薪炭林的砍伐，有效地保护了森林面积。

7. 改善了医疗卫生条件，缓解了项目村群众看病难的问题

建盖卫生室，改善医疗卫生条件。完成了100平方米的卫生室一间，并配备了医疗器械，群众看病难的问题得到较大缓解。

四　存在困难和问题

（一）受自然条件影响、制约较大

1. 夏秋季节雨水多，造成工程实施困难

红河州地处云南南部，夏秋季节降雨量大。再加一些帮扶点地处偏远的

山区，当地自然环境复杂，山高坡陡，一下雨就会发生一系列的自然灾害，如山体滑坡、泥石流等，导致交通中断，扶贫工程时断时续或长时间停滞，有的地区停滞时间一年里可达到半年。

2. 实施成本高

石屏县贫困人口大多分布在地理位置偏远、交通通达度差，社会基础设施薄弱甚至没有的南部哀牢山区和北部高寒山区，使交通和人力成本高于其他地区。以致相同的项目资金获得的成效较低。

3. 自然条件差异大，个体差异也很明显

石屏县各村镇气候环境、地理环境多样、差异大。异龙湖湖区及周边地区地势较平坦、土壤肥沃，交通通达度很好，而南部和北部山区，立体气候明显，土壤肥力低，交通也是晴通雨阻。具体到每个村、镇，无论是人员构成、长期以来的产业结构都有十分不同的具体情况，这些差异性都要求高度因地制宜的针对性政策，这样就加大了扶贫项目决策、实施及后期考察的难度，从而导致了项目修改次数多，审批时间长。

（二）运行机制不健全

1. 缺乏固定交流机制

通过与石屏县扶贫办主任等扶贫负责人座谈和对有关材料的研究，我们发现帮扶与被帮扶方主要的商定项目的方式是通过材料的递送和与挂职干部的联系。特别是在项目审核、资金的划拨上，就只是文字材料的寄来寄去，寄送和修改就花了很多时间，同时又不能对材料进行面对面的更深入的诠释，因此双方对对方的情况并不是很了解，意见难以统一，当双方达到一定程度的统一，时间又过去了很多。虽然在被帮扶地区都有发达帮扶方派有的挂职干部，但挂职干部的主要职能是对扶贫项目的监督和联系两方，遇到需决策的事时，他们也无权做决定必须上报，双方主要负责人虽然也有互访，但没有固定下来。所以，帮扶工作缺少一种帮扶与被帮扶方负责人的面对面的沟通交流机制。

2. 缺少延续机制

在调研期间，我们发现有个项目是为村民提供了几台耕机来代替牛耕，这使农民不必花大量时间在放牛上，同时也保护了当地的植被。但在田间没有修起机耕路，仍是一米左右宽的田埂，以致耕机无法下田。当当地人提出这个问题时，政府答复这个项目只是提供耕机，现在项目完成了。由此看出，扶贫工作缺少对项目长远的延续性的考虑。

（三）有的村镇认识不到位、整合力度不足

一是扶贫的每个项目在具体实施的时候都涉及许多不同的方面，都需要不同的职能部门的密切联系和通力合作。而现在的情况是很多人都认为扶贫就是扶贫办的事,需要其他部门时就要花很多时间和精力来联系、整合。甚至因为整合力度不够使一些项目搁浅。

二是有的项目实施乡镇对项目认识不足,少数项目村领导"等、靠、要"思想严重,项目实施力度不够,进展缓慢,部分已解决温饱的项目村,缺少长远发展规划,巩固和持续发展项目跟不上,服务和指导不到位。

（四）投入资金不足

这是云南贫困地区的扶贫工作普遍存在的问题。红河贫困地区基础设施薄弱,县乡公路和乡村公路大多数是简易公路,抗灾能力弱,晴通雨阻现象明显。农田水利设施滞后,大部分耕地不能有效排灌,基本处于"靠天吃饭"的状态。仍有相当一部分自然村不通电,难通电,共有 60 多万人存在人畜饮水困难。由于一些村子基础十分薄弱,在扶贫之前很少或基本没有公共基础设施,所以对于这些村子的建设得从基础做起,就需要更多的资金才能达到真正扶贫的目的。

此外,对比发达地区政府帮扶和发达地区企业帮扶。我们发现企业帮扶的援助资金虽然少于政府帮扶的援助资金,但被帮扶地区普遍反映企业的资金到位较快,使用效率较高。

五　若干建议

1. 针对少数"等、靠、要"的不良思想,需加强对农民特别是村干部的思想道德教育,大力宣传自力更生、勤劳致富的美德,首先做到在观念上扶贫。这也是扶贫工作的基础,农民只有提高思想认识才能真正地长久脱贫致富。

2. 建立固定沟通机制。针对项目计划批复时间长、修改次数多的问题。我们建议建立一个定期的被帮扶点直管部门与帮扶直管部门现场办公的机制,对项目计划进行现场审核、修改和批复。这样既加强了双方沟通效率又提高了工作效率节约了时间成本。

3. 充分考虑帮扶项目完成后的可持续发展,加大技术扶贫和教育扶贫的份额和力度。现在的石屏县的扶贫工作绝大多数已经进行到了开发式扶贫阶段,这时就要着眼长期发展,加大反贫困的科技含量,充分利用反贫困各项扶持政策,进一步改善生产条件,引导农户进入市场,提高农户的经营能力和收入水平。同时重视增加人力资本的投资,通过提高贫困人口的劳动素质,从而提高他们未来的工作效率。从某种程度上讲,这是消除贫困、促进经济增长的根本途径。

4. 因地制宜，一村一策。每个村建立一个系统的帮扶档案，记录整个村的各年各项帮扶项目及实施完成的具体情况。这样有几点好处：（1）在制订项目计划时，可很好的延续之前未完成或需进入更高阶段的项目，保证了项目的延续性，避免单纯数量上的重复。（2）提高决策效率。在选定项目时可考虑之前工作的进程和基本经验。避免缺乏延续性，一任一套。

参 考 文 献

叶万普：《贫困经济学研究》，中国社会科学出版社 2004 年版。

王雨林：《中国农村贫困与反贫困问题研究》，浙江大学出版社 2008 年版。

杨国涛：《中国西部农村贫困演进与分布研究》，中国财政经济出版社 2009 年版。

叶慧：《中西部少数民族贫困地区财政支农效率及结构优化研究》，科学出版社 2011 年版。

帅传敏：《中国农村扶贫开发模式与效率研究》，人民出版社 2010 年版。

康晓光：《中国贫困与反贫困理论》，广西人民出版社 1995 年版。

童宁：《农村扶贫资源传递过程研究》，人民出版社 2009 年版。

世界银行：《1980 年世界发展报告》，中国财政经济出版社 1980 年版。

雷诺兹（Reynocds）：《微观经济学》，商务印书馆 1986 年版。

世界银行：《2000/2001 年世界发展报告》，中国财政经济出版社 2001 年版。

舒尔茨：《人力资本投资》，《现代国外经济学论文集》（第八辑），商务印书馆 1984 年版。

舒尔茨：《改造传统农业》，商务印书馆 1999 年版。

［印］阿玛蒂亚·森：《以自由看待发展》，中国人民大学出版社 2002 年版。

艾伯特·赫希曼：《经济发展战略》，经济科学出版社 1991 年中译本。

厉以宁主编《区域发展新思路》，经济日报出版社 2000 年版。

杨巧红：《西部生态环境建设的前沿问题研究》，《中国西部经济发展报告 2005》，社会科学文献出版社 2006 年版。

陈计旺：《地域分工与区域经济协调发展》，经济管理出版社 2001 年版。

黎鹏：《区域经济协同发展研究》，经济管理出版 2003 年版。

荣跃明：《区域整合与经济增长》，上海人民出版社 2005 年版。

张敦富、覃成林：《中国区域经济差异与协调发展》，中国轻工业出版社 2001 年版。

张秀山主编《中国区域经济问题研究》，商务印书馆 2005 年版。

冯兴元：《欧盟与德国——解决区域不平衡问题的方法和思路》，中国劳动社会保障出版社 2002 年版。

陆大道：《区位论及区域研究方法》，科学出版社 1998 年版。

戴学珍：《京津空间相互作用与一体化研究》，中国财政经济出版社 2005 年版。

廉晓梅：《APEC 区域经济合作模式与发展前景研究》，中国社会科学出版社 2005 年版。

乔云霞：《区域国际竞争力理论研究与实证分析》，经济科学出版社 2005 年版。

张秀生、卫鹏鹏主编《区域经济理论》，武汉大学出版社 2005 年版。

胡军、刘少波、冯邦彦主编《CEPA 与"泛珠三角"发展战略》，经济科学出版社 2005 年版。

伍贻康：《区域整合体制创新》，上海财经大学出版社 2003 年版。

陆玉麒：《区域发展中的空间结构研究》，南京师范大学出版社 1998 年版。

覃成林等：《区域经济空间组织原理》，湖北教育出版社 1996 年版。

肖金成：《加快体制创新，促进区域经济发展》，罗来武、汪德和主编《地区发展与制度创新——首届江西发展论坛文集》，经济科学出版社 2004 年版。

刘兴远、汪海：《提高经济发展平台的区域协调发展对策》，宋林飞、吴先满、张祖明主编《地区经济发展平台》，社会文献出版社 2005 年版。

陈丽新：《甘肃民族地区经济发展研究》，中国社会科学出版社 2004 年版。

杨复兴：《制度创新与云南经济体制改革研究》，民族出版社 2003 年版。

张蕴岭：《世界区域化的发展与模式》，世界知识出版社 2005 年版。

樊莹：《国际区域一体化的经济效应》，中国经济出版社 2005 年版。

盛世豪、郑燕伟：《"浙江现象"产业集群与区域经济发展》，清华大学出版社 2004 年版。

张叶等：《浙江产业空间的结构变动》，社会科学文献出版社 2003 年版。

莫建备、徐之顺、曾骅、荣跃明等主编《大整合·大突破——长江三角洲区域协调发展研究》（上海市、江苏省、浙江省哲学社会科学规划课题研究成果），上海人民出版社 2005 年版。

藤田昌久（Masahisa Fjuita）、保罗·克罗格曼（Paul Krugman）和安东尼·J. 维纳布尔斯（Anthony J. Venables）：《空间经济学》，梁琦主译，中国人民大学出版社 2005 年版。

魏后凯、刘楷、扬大利等：《中国地区发展——经济增长、制度变迁与地区差异》，经济管理出版社 1997 年版。

国家统计局农村社会经济调查总队：《2004 年中国农村全面小康监测报告》，中国统计出版社 2004 年版。

《云南省扶贫开发志（1984—2005）》，云南民族出版社 2007 年版。

徐永富、李文录主编《携手铸辉煌——闽宁互学互助对口扶贫协作十年回望综述卷》，宁夏人民出版社 2006 年版。

高石钢、唐宝山主编《携手铸辉煌——闽宁互学互助对口扶贫协作十年回望项目卷》，宁夏人民出版社 2006 年版。

童星、林闽钢：《我国农村贫困标准线研究》，载《中国社会科学》，1993 年第 3 期。

李小汇、熊小林：《我国农村贫困状况的分析》，《中国国情国力》1997 年第 3 期。

《西部地区农村教育发展的现状和问题》，中国论文下载中心，2008 - 07 - 26 11：45：00，http：//www. studa. net/nongcun/080726/11450669. html。

孟军：《加强经济区域立法，保障经济区域协调发展》，《光明日报》2006 年 5 月 3 日。

佟志武：《以整体开发推动区域经济振兴》，《人民日报》2006 年 1 月 6 日，第九版。

授权发布：《中华人民共和国国民经济和社会发展第十一个五年规划纲要（全文）》，新华网 2006 年 3 月 16 日。

李仙：《统筹我国区域经济发展的总体构想》，中国发展观察杂志社网络系统 2006 年 7 月 5 日。

王新怀：《我国地区发展差距现状及区域协调发展的建议》，网页"财经界"，国家发改委主管、国家信息中心主办 2006 年 7 月 21 日。

揣振宇：《区域协调互动推进民族地区经济社会发展》，《中国社会科学院院报》2006 年 1 月 19 日。

范恒山：《专家访谈：行政区建设与区域协调发展》，《人民日报》2006 年 2 月 26 日。

魏后凯：《按科学发展观统筹区域协调发展》，《中国社会科学院院报》2005 年 10 月 6 日。

陈栋生：《区域协调发展和中部地区的崛起》，中国区域发展网 2005 年 8 月 12 日。

严汉平：《区域协调发展的困境和路径》，2006 年 5 月 16 日。

任保平：《建设区域创新体系，提高区域竞争优势》，2006 年 5 月 29 日 11：24：41。

王铮等：《信息化与区域经济发展研究》，2006 年 5 月 16 日。

曹现强：《山东半岛城市群建设与地方公共管理创新》，《中国行政管理》2005 年第 3 期。

靖学青：《西方国家大都市区组织管理模式》——兼论长江三角洲城市群发展协调管理机构的创建，《社会科学》2002 年第 12 期。

杨德权、杨德礼：《日本关西地区经济再生战略与城市群创新体系》，《环渤海经济瞭望》2000 年第 2 期。

王健、鲍静、刘小康、王佃利：《"复合行政"的提出——解决当代中国区域经济遗体化与行政区划冲突的新思路》，《中国行政管理》2004 年第 3 期。

马斌：《长三角一体化与区域政府合作机制的构建》，中国改革论坛网，2004 年 10 月 12 日。

唐茂华：《城市圈域合作发展中的政府作用边界》，2006 年 4 月 12 日。

姚昭辉：《从目前的问题谈规划管理体制改革》，《规划管理》2004 年第 7 期。

陈耀：《促进区域竞争规范和转性的政策措施》，《中国经济时报》2005 年 6 月 17 日。

辛本禄、张秋惠：《东北行政区与经济整合的研究与对策》，《经济问题探索》2005 年第 7 期。

刘正刚：《发挥后发优势、实现跨越式发展》，《石油大学学报》（社会科学版）2001 年 12 月。

云南省发展和改革委员会：《突破我省加快发展中的体制性障碍对策研究》，2004 年度云南省政府系统决策咨询研究课题 2005 年 10 月。

《云南省"十一五"经济体制改革总体规划研究》，云南省"十一五"

规划第二批重大前期研究课题 2005 年 9 月。

国务院扶贫开发领导小组办公室编《中国农村扶贫开发概要》，中国财政经济出版社 2003 年版。

李勇：《中国东西扶贫协作的政策背景及效果分析》，《老区建设》2011 年第 14 期。

王永忠：《东西合作扶贫开发的新探索——关于闽宁对口扶贫协作的思考》，《宁夏党校学报》1999 年第 4 期。

王强：《深圳、河源对口帮扶的现状及可能的创新举措》，《特区经济》2006 年 9 月。

徐静：《对口帮扶新视野——由政府主导型转向市场化基础上政府与 NGO 共同推动型》，《当代贵州》2004 年第 21 期。

陈栋生：《东西合作：西部大开发的推进器》，《财经问题研究》2002 年第 6 期。

都阳、蔡昉：《中国农村贫困性质的变化与扶贫战略调整》，《中国农村观察》2005 年第 5 期。

于洋、戴蓬军：《新世纪我国农村反贫困对策思考》，《农村经济》2004 年第 8 期。

亚洲开发银行："农村脱贫出路及贫困瞄准机制效性"专题评价研究报告 www. adb. org/evaluation/reports/ses-poverty-targeting. asp。

徐晓军：《我国农村扶贫工作的十大误区》，《农业经济问题》2000 年第 3 期。

王利文、彭刚、方念：《东西合作，优势互补——深圳、青岛、大连、宁波与贵州对口帮扶协作调查报告》，2000。

和丕禅、郭红东、许莹、张哲：《企业对口扶贫模式比较与政策建议》，《浙江学刊》2001 年第 2 期。

席建国：《我国东西部地区的对口帮扶效应研究》，《南都学坛》（人文社会科学学报）2011 年 7 月。

席建国：《我国东西部地区对口帮扶效应研究——TFP 视角》，华侨大学博士学位论文，2011 年。

王俊山：《对口扶贫启示录》，《中国贫困地区》2000 年第 11 期。

于法稳、郝比斯：《多渠道、多途径动员社会资源参与扶贫——北京—内蒙古对口帮扶协作调查报告》（内部资料），2000。

于法稳、王静：《温饱试点村：增强社区发展能力的突破口——上海—云南对口帮扶协作的调查报告》（内部资料），2000。

于法稳、朱有奎：《突出重点，实现帮扶与经贸合作的"双赢"——广东—广西对口帮扶协作调查报告》（内部资料），2000。

国务院扶贫办：《中国农村扶贫开发纲要（2011—2020）》。

占晓林、宁学军、阴秸：《当前我国东西合作历史、问题及发展对策》，《经济地理》2006 年第 26 期。

黄承伟：《中国农村贫困瞄准策略与完善建议》，2006 年 5 月 24 日，http：//www. docin. com/p－475952160. html。

江明敏：《东西扶贫协作：回顾与展望》，《中国贫困地区》1999 年第 10 期。

吴敏：《"八七"扶贫攻坚进入倒计时——东西扶贫协作进入更高层次》，《瞭望新闻周刊》2000 年 9 月 18 日第 38 期。

匡远配：《中国扶贫政策和机制的创新研究综述》，《农业经济问题》2005 年第 8 期。

黄德举、王健、詹浩勇：《东西部扶贫协作是加快中西部贫困地区脱贫步伐的有效途径——关于两广扶贫协作的回顾与思考》，《中国贫困地区》1998 年第 12 期。

郭正伟：《山海携手，共建和谐——写在宁波对口帮扶贵州十周年之际》，《宁波通讯》2006 年第 8 期。

张建军、李国平：《西部贫困地区扶贫模式的创新与对策研究》，《科学学研究》2004 年第 6 期。

莫代山，莫彦峰：《发达地区对口支援欠发达民族地区政策实施绩效及对策研究——以来凤县为例》，《湖北民族学院学报》（哲学社会科学版）2010 年第 4 期。

张晓阳：《论建立对口帮扶的制度保证系统》，《贵州社会科学》2000 年第 1 期。

左学金等：《东部帮扶西部反贫：上海—云南帮扶协作案例研究》，上海社会科学院经济所 2004 年 3 月。

卢世宽：《我国西部地区农业生态环境存在的问题及对策》，《现代农业科技》2012 年第 23 期。

任占林、王维航：《我国西部地区生态环境存在的问题及对策》，《牡丹江师范学院学报》（哲学社会科学版）2002 年第 2 期。

李小汇、熊小林：《我国贫困状况的分析》，《中国国情国力》。

国务院新闻办公室：《中国农村扶贫开发的新进展》白皮书，2011 年 11 月 16 日。

《关于印发《2009—2010 年东西扶贫协作工作指导意见》的通知》（国开办发〔2009〕24 号），国务院扶贫开发领导小组办公室网站。

范小建：《在全国东西扶贫协作工作座谈会上的讲话》，国务院扶贫开发领导小组办公室《扶贫工作动态》第 2 期（总第 152 期）2012 年 1 月 18 日。

《东西扶贫协作 15 年 引资逾 7000 亿元》，《光明日报》2012 年 1 月 11 日。

盛长城：《北京内蒙古十一五对口帮扶与合作框架协议》，《北京日报》2007 年 8 月 10 日。

北京市对口支援和经济合作工作领导小组办公室：《北京市 2010 年以来对口支援和经济合作工作总结及 2012 年重点任务》，2011 年 12 月 28 日。

魏巍：《京蒙对口支援与扶贫协作工作深入有序推进》，内蒙古扶贫办网站，2012 年 8 月 17 日。

《"十二五"闽宁以保障改善民生为对口协作首要任务》，《宁夏日报》，胡驰：《闽宁对口扶贫：闽商 15 年在宁投资超过 600 亿元》，新华社，2011 年 8 月 29 日。

2012 年 10 月 23 日要闻：《闽宁互学互助对口协作第十六次联席会议在福州召开》，宁夏新闻网，2012 年 10 月 23 日。

《陕苏合作 14 年 由扶贫转向产业转移和经济协作》，西部网，2010 年 12 月 6 日。

《从对口扶贫到挂钩协作 陕苏携手创双赢》，西部网，2010 年 12 月 8 日。

王杜银发布：《陕西江苏两省签进一步深化经济社会发展合作协议》，中国政府网，2010 年 12 月 3 日。

《广东分别与重庆以及广西在北京签署战略合作协议》，中国政府网，2010 年 12 月 12 日。

《粤桂签订"十二五"扶贫协作计划纲要》，中国政府网，2011 年 11 月 16 日。

《青海：东西扶贫协作实现"三四五"》，中国网，2012 年 5 月 3 日。

《青海省召开对口援青（帮扶）暨经济技术合作恳谈会》，国务院扶贫开发领导小组办公室《扶贫工作动态》第 8 期（总第 158 期），2012 年 8 月 14 日。

山东省对口支援新疆工作指挥部：《以民生为切入点全力做好新一轮援疆工作》，新疆扶贫信息网，2011 年 5 月 14 日。

《甘肃省"十一五"扶贫开发工作成效显著》，甘肃省扶贫信息网，

2012 年 3 月 21 日。

《天津甘肃进一步加大东西扶贫协作力度》，国务院扶贫开发领导小组办公室《扶贫工作动态》第 11 期（总第 161 期），2012 年 9 月 9 日。

《拓展交流合作广度深度 切实增强扶贫协作实效》，《凉山日报》，2012 年 5 月 3 日。

《淅川扶贫协作工作会召开 共商两省扶贫协作事宜》，中国政府网，2012 年月 13 日。

《重庆市与厦门、珠海两市扶贫协作成效显著》，重庆市政府公众信息网，2008 年 11 月 19 日。

后 记

本书系云南省社会科学院经济研究所宋媛研究员主持的 2007 年国家社科基金青年项目《发达地区对口帮扶西部民族地区的效益评价及政策建议》（批准号：07CMZ010）的最终成果。

本书在研究过程中以项目申报形式获得了全国社科规划办的立项资助。在调研过程中，得到了调研点当地政府和村民的大力配合。实地调研过程中，得到了普洱市扶贫办黄文春同志、宁洱县扶贫办许建波和李建同志、墨江县扶贫办杨建荣同志、红河州扶贫办邵光同志、石屏县扶贫办刘燕斌同志以及各县扶贫办其他工作人员、各村委会干部的大力支持和协助，不少同志还参与了入户调研，在此表示衷心感谢！

在研究过程中，课题负责人及课题组主要成员作为一个研究团队，从立项设计、野外调研、写作等课题分工协作过程中，体现出了科研执著追求的精神，以及良好的团队合作精神。同时，在许多同事及朋友的大力支持和关心下，才使本研究课题得以顺利完成。在写作过程中，多位专家不吝指教，还对研究报告提出了许多宝贵的修改意见及建议，在此表示衷心感谢！

由课题负责人撰写的论文《未来 10 年云南农村扶贫战略思考》一文在《云南社会科学》2011 年第 5 期发表，并被"2010 年云南论坛"采用。

根据分工，主要成员中承担并完成本书以下写作任务：第一、二章宋媛；第三章邹雅卉；第四章宋媛、韩博；第五章王仕平、宋媛；第六章宋媛、岳超云、孙雷鸣；第七章宋媛、韩博；第八章邹雅卉；第九章宋媛；第十章乔召旗、张宏文；第十一章李岚。

还要感谢云南省社会科学院，感谢云南省社会科学规划办公室。他们为本课题的申报立项、研究、结项与出版，提供了大力帮助。

由于学术水平有限，本书编撰难免存在疏漏与不足等问题，敬请批评指正。

"发达地区对口帮扶西部民族地区的效益评价及政策建议"课题组

2014 年 5 月